भारत में
प्रिंट, इलेक्ट्रॉनिक
और न्यू मीडिया

भारत में
प्रिंट, इलेक्ट्रॉनिक और न्यू मीडिया

संदीप कुलश्रेष्ठ

प्रतिभा प्रतिष्ठान, नई दिल्ली

प्रकाशक : प्रतिभा प्रतिष्ठान,
694-बी (निकट अजय मार्केट), चावड़ी बाजार, दिल्ली-110006
 / संस्करण : 2025 / मूल्य : चार सौ रुपए
मुद्रक : आर-टेक ऑफसेट प्रिंटर्स, दिल्ली ISBN 978-93-86001-92-4

BHARAT MEIN PRINT, ELECTRONIC AUR NEW MEDIA
by Shri Sundeep Kulshrestha ₹ 400.00
Published by **PRATIBHA PRATISHTHAN**
694-B (Near Ajay Market), Chawri Bazar, Delhi-110006

भगवान् श्रीकृष्ण की शिक्षास्थली एवं
महाकवि कालिदास की पावन नगरी उज्जयिनी के
महाराजधिराज भूतभावन भगवान् महाकालेश्वर
के श्री चरणों में सादर समर्पित

भूमिका

विश्व के सबसे बड़े प्रजातांत्रिक देश के रूप में प्रजातंत्र का सबसे विकसित स्वरूप भी भारत में ही दृष्टिगोचर होता है। यही कारण है कि भारत सभी प्रजातांत्रिक देशों की श्रेणी में सदैव से सर्वोच्च स्थान पर आसीन रहकर अन्य देशों को प्रेरणा व मार्गदर्शन प्रदान कर रहा है।

आजादी के उपरांत प्रजातंत्र की अवधारणा को सर्वमत से अंगीकार करके ही संविधान का निर्माण किया गया है। अत: भारतीय संविधान का सर्वाधिक अंश प्रजातंत्र की अधिकतम स्थापना पर ही आधारित है। प्रजातंत्र की स्थापना के लिए स्वतंत्रता, समानता और बंधुत्व जैसे तीन मूल आधार माने गए हैं। इसके अलावा यह व्यवस्था प्रत्येक व्यक्ति के सर्वांगीण विकास पर आधारित होती है। अत: प्रजातंत्र एक प्रकार से अनुशासित और मर्यादित शासन व्यवस्था मानी गई है।

भारतीय संविधान में प्रजातंत्र को मजबूत आधार प्रदान करने के लिए ही संविधान में स्वतंत्र व निष्पक्ष निर्वाचन एवं शांतिपूर्ण साधनों के उपयोग जैसी महत्त्वपूर्ण बातों को समावेशित कर इसे कानूनी रूप प्रदान किया गया है।

प्रजातांत्रिक देश होने के कारण भारतीय संविधान में व्यक्ति की स्वतंत्रता को सर्वोच्च महत्त्व दिया गया है एवं स्वतंत्रता को मानव का सबसे महत्त्वपूर्ण अधिकार मानकर उसे संविधान के अनुच्छेद 19 से 22 तक में मौलिक अधिकार के रूप में शामिल किया गया है। संविधान के इस अनुच्छेद के द्वारा भारत के नागरिकों को विचार और अभिव्यक्ति की स्वतंत्रता, शांतिपूर्ण सम्मेलन की स्वतंत्रता, समुदाय व संघ बनाने की स्वतंत्रता, संपूर्ण भारत में भ्रमण की स्वतंत्रता एवं व्यवसाय की स्वतंत्रता जैसी मुख्य स्वतंत्रताएँ प्रदान की गई हैं।

भारतीय संविधान द्वारा नागरिकों को प्राप्त इन स्वतंत्रताओं के संदर्भ में यदि विचार और अभिव्यक्ति की स्वतंत्रता को देखा जाए तो स्पष्ट होगा कि संविधान की यही धारा पत्रकारिता के लिए प्राणवायु है, क्योंकि पत्रकारिता विचार और अभिव्यक्ति का ही सबसे

आवश्यक एवं महत्त्वपूर्ण माध्यम है। पत्रकारिता ही अपनी मर्यादित स्वतंत्रता द्वारा संवादों के माध्यम के रूप में नागरिकों के मूल अधिकारों की रक्षा का एक प्रमुख साधन भी है। अत: प्रजातंत्र की सफलता के लिए समाचार माध्यम की स्वतंत्रता को अत्यावश्यक माना गया है।

प्रजातंत्र और प्रेस एक-दूसरे के पूरक हैं। अत: प्रजातंत्र एवं प्रेस के परस्पर संबंधों की समीक्षा के लिए आवश्यक है कि सर्वप्रथम प्रजातंत्र की मूल भावना का संक्षिप्त विश्लेषण किया जाए।

प्रजातंत्र क्या है ? इस विषय की विभिन्न विद्वानों द्वारा अपने-अपने स्तर पर विस्तृत व्याख्या की गई है—

अमेरिका के राष्ट्रपति रहे प्रमुख विचारक श्री अब्राहम लिंकन के अनुसार, "प्रजातंत्र जनता का, जनता के लिए और जनता द्वारा शासन है।"

भारत के पूर्व प्रधानमंत्री स्व. पं. जवाहरलाल नेहरू ने प्रजातंत्र के संबंध में कहा था कि "प्रजातंत्र वह शासन है, जो अंतत: जनता के प्रति उत्तरदायी होता है।"

भारतीय प्रजातंत्र व्यावहारिक रूप में भी प्रजातंत्र की ही स्थापना करता है, क्योंकि भारत में जनता स्वयं अपने प्रतिनिधि का चयन करती है एवं शासन के कार्यों में भाग लेती है। स्पष्ट है कि जनता द्वारा चुनी गई सरकार जनता के हित में एक साधन के रूप में कार्य करती है एवं प्रत्यक्ष या अप्रत्यक्ष रूप से जनता के ही प्रति उत्तरदायी रहती है।

भारत में प्रजातंत्र को मात्र सैद्धांतिक स्वरूप ही प्रदान नहीं किया गया है, बल्कि उसे वास्तविक रूप देने के लिए भारतीय संविधान में मौलिक अधिकार जैसे प्रावधानों का भी समावेश किया गया है। भारतीय संविधान में नागरिकों को निम्न मौलिक अधिकार प्रदान किए गए हैं—

1.	समानता का अधिकार	(अनुच्छेद 14 से 18)
2.	स्वतंत्रता का अधिकार	(अनुच्छेद 19 से 22)
3.	शोषण के विरुद्ध अधिकार	(अनुच्छेद 23 से 24)
4.	धार्मिक स्वतंत्रता का अधिकार	(अनुच्छेद 25 से 28)
5.	संस्कृति एवं शिक्षा का अधिकार	(अनुच्छेद 29 से 30)
6.	संपत्ति का अधिकार	(अनुच्छेद 31, जिसे 45वें संविधान संशोधन द्वारा इसे मौलिक अधिकार से हटा दिया गया है)
7.	संवैधानिक उपचारों का अधिकार	(अनुच्छेद 32)

भारत के नागरिकों को संविधान द्वारा प्रदत्त ये अधिकार भारतीय प्रजातंत्र के आदर्श और विकसित स्वरूप को प्रकट करने के लिए पर्याप्त हैं। यदि इन अधिकारों की व्याख्या पत्रकारिता के संदर्भ में की जाए तो यह कहना न्यायसंगत होगा कि पत्रकारिता का उद्देश्य, नागरिकों को प्राप्त इन मौलिक अधिकारों की रक्षा करने का संघर्ष मात्र है।

समाचार माध्यमों की उपयोगिता के संबंध में राष्ट्रपिता महात्मा गांधी ने कहा था, "सत्य की विजय के लिए समाचार-पत्र आवश्यक है। अहिंसक उपायों के द्वारा सत्य की विजय के लिए समाचार-पत्र एक महत्त्वपूर्ण और अनिवार्य साधन है।"

पत्रकारिता अपने दायित्वों का स्वतंत्रता एवं कुशलतापूर्वक निर्वहण कर सकें, इसके लिए आजादी के उपरांत पत्रकारिता को प्रजातंत्र के चौथे स्तंभ के रूप में मान्य किया गया। संविधान के अनुच्छेद 19 से 22 में नागरिकों को जो स्वतंत्रता प्रदान की गई है, उसमें ही प्रेस की स्वतंत्रता भी निहित मानी जा सकती है।

भारतीय संविधान में मौलिक अधिकारों के रूप में समाचार माध्यमों को विचार एवं अभिव्यक्ति की स्वतंत्रता देना आवश्यक भी था, क्योंकि स्वतंत्रता के पूर्व ब्रिटिश काल में प्रेस की स्वतंत्रता विभिन्न नियंत्रणों के कारण लगभग बाधित ही थी। समाचार माध्यमों पर इस नियंत्रण का प्रमुख कारण यह था कि आजादी के संघर्ष काल में पत्रकारिता का प्रमुख उद्देश्य अंग्रेजों की गुलामी का विरोध करना एवं स्वतंत्र भारत की स्थापना करना था। भारतीय प्रेस का यह उद्देश्य एवं मिशन ब्रिटिश शासन के हित में नहीं था। अत: उन्होंने प्रेस की स्वतंत्रता को कुचलने व नियंत्रित करने का हरसंभव प्रयास किया था।

ब्रिटिश शासन के दौरान मद्रास के गवर्नर सर टॉमस मुनरो ने कहा भी था, "विदेशी शासन और समाचार-पत्रों की स्वतंत्रता दोनों एक साथ नहीं चल सकते, प्रेस को आजादी देना खतरनाक है, क्योंकि स्वतंत्र प्रेस का पहला कर्तव्य देश को विदेशी चंगुल से मुक्त कराना होगा।"

सर थॉमस मुनरो के इस कथन से ही यह अंदाजा लगाया जा सकता है कि अंग्रेजों की इसी सोच व दमनकारी नीतियों के परिणामस्वरूप उस काल में समाचार-पत्रों का प्रकाशन अत्यंत कठिन कार्य था, परंतु फिर भी भारतीय कलमवीरों ने अपनी जान की परवाह न करते हुए अत्यंत साहस से अपने मिशन का सफलतापूर्वक संचालन किया।

15 अगस्त, 1947 को देश अंग्रेजों की गुलामी से आजाद हुआ और इसी के साथ पत्रकारिता का आजाद भारत का मिशन भी पूर्ण हुआ। आजादी के बाद पत्रकारिता के महत्त्व और उसकी उपयोगिता को समुचित सम्मान देने के लिए ही पत्रकारिता को प्रजातंत्र के चौथे स्तंभ के रूप में ग्रहण करने के साथ ही पत्रकारिता के उद्देश्यों में काफी परिवर्तन आया एवं उसके उद्देश्यों का काफी विस्तार भी हुआ। पत्रकारिता के वर्तमान स्वरूप को देखते हुए यह कहना प्रासंगिक होगा कि आजादी के पूर्व जहाँ

पत्रकारिता का एकमात्र उद्देश्य देश की आजादी था, वहीं स्वतंत्रता के उपरांत उसकी आवश्यकता व महत्त्व में कमी नहीं आई, बल्कि उसके उद्देश्यों में नवीन उद्देश्यों का समावेश हुआ और उसके दायित्वों में अत्यधिक वृद्धि हुई।

भारत में आजादी के पश्चात् पत्रकारिता—शासन, प्रशासन एवं प्रजा के मध्य संवादों का एक प्रमुख माध्यम बनी। इसके साथ ही देश व समाज की बुराइयों और समस्याओं पर कुठाराघात करना तथा देश व समाज को सही मार्गदर्शन देना पत्रकारिता का महत्त्वपूर्ण मिशन बन गया।

आजादी के उपरांत पत्रकारिता प्रजातंत्र के सजग प्रहरी के रूप में अपने दायित्वों का निर्वाहण निरंतर भलीभाँति कर रही है, पर उसे अपने इस उद्देश्य में अनेक कठिनाइयों और विषम परिस्थितियों का सामना भी करना पड़ता है, क्योंकि प्रेस की स्वतंत्रता तथा निष्पक्षता कई अवसरों पर शासक व समाज के सबल वर्गों एवं असामाजिक तत्त्वों के लिए प्रतिकूल सिद्ध होती है। अत: प्रेस की स्वतंत्रता और निष्पक्षता को कुचलने के प्रयास समय-समय पर किए जाते रहे हैं। आपातकाल के दौरान प्रेस के दमन के लिए जो कदम उठाए गए, वह आज भी विस्मृत नहीं किए जा सकते हैं। समाचार माध्यमों की ही स्वतंत्रता को बाधितर कर उस पर अंकुश लगाने के लिए मानहानि विधेयक भी थोपने का प्रयास किया गया। अर्थात् आजादी के पश्चात् भी प्रेस की स्वतंत्रता को आहत करने के हर संभव प्रयास किए जाते रहे हैं।

पत्रकारिता का मार्ग निश्चित ही एक कंटकयुक्त मार्ग है, जिसका उद्देश्य तो पुनीत है, पर इस उद्देश्य की पूर्ति का मार्ग अत्यंत कठिन है, क्योंकि पत्रकारिता मात्र शासक या अभिजन वर्ग की असहयोगात्मक कार्यप्रणाली से ही पीड़ित नहीं है, अपितु स्वयं पत्रकारिता के मार्ग की भी अपनी कुछ मूलभूत समस्याएँ हैं, जो पत्रकारिता के मार्ग को अत्यंत जटिल और दुष्कर बना देती है।

यह सत्य है कि आजादी के उपरांत प्रजातंत्र के चौथे स्तंभ के रूप में मान्य होने के कारण पत्रकारिता के उद्देश्यों और उसके दायित्वों में तो अत्यधिक वृद्धि हुई है, परंतु उससे मार्ग की समस्याएँ कम होने के स्थान पर आज भी उसी रूप में यथावत है। यही कारण है कि अतीत से वर्तमान तक भी विभिन्न विषम परिस्थितियों में संघर्षरत पत्रकारिता संवादों के एक प्रमुख माध्यम के रूप में अपने दायित्वों का पूर्ण कुशलता से निर्वहण कर देश व समाज के विकास में सहभागी बनी हुई है।

भारत में आजादी के कुछ वर्षों पश्चात् तकनीकी क्रांति का सूत्रपात हुआ। तकनीकी क्रांति के परिणामस्वरूप जीवन के विभिन्न क्षेत्रों में उन्नत तकनीकी का प्रवेश हुआ। इन क्षेत्रों के साथ-साथ पत्रकारिता के क्षेत्र में भी तकनीकी क्रांति का स्पष्ट प्रभाव दृष्टिगोचर होने लगा एवं इसके प्रभाव से पत्रकारिता के स्वरूप में अत्यधिक निखार आया और

उसका कार्यक्षेत्र अत्यधिक विस्तृत हुआ।

तकनीकी क्रांति का एक अन्य रूप इलेक्ट्रॉनिक मीडिया के विकास के रूप में सामने आया है। टी.वी. माध्यम पर विविध चैनलों के आगमन से पत्रकारिता के कार्य क्षेत्र का सभी क्षेत्रों में विस्तार हुआ। टी.वी. माध्यम के विस्तार के पूर्व रेडियो ही संचार का एक प्रमुख इलेक्ट्रॉनिक माध्यम था, परंतु तकनीकी क्रांति ने संचार के विभिन्न माध्यमों के पत्रकारिता के क्षेत्र में प्रवेश कर नवीन संभावनाओं के असीम द्वार खोले हैं।

न्यू मीडिया—परंपरागत प्रिंट मीडिया, टी.वी. व रेडियो जिसे 'मीडिया' के नाम से जाना जाता है, वैसे ही ब्लॉग्स, वेब साइट्स और सोशल वेब साइट्स को 'न्यू मीडिया' के नाम से जाना जाता है। हालाँकि 'न्यू मीडिया' पारंपरिक मीडिया की तरह संगठित नहीं है, फिर भी 'न्यू मीडिया' ने हाल ही में विश्व में हुए बड़े-बड़े आंदोलनों में प्रमुख भूमिका निभाकर अपनी शानदार उपस्थिति दर्ज कराई है। न्यू मीडिया की सबसे बड़ी खासियत यह है कि इसका हर उपभोगकर्ता स्वयं एक पत्रकार है, स्वयं संपादक है तथा स्वयं प्रकाशक है। इसमें दी गई सूचना एक क्लिक में ही पूरे विश्व में पहुँच जाती है। 'न्यू मीडिया' के किसी भी तरह के बंधन से मुक्त होने, त्वरित गति होने व वैश्विक पहुँच होने जैसी विशेषताओं के चलते आनेवाले समय में इसकी उपयोगिता व महत्त्व बढ़ना तय है।

पत्रकारिता के क्षेत्र में विकास के नवीन आयामों और नव प्रवेशित समस्याओं ने पत्रकारिता के पुराने स्वरूप को पूर्णतया परिवर्तित कर दिया है। विगत कुछ वर्षों से इस क्षेत्र में जो सबसे महत्त्वपूर्ण तथ्य दिखाई दे रहा है, वह पत्रकारिता के उद्देश्यों पर आधारित है, जैसे आजादी के पूर्व जिस पत्रकारिता का मिशन भारतीय नागरिकों के हित में देश की आजादी था, वही उद्देश्य आज निजी स्वार्थ में बदलकर व्यावसायिक होता जा रहा है, इसलिए वर्तमान में पत्रकारिता स्वयं एक उद्योग बनती जा रही है।

वर्तमान में पत्रकारिता के इसी नवीन स्वरूप की विभिन्न आयामों और पहलुओं के आधार पर विवेचना की लंबे समय से आवश्यकता महसूस की जा रही थी। जनमानस की इसी अपेक्षा की पूर्ति जैसे लक्ष्य को इस पुस्तक का आधार अवश्य बनाया गया है, परंतु पत्रकारिता का क्षेत्र इतना विस्तृत है कि इसके प्रत्येक पहलुओं का वर्तमान संदर्भ में विश्लेषण करना इस लघु पुस्तक में संभव नहीं था। अत: वर्तमान में पत्रकारिता के क्षेत्र में दृष्टिगोचर हो रहे कुछ महत्त्वपूर्ण परिवर्तनों एवं पत्रकारिता से जुड़े कुछ अहम पहलुओं पर पुस्तक के माध्यम से प्रकाश डालने का विनम्र प्रयास किया गया है। पत्रकारिता के वर्तमान स्वरूप को जानने-समझने की पाठकों व जनसामान्य की आकांक्षा पूर्ति में ही इस पुस्तक की सफलता एवं सार्थकता निहित है।

प्राक्कथन

संवादों का प्रेषण मानव की एक अनिवार्य आवश्यकता है। संवादों के प्रेषण की यह अटूट शृंखला पौराणिक काल से वर्तमान तक निरंतर प्रवाहमान है। इतना अवश्य है कि पौराणिक काल से वर्तमान तक संवादों के माध्यम की कार्यशैली और उसके स्वरूपों में निरंतर परिवर्तन आता रहा है।

पौराणिक काल में जहाँ संवादों के माध्यम वैयक्तिक व कुछ सीमा तक लिपिबद्धता पर आधारित थे, वहीं वर्तमान में यह माध्यम विकसित होकर यांत्रिकी पर आधारित हो गए हैं। संवाद माध्यमों के स्वरूप के अलावा उनके उद्देश्यों में भी वर्तमान आवश्यकताओं के अनुरूप परिवर्तन आया है। जैसे पौराणिक एवं प्राचीनकाल में इस माध्यम का उद्देश्य परस्पर संपर्क तथा सूचनाओं का आदान-प्रदान था। कालांतर में इस माध्यम का उद्देश्य बढ़कर राजकीय सूचनाओं का संप्रेषण हो गया। आजादी के संघर्ष के दौरान पत्रकारिता का प्रमुख उद्देश्य देश की आजादी बना, जबकि स्वतंत्रता के पश्चात् पत्रकारिता प्रजातंत्र के चौथे स्तंभ के रूप में अधिमान्य होकर देश व जनसेवा का प्रमुख माध्यम बन गई है। वर्तमान में पत्रकारिता के स्वरूप में व्यावसायिकता का भी समावेश होता दिखाई दे रहा है।

स्वतंत्र भारत में समाचार माध्यमों की एक निर्णायक भूमिका है। इन माध्यमों का उद्देश्य शासन एवं जनता के मध्य संवाद स्थापित करना, लोकशिक्षण तथा लोक नेतृत्व करना, नागरिकों के मौलिक अधिकारों की रक्षा करना एवं नागरिकों को उनके दायित्वों से अवगत करना आदि है। समाचार माध्यम अपने इन उद्देश्यों को स्वतंत्र, निष्पक्ष, तटस्थ और वस्तुनिष्ठ होकर ही प्राप्त कर सकते हैं। अर्थात् यह कहा जा सकता है कि वर्तमान में समाज के प्रति पत्रकारिता के अनेक उत्तरदायित्व हैं। पत्रकारिता के दायित्वों को देखते हुए यह स्वभाविक भी है, क्योंकि आजादी के उपरांत भारत में प्रजातांत्रिक शासन व्यवस्था को अपनाकर स्वतंत्र और निष्पक्ष प्रेस को प्रजातंत्र की रक्षा का अभिभार सौंपा गया है। पत्रकारिता अपने इन दायित्वों का निर्वहण प्रिंट मीडिया और इलेक्ट्रॉनिक

मीडिया रूपी समाचार माध्यमों के द्वारा संपन्न करती है। भारत में इलेक्ट्रॉनिक मीडिया के विस्तार के पूर्व मुख्य रूप से समाचार–पत्र ही समाचार और सूचनाओं के संप्रेषण में सहायक थे। समाचार–पत्रों के विषय में एंसाइक्लोपीडिया ब्रिटेनिका में कहा गया है—

"समाचार–पत्र एक अजिल्द धारावाहिक प्रकाशन है, जो नियमित समय के अंतराल से प्रकाशित होता है और जिसमें समाचारों को प्राथमिकता दी जाती है।"

पत्रकारिता के विषय में यह कहा जा सकता है कि पौराणिक काल से वर्तमान तक संचार माध्यम किसी–न–किसी रूप में अस्तित्व में अवश्य बने रहे, परंतु इन सभी कालों के विपरीत पत्रकारिता का सबसे विकसित और विस्तृत स्वरूप वर्तमान में परिलक्षित हो रहा है। यही कारण है कि पत्रकारिता के वर्तमान स्वरूप को प्रस्तुत पुस्तक में अध्ययन का प्रमुख आधार बनाया गया है।

प्रस्तुत पुस्तक संवादों के प्रेषण की इस सतत यात्रा के विभिन्न पड़ावों से पाठकों को भलीभाँति अवगत करा सके, इसी आधार पर पुस्तक को आठ खंडों में विभाजित किया गया है।

पुस्तक के प्रथम खंड में पाठकों और जनमानस को संक्षेप में पत्रकारिता के उद्‌देश्यों से अवगत कराने का प्रयास किया गया है।

पुस्तक का द्वितीय खंड पौराणिक काल से वर्तमान तक संचार माध्यमों के स्वरूप और उसके विकास पर आधारित है।

पुस्तक के तीसरे खंड में जहाँ संवाद माध्यमों के तकनीकी विकास के स्वरूप को रेखांकित करने का प्रयास किया गया है, वहीं चौथे खंड में वर्तमान में परिलक्षित पत्रकारिता के स्वरूप पर प्रकाश डाला गया है।

पत्रकारिता प्रारंभ से ही विषम परिस्थितियों से जूझती रही है, वर्तमान में भी पत्रकारिता के क्षेत्र में अनेक समस्याएँ विद्यमान हैं। वर्तमान संदर्भों में इन तथ्यों का विश्लेषण पुस्तक के पाँचवें खंड में किया गया है।

समाज में पत्रकारिता अपने विभिन्न स्वरूपों में विद्यमान है। पत्रकारिता के कुछ विविध स्वरूपों को पुस्तक के छठवें खंड एवं पत्रकारिता के सबसे श्रेष्ठ आदर्श स्वरूप को सातवें खंड में सम्मिलित किया गया है।

पत्रकारिता के अध्ययन के इसी क्रम में पत्रकारिता के वर्तमान विशिष्ट स्वरूप को अंतिम आठवें खंड में स्थान दिया गया है। आठवें खंड के पहले भाग में पत्रकारिता के व्यावसायिक स्वरूप पर चर्चा की गई है तथा दूसरे भाग में पत्रकारिता के केंद्रबिंदु रूपी संवाददाताओं की स्थिति और उनकी भूमिका को शामिल किया गया है। इसके अलावा आठवाँ खंड वर्तमान में तेजी से व्यापक होते जा रहे इलेक्ट्रॉनिक मीडिया एवं न्यू मीडिया के संक्षिप्त विवेचन एवं पत्रकारिता व उसके सामाजिक दायित्वों पर आधारित है।

समाचार माध्यम जनमत निर्माण का प्रमुख माध्यम है। अतः जनमत निर्माण में समाचार माध्यमों की भूमिका का पुस्तक के आठवें खंड में ही विवेचन किया गया है। इसके साथ ही पत्रकारिता विषयक कानूनी एवं संवैधानिक मर्यादाओं को भी इसी भाग में समावेशित किया गया है। समाचार माध्यमों की कार्यप्रणाली समाज पर अपना सकारात्मक या नकारात्मक प्रभाव छोड़ती है। समाचार माध्यमों के समाज पर दृष्टिगोचर हो रहे दुष्परिणामों और समाचार माध्यमों के विकृत स्वरूप पर इसी खंड के अंतिम भाग में प्रकाश डाला गया है।

आशा है कि प्रस्तुत पुस्तक पत्रकारिता जैसे विस्तृत विषय के संदर्भ में पाठकों का ज्ञानवर्द्धन करने में निश्चित ही सहायक सिद्ध होगी।

सराहनीय प्रयास

कल तक भारत में जिस मीडिया को पूर्णकालिक आमदनी का जरिया नहीं माना जाता था, आज वही दुनिया की सबसे बड़ी मीडिया इंडस्ट्री बन गया है। अपने आप में यह एक चमत्कार से कम नहीं है। आज मीडिया की करीब-करीब सभी विधाओं का विस्तार मायावी ढंग से हुआ है। प्रिंट हो, ब्रॉडकास्ट, टेलिविजन या फिर सोशल मीडिया—सभी में पेशेवरों की जबरदस्त माँग है। जितनी माँग है, उसकी तुलना में आपूर्ति अत्यंत कम है। बेरोजगारी के कारण बड़ी संख्या में नौजवान इस क्षेत्र में आते हैं और किस्मत आजमाना चाहते हैं, लेकिन इन बेरोजगारों को तराशकर एक अच्छे मीडियाकर्मी में बदलनेवाली टकसाल का अकाल है। मुनाफे की चाहत में भारी भरकम फीस वसूलकर एक प्रमाणपत्र देनेवाली मीडिया की शैक्षणिक संस्थाएँ कुकुरमुत्ते की तरह उग रही हैं, मगर वे अच्छे हुनरमंद नहीं निकाल रही हैं। न अच्छे प्राध्यापक हैं, न स्टूडियो। न उपकरण है और न अच्छा पाठ्यक्रम। ऐसे में लोकतंत्र के इस चौथे स्तंभ के लिए चुनौतियों का एक विराट् जाल सामने है। कुहासे भरे माहौल में रोशनी की एक किरण की तरह संदीप कुलश्रेष्ठ इस पुस्तक को हमारे बीच लेकर आए हैं। इसका स्वागत किया जाना चाहिए।

संदीप मेरे लिए छोटे भाई जैसे हैं और उन्होंने मुझे हमेशा ही यही आदर बख्शा है। हम अपने इस रिश्ते की 'सिल्वर जुबली' मना चुके हैं। पर यकीन मानिए, यह रिश्ता इस किताब की तारीफ का कारण नहीं है। सन् 1992 में जब संदीप मुझे पहली बार मिले तो एक पत्रकार के रूप में मुझे बहुत ज्यादा प्रभावित नहीं कर पाए थे, लेकिन जैसे-जैसे एक-दूसरे को जानने-समझने का सिलसिला शुरू हुआ तो पच्चीस साल कैसे गुजर गए ,पता ही नहीं चला। संदीप को मैं प्रिंट से टेलिविजन में लाया। आज मैं कह सकता हूँ कि इस दरम्यान संदीप ने अपने आप को जिस तरह बदला है, वह एक मिसाल है। एक विशाल शिक्षण संस्थान की व्यस्तताओं और चुनौतियों, पारिवारिक व सामाजिक जिम्मेदारियों तथा कभी-कभी मेरे तेज गुस्से का सामना करते हुए संदीप आज मालवा के

श्रेष्ठ पत्रकार बन बैठे हैं, तो इसके पीछे उनकी लगन, समर्पण एवं प्रतिभा को श्रेय जाता है। मेरे संपर्क में आने के बाद उन्होंने 'मॉस कॉम.' में बाकायदा पढ़ाई की और शानदार अंकों से कामयाब हुए। ऐसे उदाहरण विरले ही मिलते हैं।

संदीप ने इस पुस्तक के माध्यम से गागर में सागर भरने का काम किया है। पत्रकारिता के छात्रों और इस क्षेत्र में नए पेशेवरों के लिए संदीप की यह किताब ज्ञान के अनूठे झरने की तरह है। आज के दौर में मीडियाकर्मी जिस संकट का सामना कर रहे हैं ,उसका सामना करने में यह पुस्तक कुंजी का काम करेगी, मुझे पूरा भरोसा है। हालाँकि संदीप ने इसमें अपने अनुभव का पूरा खजाना छात्रों के लिए नहीं खोला है, पर मुझे यकीन है कि इस पुस्तक के आगामी संस्करणों में संदीप अपने अनुभव की झोली से अनेक मोती निकालकर परोसेंगे। मैं आप सबको इस पुस्तक को पढ़ने की दावत देता हूँ।

—राजेश बादल
कार्यकारी निदेशक
राज्यसभा टेलीविजन
पार्लियामेंट ऑफ इंडिया
नई दिल्ली

लेखक की कलम से...

मानव एक सामाजिक प्राणी है, जिसके जीवन का प्रारंभ और अंत समाज के बीच ही होता है। प्रकृति के अलावा मानव अपने जीवन की सभी आवश्यकताओं की पूर्ति समाज के माध्यम से ही करता है। समाज की उपयोगिता और अस्तित्व भी मानव की इन्हीं आवश्यकताओं पर निर्भर है। अर्थात् समाज के बिना मानव की एवं मानव के बिना समाज की कल्पना नहीं की जा सकती।

समाज में रहकर मानव अपनी पारस्परिक क्रिया-प्रतिक्रिया को विभिन्न माध्यमों के द्वारा व्यक्त करता है। समाचार माध्यम इन माध्यमों में संवादों के परस्पर संप्रेषण का सबसे लोकप्रिय और प्रमुख माध्यम है। वर्तमान युग में समाचार माध्यम मानव की प्रमुख दैनिक आवश्यकता के रूप में स्थापित हो चुका है। समाचारों की इस आवश्यकता ने 24 घंटे के समाचार चैनलों को जन्म दिया।

संवादों का परस्पर संप्रेषण मानव की एक प्रमुख मूलभूत आवश्यकता है, जो पौराणिककाल से वर्तमान तक किसी-न-किसी रूप में विद्यमान है। आवश्यकता आविष्कार की जननी है, अत: संवादों के परस्पर संप्रेषण की इसी आवश्यकता ने मानव को संचार के विभिन्न माध्यमों की खोज करने एवं उनका विकास करने के लिए प्रेरित किया। मानवीय प्रयासों की इस परिणति के रूप में वर्तमान में संचार का क्षेत्र अत्यंत आधुनिकतम तकनीक से परिपूर्ण है तथा उन्नत तकनीकों पर बढ़ती निर्भरता के कारण इसका स्वरूप निरंतर निखरता जा रहा है। वर्तमान तकनीकी प्रधान युग में प्रिंट मीडिया के रूप में समाचार-पत्र और पत्रिकाएँ तथा इलेक्ट्रॉनिक मीडिया के रूप में—टी.वी. और उसके विभिन्न चैनल तथा न्यू मीडिया समाचार और सूचनाओं के संप्रेषण के प्रमुख माध्यम के रूप में समाज में विद्यमान हैं।

भारत में पत्रकारिता का प्रादुर्भाव साहित्य सेवा के एक माध्यम के रूप में भारतेंदु युग से आरंभ हुआ था। कालांतर में यही साहित्य सेवा एक मिशन बन गई। वर्तमान में यही मिशन एक व्यवसाय का स्वरूप ग्रहण करता जा रहा है। मिशन एवं व्यवसाय,

दोनों का ही अपना एक उद्देश्य होता है तथा दोनों ही लक्ष्यों का मार्ग अत्यंत संकटमय होता है। यही कारण है कि पत्रकारिता का स्वरूप चाहे एक मिशन के रूप में रहा हो या व्यवसाय के रूप में, पत्रकारिता को सदैव से विभिन्न जटिल परिस्थितियों से होकर गुजरना पड़ा है।

लेखन, पत्रकारिता और शैक्षणिक यात्रा के दौरान अपने कार्यों को आकार देने की दिशा में प्रत्येक पड़ाव पर मुझे सहयोग, प्रेरणा, उत्साह और मार्गदर्शन प्राप्त हुआ। इसे शब्दों में व्यक्त कर पाना संभव नहीं है।

सबसे पहले मैं अपने पिता पूज्य श्री कृष्णमंगल सिंह कुलश्रेष्ठ और पूजनीय माताजी श्रीमती कृष्णा कुलश्रेष्ठ के प्रति सादर नमन करते हुए यह कहना चाहूँगा कि उन्हीं के संस्कारों की बदौलत मुझे सकारात्मक पत्रकारिता करने की दिशा मिली है। उन संस्कारों और मार्गदर्शन को सिंचित करके मैंने पत्रकारिता के अपने लंबे अनुभव के शब्दों और विचारों को व्यक्त करने का प्रयास इस पुस्तक के माध्यम से किया है। माता-पिता के प्रति आभार व्यक्त करना धृष्टता ही होगी। उन्हें सादर नमन। पुस्तक लेखन के लिए मुझे अपनी सहधर्मिणी श्रीमती रजनी और प्रिय बिटिया अमृता ने हमेशा प्रेरित व प्रोत्साहित किया है। इन दोनों के प्रति आभार व्यक्त करूँगा तो ये नाराज हो जाएँगे। परिवारजनों श्री युधिष्ठिर कुलश्रेष्ठ, श्री संजीव कुलश्रेष्ठ, श्री नीरज कानूनगो, श्रीमती विजेता कानूनगो, शौर्य कानूनगो, श्री पुष्कर बाहेती, श्रीमती सरिता बाहेती, श्रीमती रूचि-ऋषि बाहेती, मुनि बाहेती के समर्थन के बिना पुस्तक लेखन का कार्य संभव ही नहीं था।

देश के वरिष्ठ पत्रकार तथा वर्तमान में 'राज्यसभा टी.वी.' के निदेशक मेरे अग्रज आदरणीय श्री राजेश बादल के प्रति हृदय से आभारी हूँ, जिन्होंने सन् 1995 में सबसे पहले इलेक्ट्रॉनिक मीडिया के क्षेत्र में मुझे 'आज तक' के माध्यम से प्रवेश करवाया। मैंने इलेक्ट्रॉनिक मीडिया में 'आज तक' और 'दूरदर्शन' के माध्यम से जो कुछ सीखा एवं कार्य किया है, उसका पूरा श्रेय बादलजी को ही जाता है। पुस्तक के लिए ब्लर्ब लिखने के लिए भी मैं आदरणीय बादलजी का अत्यंत आभार व्यक्त करता हूँ। 'आज तक' और 'दूरदर्शन' में कार्य के दौरान मिले सभी वरिष्ठजनों एवं साथियों का निरंतर सहयोग और मार्गदर्शन मेरे पुस्तक लेखन में सहायक बना। इन्हें भूलाया नहीं जा सकता।

मेरे अपने श्री नीतिन गरुड़ चार्टर्ड अकाउंटेंट, वरिष्ठ पत्रकार श्री कमल दीक्षित, डॉ. कपिल शर्मा, श्री अनिल गुप्ता और प्रो. डॉ. गिरीश पंड्या का भी अत्यंत आभारी हूँ, जो मुझे कुछ-न-कुछ रचनात्मक कार्य करने के लिए निरंतर प्रेरित करते रहते हैं। इस प्रस्तुत पुस्तक को मैंने काफी पहले लिख दिया था, किंतु उसे परिमार्जित करने और पुस्तक का रूप देने का महत्त्वपूर्ण कार्य मेरे मित्र डॉ. चंदर सोनाने द्वारा किया गया है। उनके प्रति भी हृदय से आभार व्यक्त करता हूँ। भारतीय ज्ञानपीठ उज्जैन और भारतीय

इंस्टीट्यूट ऑफ प्रोफेशनल स्टडीज के समस्त सहयोगी साथियों एवं विद्यार्थियों का भी अत्यंत आभारी हूँ जो मुझे नियमित रूप से सतत निज नए कर्म से जुड़ने के लिए प्रेरित करते रहे।

इस पुस्तक का आकर्षक आवरण वरिष्ठ कलाकार श्री अक्षय अमेरिया द्वारा तैयार किया गया है। उनके प्रति भी हृदय से अत्यंत आभार। पुस्तक को कंप्यूटर में टाइप करने के लिए श्री देवीसिंह और बीच-बीच में टाइपिंग कार्य में मदद करने के लिए श्रीमती कविता शर्मा का भी मैं अत्यंत आभार व्यक्त करता हूँ। मुझे पुस्तक लेखन में अनेक मित्रों एवं शुभचिंतकों ने प्रत्यक्ष और अप्रत्यक्ष रूप से निरंतर प्रोत्साहित किया है, उनके प्रति भी आभार। यह कृति सिर्फ मेरी न होकर आप सभी स्नेहीजनों की है। इसे प्रेम से स्वीकार कर मुझे अनुगृहीत करें।

भारतेंदु युग में रोपित पत्रकारिता का नन्हा बीज विभिन्न सम और विषम परिस्थितियों के मध्य आकार लेकर वर्तमान में एक विशाल वृक्ष का रूप ले चुका है। पत्रकारिता के इसी विकासक्रम, उसकी समस्याएँ एवं उसके वर्तमान स्वरूप को जानना पत्रकारिता के क्षेत्र के जिज्ञासुओं की प्रमुख आकांक्षा रही है। पत्रकारिता के वर्तमान स्वरूप पर आधारित यह पुस्तक इन वर्गों की अपेक्षाओं की पूर्ति में निश्चित ही मील का पत्थर सिद्ध होगी।

इसी अपेक्षा के साथ···

—संदीप कुलश्रेष्ठ

अनुक्रम

1

पत्रकारिता : एक परिचय

मनुष्य एक सामाजिक प्राणी है। समाज का अवयव होने के कारण वह अपने विचारों और भावनाओं से अन्य व्यक्तियों को अवगत करना चाहता है एवं स्वयं भी दूसरे के विचारों और भावनाओं से अवगत होना चाहता है। मानव की इसी मानवीय आवश्यकता ने संवादों को जन्म दिया। कालांतर में मानव को अपने विकास के साथ-साथ संवादों के प्रेषण की भी आवश्यकता महसूस होने लगी। मानव की इन्हीं आवश्यकताओं ने संवादों के प्रभावशाली संप्रेषण के लिए विभिन्न संप्रेषण माध्यमों को जन्म दिया।

संवादों के प्रभावी संप्रेषण के संबंध में कटलिप और सेंटर ने कहा है, "एक प्रभावशाली संप्रेषण वही है, जिसमें प्रतीक या शब्दों के संदेश का जो अर्थ संदेश भेजनेवालों के लिए है, वही अर्थग्राही भी लगाए।"

प्राचीन काल में मानव गुफाओं में सादा जीवन व्यतीत करता था। अपनी भावनाओं और विचारों से अपने अन्य व्यक्तियों को अवगत कराने के लिए वह मात्र भाषा, संकेत चिह्न या चित्रों का उपयोग करता था। परंतु वर्तमान में तकनीकी विकास ने संवादों के संप्रेषण के लिए अनेकानेक अत्याधुनिक माध्यम उपलब्ध करा दिए हैं।

पत्रकारिता किसी भी घटना के प्रति जागरूकता व सजगता रखकर व उसे समाचारों या सूचनाओं का रूप देकर प्रचारित व प्रदर्शित करने की एक कला है। दूसरे शब्दों में पत्रकारिता को संवादों के प्रेषण की एक अद्भुत कला माना जा सकता है।

सृष्टि में प्रत्येक प्राणी किसी-न-किसी रूप में परस्पर संवाद करता है। संवादों का यह प्रेषण जीव-जंतुओं आदि में भी पाया जाता है। जीव-जंतु विभिन्न प्रकार की आवाजों के द्वारा परस्पर संवादों का प्रेषण करते हैं, जैसे किसी भी संकट के समय पशु-पक्षी विभिन्न प्रकार की आवाजों के द्वारा एक-दूसरे को सचेत करते हैं। सामान्यत: पशु-पक्षियों में संवादों का प्रेषण मात्र बोली या शारीरिक संकेतों के द्वारा किया जाता है, परंतु इसके विपरीत मानव सृष्टि का सबसे बुद्धिमान प्राणी है। अत: उसने अपने विकास के

साथ-साथ न सिर्फ अपनी भाषा को विशिष्ट बनाया, बल्कि संवादों के प्रेषण के लिए परिष्कृत लिपि व संकेत-चिह्नों आदि को जन्म दिया। इसके अलावा मानव ने अपने विकास के क्रम में संवादों के परस्पर प्रेषण के लिए अनेक तकनीकों का आविष्कार भी किया। वर्तमान में संवादों के प्रेषण की यह कला निरंतर विकसित होकर अपने सबसे उन्नत स्वरूप में दृष्टिगोचर हो रही है।

भारत में पत्रकारिता का इतिहास लगभग 160 वर्ष पुराना है। भारत में पत्रकारिता की शुरुआत भारतेंदु युग से मानी जाती है, जो वर्तमान में अपने विकास के चरम को प्राप्त कर चुकी है। पत्रकारिता संपूर्ण विश्व को संयोजित करने का एक माध्यम है। इसके अलावा यह सामाजिक जीवन के प्रत्येक क्षेत्र की सूचनाओं और समाचारों के संप्रेषण की एक प्रणाली भी है। संप्रेषण की इसी प्रक्रिया को संचार कहा जाता है। संचार शब्द अंग्रेजी के Communication का पर्याय है। Communication शब्द की उत्पत्ति लैटिन शब्द कम्यूनिस (Communis) से हुई है, जिसका अर्थ है—सूचनाओं का प्रेषण। अब सूचनाओं के अर्थ को अंग्रेजी भाषा के आधार पर समझने का प्रयास किया जा सकता है—

सूचनाओं को अंग्रेजी भाषा में में 'छमे' कहा जाता है। News शब्द संभवतः North, East, West, South (पूर्व, पश्चिम, उत्तर एवं दक्षिण) से मिलकर बना है, जिसका अर्थ है चारों दिशाओं की सूचना। संचार माध्यम इन सभी दिशाओं की सूचनाओं के प्रेषण के माध्यम होते हैं। अर्थात् पत्रकारिता अपने विभिन्न माध्यमों के द्वारा चारों दिशाओं की सूचनाओं के प्रेषण की एक उत्कृष्ट कला है।

संचार के घटक : संचार मुख्य रूप से चार घटकों पर आधारिता हैं—

सामयिकता, सत्यता, स्पष्टता और संक्षेपण।

इस संचार में निम्न बातें समाहित होती हैं—

क्या-कहाँ-कब-कैसे-क्यों-किसने?

अर्थात् समाचार के लिए निम्न बातें आवश्यक हैं—

Where-When-Who-Why-How?

इसके अलावा विभिन्न विचारकों ने संचार के अन्य घटक भी निर्धारित किए हैं, जिन्हें इस प्रकार देखा जा सकता है—

स्रोत-संदेश-माध्यम-ग्राहता-प्रभाव-प्रतिक्रिया।

Source-Massage-Media-Receptor-Result-Reaction

अर्थात् संचार के विषय में यही कहा जा सकता है कि संप्रेषण की संपूर्ण प्रक्रिया ही संचार है। संचार वह अनिवार्य आवश्यकता है, जिसके प्रभाव में मानव समाज की स्थापना एवं सामाजिक व्यवस्था की प्रगति अत्यंत दुष्कर है। पत्रकारिता इसी प्रक्रिया का एक आवश्यक अंग है।

पत्रकारिता के विषय में भारत की पूर्व प्रधानमंत्री स्व. श्रीमती इंदिरा गांधी ने कहा था कि "पत्रकारिता जनसेवा का एक आवश्यक और महत्त्वपूर्ण माध्यम है। इसका प्रमुख लक्ष्य खबरों का संग्रह कर उनको प्रसारित करना है।"

पत्रकारिता समाज का आईना होती है। इसका प्रमुख दायित्व समाज की अच्छाइयों और बुराइयों का वास्तविक रूप में प्रस्तुतीकरण करना होता है। इसके अलावा विभिन्न संवाद माध्यमों द्वारा जीवन के प्रत्येक क्षेत्र की सूचनाओं और समाचारों से जनमानस को अवगत कराने की कला को ही पत्रकारिता कहा गया है।

प्रजातांत्रिक देशों में शासन अंतत: नागरिकों के प्रति उत्तरदायी होता है। अत: प्रजातांत्रिक देशों में पत्रकारिता शासन व नागरिकों के मध्य संवादों के एक महत्त्वपूर्ण माध्यम के रूप में कार्य करती है।

भारत के पूर्व प्रधानमंत्री स्व. पं. जवाहरलाल नेहरू पत्रकारिता को जनसंपर्क का एक माध्यम मानते हुए कहा था, "किसी भी लोकतांत्रिक देश में, यदि वह जनकल्याणकारी विकास कार्यों की ओर अग्रसर है तो जन एवं प्रशासन के लोगों के मध्य सभी अवरोध समाप्त हो जाना चाहिए और यह कार्य जनसंपर्क द्वारा ही हो सकता है।"

भारत विश्व का सबसे बड़ा प्रजातांत्रिक देश है। भारत में पत्रकारिता को प्रजातंत्र का 'चौथा स्तंभ' कहा गया है। इसका प्रमुख दायित्व शासन के अन्य तीनों स्तंभों क्रमश:—व्यवस्थापिका, कार्यपालिका और न्यायपालिका की कार्यप्रणाली पर पैनी नजर रखते हुए उसके गुण-दोषों का सत्य व सही विश्लेषण करना है। इसके अलावा भारत में नागरिकों को संविधान द्वारा प्रदत्त मौलिक अधिकारों की रक्षा का दायित्व भी पत्रकारिता का ही है। पत्रकारिता नागरिकों के मौलिक अधिकारों की रक्षा के अलावा नागरिकों को उनके कर्तव्यों के प्रति जागरूक बनाने की दिशा में भी सकारात्मक भूमिका का निर्वाह करती है।

भारत में प्रशासन, शासन का ही एक स्थानीय अंग होता है। स्थानीय स्तर पर प्रशासन, शासन की विभिन्न योजनाओं का क्रियान्वयन करता है। इसके अलावा शासकीय व्यवस्था के सहयोगी के रूप में अर्द्ध-शासकीय विभाग, बोर्ड एवं निगम आदि भी कई निकाय होते हैं, जो जनहित के विभिन्न कार्यों का संपादन करते हैं। समाचार माध्यमों का कार्य इनकी गतिविधियों पर पैनी निगाह रखकर इनकी सही व गलत कार्यप्रणालियों की समीक्षा करना होता है। इस प्रकार समाचार माध्यम शासन व प्रशासन की सही या गलत कार्यप्रणालियों को जनसामान्य के समक्ष लाने जैसे कर्तव्यों का भी पालन करते हैं।

वर्तमान में शासन की कार्यप्रणाली के संदर्भ में कहा जाने लगा है कि शासन व्यवस्था में भ्रष्टाचार अब शिष्टाचार का रूप लेता जा रहा है, यही कारण है कि राजनीति को भ्रष्टाचार का पर्याय माना जाने लगा है। जनसमर्थन से चुने गए जनप्रतिनिधियों का

ही शासन में प्रवेश होता है। अत: शासन से जुड़े राजनीतिज्ञों पर एवं प्रशासन के रूप में शासकीय अधिकारियों और कर्मचारियों पर समाचार माध्यम एक अंकुश की तरह होते हैं, जो इनकी कार्यप्रणाली से जनमानस को अवगत कराने जैसा महत्त्वपूर्ण कार्य भी करते हैं।

देश की राजनीतिक व सामाजिक व्यवस्था में व्याप्त भ्रष्टाचार के अनेक घटनाक्रमों का खुलासा करके समाचार माध्यमों ने देश की वर्तमान शासन व्यवस्था का असली चेहरा जनमानस के सम्मुख प्रस्तुत करने जैसे साहसिक कार्य भी किए हैं। इसके अलावा स्थानीय स्तर पर भी प्रशासनिक व निजी क्षेत्र की सही व गलत कार्यप्रणालियों के प्रति जनमानस का ध्यान आकर्षित कर उनको जागरूक बनाने का दायित्व भी समाचार माध्यम निरंतर निभाते रहे हैं। समाचार माध्यमों के इसी प्रभावी कार्यप्रणाली को सत्तारूढ़ दलों द्वारा सदैव से ही प्रभावहीन बनाने का प्रयास किया जाता रहा है। इसका प्रमुख उद्देश्य स्वहित के लिए समाचार माध्यमों की स्वतंत्रता को नियंत्रित करना है, परंतु संविधान द्वारा प्रदत्त विचारों और स्वतंत्रता की अभिव्यक्ति जैसे अधिकार ने सत्तारूढ़ दलों के इन इरादों से समाचार माध्यमों के लिए सदैव ही एक कवच का कार्य किया है। आपातकाल के दौरान तो समाचार माध्यमों की स्वतंत्रता को कुचलने के लिए हरसंभव प्रयास किए गए थे। प्रिंट मीडिया के विपरीत इलेक्ट्रॉनिक मीडिया के विषय में देखा जाए तो इलेक्ट्रॉनिक मीडिया के रूप में रेडियो और टी.वी. माध्यम प्रारंभ से ही सरकारी नियंत्रण में जकड़े हुए हैं। अत: सत्तारूढ़ दलों पर इन माध्यमों का अपने हित में दोहन करने का आरोप सदैव से लगता रहा है, हालाँकि विगत कुछ वर्षों में इलेक्ट्रॉनिक मीडिया की स्वतंत्रता की दिशा में कुछ विधेयकों के माध्यम से प्रयास अवश्य किए गए हैं, परंतु वह अभी अपर्याप्त ही सिद्ध हो रहे हैं।

बीसवीं शताब्दी में विभिन्न आवश्यकताओं के अनुरूप तकनीकी क्रांति का सूत्रपात हुआ। इलेक्ट्रॉनिक मीडिया के विकास और विस्तार इसी तकनीकी क्रांति की एक अद्भुत देन है। इलेक्ट्रॉनिक मीडिया के रूप में प्रचलित टी.वी. माध्यम ने देश के दूरस्थ-से-दूरस्थ क्षेत्रों को भी आधुनिक आविष्कारों से अवगत करा दिया है। इसी माध्यम के द्वारा सामाजिक और शैक्षणिक रूप से पिछड़े वर्ग आधुनिकता से परिचित होने में सफल हो सके हैं। अर्थात् प्रिंट मीडिया और इलेक्ट्रॉनिक मीडिया के रूप में विद्यमान समाचार माध्यम समाचार और सूचनाओं के प्रेषण के अलावा नागरिकों के मनोरंजन व ज्ञानवर्धन का भी एक प्रभावशाली माध्यम बन चुके हैं।

न्यू मीडिया—परंपरागत प्रिंट मीडिया, टी.वी. मीडिया एवं रेडियो, जिसे 'मीडिया' के नाम से जाना जाता है, वैसे ही ब्लॉग्स, वेब साइट्स और सोशल वेब साइट्स को 'न्यू मीडिया' के नाम से जाना जाता है। हालाँकि 'न्यू मीडिया' पारंपरिक मीडिया की तरह

संगठित नहीं है, फिर भी 'न्यू मीडिया' ने हाल ही में विश्व में हुए बड़े-बड़े आंदोलनों में प्रमुख भूमिका निभाकर अपनी महत्त्वपूर्ण उपस्थिति दर्ज कराई है। न्यू मीडिया की सबसे बड़ी खासियत यह है कि इसका हर उपभोगकर्ता स्वयं एक पत्रकार है तथा स्वयं संपादक है, स्वयं प्रकाशक है। इसमें दी गई सूचना एक क्लिक में ही पूरे विश्व में पहुँच जाती है। 'न्यू मीडिया' के किसी भी तरह के बंधन से मुक्त होने, त्वरित गति होने व वैश्विक पहुँच होने जैसी विशेषताओं के चलते आनेवाले समय में इसकी उपयोगिता व महत्त्व बढ़ना तय है।

वर्तमान में पत्रकारिता अपने संक्रमण काल से गुजर रही है। नवीन शासकीय नीतियाँ, कानूनी मर्यादाएँ, राजनीतिक हस्तक्षेप एवं पूँजीवाद जैसी कई समस्याएँ पत्रकारिता के मार्ग में प्रमुख समस्याओं के रूप में सामने आ रही हैं, फिर भी विषम और प्रतिकूल परिसिस्थितियों के मध्य में ही पत्रकारिता ने न सिर्फ अपना विकास किया है, अपितु जन उद्देश्य के अपने दायित्वों का भी पूर्ण सजगता और तत्परता से पालन किया है। वर्तमान में पत्रकारिता के क्षेत्र में कुछ आमूलचूल परिवर्तन भी हुए हैं, इसमें पत्रकारिता के क्षेत्र में व्यावसायिकता का प्रवेश प्रमुख है। पत्रकारिता के क्षेत्र में व्यावसायिकता के प्रवेश के कारण समाचार माध्यमों की स्वतंत्र एवं निष्पक्ष कार्यप्रणाली पर प्रश्न चिह्न भी लगने लगे हैं, परंतु फिर भी यह मान लेना कि व्यावसायिकता के प्रवेश और विभिन्न समस्याओं के कारण पत्रकारिता देश व समाज सेवा के अपने उद्देश्य के प्रति विमुख हो चुकी है, किसी भी दृष्टि से न्याय संगत नहीं होगा, क्योंकि वास्तविकता तो यह है कि वर्तमान में देश व समाज के हालात और पत्रकारिता के विकास एवं विस्तार ने समाचार माध्यमों की भूमिका को और अधिक महत्त्वपूर्ण व प्रासंगिक बना दिया है।

1. पत्रकारिता के विविध स्वरूप

पत्रकारिता समाचार और सूचनाओं के संप्रेषण की एक अद्भुत कला है। समाचार और सूचनाएँ सामान्यतः मानव जीवन के विभिन्न पहलुओं से संबंधित होती है, यही कारण है कि समाचार व सूचनाओं का कार्यक्षेत्र अत्यंत विस्तृत होता है।

समाचार माध्यम विभिन्न क्षेत्रों की सूचनाओं का संकलन कर उनका संप्रेषण करते हैं। वर्तमान युग आधुनिक युग है। अतः तकनीकी क्रांति के परिणामस्वरूप मानव जीवन में विभिन्न नवीन क्षेत्रों का समावेश हुआ है, जिनके विषय में भी समाचार और सूचनाओं का संप्रेषण संवाद माध्यमों के द्वारा ही होता है। सामान्यः समाचार और सूचनाओं की दृष्टि से मानव जीवन से जुड़े इन विविध विषयों को पत्रकारिता के क्षेत्र में सम्मिलित किया जा सकता है।

पत्रकारिता का क्षेत्र—

1.	अंतरराष्ट्रीय	2.	राष्ट्रीय	3.	प्रादेशिक
4.	स्थानीय	5.	व्यापार और व्यवसाय	6.	खेल
7.	मनोरंजन	8.	रोजगार	9.	चिकित्सा
10.	राजनीतिक	11.	धार्मिक	12.	तकनीकी
13.	आर्थिक	14.	सामाजिक	15.	शैक्षणिक
16.	सांस्कृतिक	17.	पारिवारिक	18.	नैतिक
19.	विज्ञान	20.	आपराधिक	21.	ज्योतिष
22.	अंतरिक्ष	23.	कृषि	24.	ग्रामीण विकास
25.	स्वास्थ्य	26.	कॅरियर	27.	अन्य

इसके अलावा भी मानवीय जीवन से जुड़े कई विषय होते हैं। इन्हीं विषयों पर जनमानस की अपनी व्यक्तिगत अभिरुचियाँ आधारित होती हैं। अपनी अभिरुचियों के अनुरूप ही जनमानस अपनी पसंद के क्षेत्र विषयक समाचार और सूचनाओं की प्राप्ति के लिए समाचार माध्यमों पर निर्भर होते हैं। अत: समाचार माध्यमों को जनमानस की इन्हीं अभिरुचियों पर आधारित समाचार और सूचनाओं के संकलन एवं संप्रेषण के लिए सदैव तत्पर रहना होता है। समाचार माध्यमों की यही आवश्यकता पत्रकारिता के क्षेत्र को बहुआयामी स्वरूप प्रदान करती है।

वर्तमान में पत्रकारिता ने अपने इसी बहुआयामी स्वरूप का अत्यधिक विस्तार कर लिया है। वर्तमान में पत्रकारिता का स्वरूप इतना विस्तृत हो गया है कि मानव जीवन से जुड़े विभिन्न विषयों पर पर्याप्त समाचार और सूचनाओं की प्राप्ति विभिन्न समाचार माध्यमों द्वारा की जा सकती है। इसके अलावा जनअभिरुचियों की पूर्ति के लिए विभिन्न विषयों पर आधारित समाचार-पत्र और पत्रिकाओं का प्रकाशन भी बड़े पैमाने पर किया जाने लगा है, जैसे रोजगार पर आधारित समाचार-पत्र और पत्रिकाओं में मात्रा रोजगार विषयक समाचार एवं सूचनाओं का ही संग्रह होता है तथा चिकित्सा पर आधारित समाचार-पत्र व पत्रिकाएँ चिकित्सा विषयक समाचार और सूचनाओं से ही परिपूर्ण होती हैं। इसी प्रकार विविध विषयों पर आधारित प्रकाशन के चलन ने पत्रकारिता के क्षेत्र को नई दिशा प्रदान की है।

वर्तमान में पत्रकारिता विभिन्न विषयों के संदर्भ में न सिर्फ पाठकों का ज्ञानवर्धन

करती है, अपितु विविध विषयों के बारे में पर्याप्त समाचार और सूचनाओं को भी प्रदान करती है।

2. भारत में समाचार-पत्रों का इतिहास

भारत में पत्रकारिता की शुरुआत 29 जनवरी, 1780 में हुई, जब जेम्स अगस्टस हिक्की ने भारत का पहला अखबार 'बंगाल गजट' प्रकाशित किया। हिक्की पत्रकारिता का पिता भी कहा जाता है। हिक्की इस अखबार में ईस्ट इंडिया कंपनी के अफसरों के कार्यों की कड़ी आलोचना करते थे। यहाँ तक कि उन्होंने उस वक्त के वायसराय वारेन हेस्टिंग्स की पत्नी को भी नहीं छोड़ा। हिक्की की इन्हीं हरकतों से तंग आकर ईस्ट इंडिया कंपनी ने उन्हें इंग्लैंड वापस भेज दिया। 1784 में तीसरा समाचार-पत्र 'कलकत्ता गजट' या 'ओरिएंटल एड्वरटाइजर' का प्रकाशन शुरू हुआ। 1785 में चौथे समाचार-पत्र 'बंगाल जर्नल' का प्रकाशन थॉमस जेम्स ने आरंभ किया। इस अखबार में सरकारी विज्ञापन मुफ्त में छापे जाते थे। इसी साल 'मद्रास कुरियर' रिचर्ड जॉनसन द्वारा शुरू किया गया।

सन् 1789 में 'बॉम्बे हेराल्ड' और 1790 में 'बॉम्बे कुरियर' लंकेश बर्नर द्वारा प्रकाशित किया गया। बाद में इसका नाम बदलकर 'बॉम्बे टाइम्स' कर दिया गया। यह पहला अखबार था, जिसमें गुजराती भाषा में विज्ञापन छपते थे।

सन् 1799 में लॉर्ड ब्लेजी ने भारत में अखबारी पर सेंशरशिप (पत्रोक्षण अधिनियम) लगा दिया। अब किसी भी प्रकाशन को अखबार छापने के लिए लाइसेंस लेना अनिवार्य कर दिया गया, बाद में लॉर्ड मिल्टन ने कुछ छूट दे दी। उसी समय 1816 में फिर से 'बंगाल गजट' का गंगाधर भट्टाचार्य के नेतृत्व में प्रकाशन शुरू हो गया। इसी साल जेम्स मिकेजी और जॉन वुल ने मिलकर 'ओरिएंटल स्टार' समाचार-पत्र चलाया, जिसे ईस्ट इंडिया कंपनी ने कुछ ही दिन में बंद कर दिया।

सन् 1818 ई. में ब्रिटिश व्यापारी 'जेम्स सिल्क बकिंघम' ने 'कलकत्ता जनरल' बँगला में प्रकाशित किया। इसके आधुनिक रूप जेम्स सिल्क बकिंघम का ही दिया हुआ है। 23 मई, 1818 में भारत का पहला दैनिक समाचार-पत्र 'समाचार दर्पण' बँगला में प्रकाशित हुआ, इसके संपादक जे.सी. मार्श मेन थे। यह अखबार उस वक्त एक रुपए में बिकता था। इसी साल एक दूसरा पत्र आया 'फ्रेंड्स ऑफ इंडिया'। इसमें ईसाई मिशनरी हिंदू धर्म के कर्मकांडों के बारे में आलोचना किया करते थे।

सन् 1821 ई. में बंगाली भाषा में साप्ताहिक समाचार-पत्र 'संवाद कौमुदी' का प्रकाशन हुआ। इस समाचार-पत्र का प्रबंध राजा राममोहन राय के हाथों में था। राजा

राममोहन राय ने सामाजिक तथा धार्मिक विचारों के विरोधस्वरूप समाचार 'चंद्रिका' का मार्च 1822 ई. में प्रकाशन किया। इसके अतिरिक्त राय ने अप्रैल 1822 में फारसी भाषा में 'मिरातुल' अखबार एवं अंग्रेजी भाषा में 'ब्राह्मनिकल मैगजीन' का प्रकाशन किया। जॉन एडम्स द्वारा 1823 ई. में 'अनुज्ञप्ति नियम' लागू किए गए। एडम्स द्वारा समाचार-पत्रों पर लगे प्रतिबंध के कारण राजा राममोहन राय का 'मिरातुल' अखबार बंद हो गया।

लॉर्ड विलियम बैंटिक प्रथम गवर्नर जनरल था, जिसने प्रेस की स्वतंत्रता के प्रति उदारवादी दृष्टिकोण अपनाया। कार्यवाहक गवर्नर जनरल चार्ल्स मेटकॉफ ने 1823 ई. के प्रतिबंध को हटाकर समाचार-पत्रों को मुक्ति दिलवाई। यही कारण है कि इसे समाचार-पत्रों का मुक्तिदाता भी कहा जाता है। लॉर्ड मैकाले ने भी प्रेस की स्वतंत्रता का समर्थन किया।

सन् 1826 में हिंदी का पहला समाचार-पत्र 'उदंत मार्तंड' का प्रकाशन युगल किशोर शुक्ल के संपादन में शुरू हुआ, परंतु 18 सितंबर, 1928 में इसको बंद भी करवा दिया गया।

सन् 1830 ई. में राजा राममोहन राय, द्वारकानाथ टैगोर एवं प्रसन्न कुमार टैगोर के प्रयासों से बंगाली भाषा में बंबई में 'बंगदूत' का प्रकाशन आरंभ हुआ। 1831 ई. में गुजराती भाषा में 'जामे जमशेद' तथा 1851 ई. में 'रास्त गोफ्तार' एवं 'अखबारे सौदागर' का प्रकाशन हुआ। 1844 में 'टेलीग्राफ', 1861 में 'टाइम्स ऑफ इंडिया', 1878 में 'द हिंदू' मासिक पत्र का प्रकाशन हुआ।

सन् 1900 में जी.ए. नाटेशन द्वारा मद्रास में 'इंडियन रिव्यू' और 1907 में कलकत्ता से रामानंद चटर्जी द्वारा 'मॉडर्न रिव्यू' का प्रकाशन लॉर्ड कर्जन द्वारा बंगाल विभाजन के कारण देश में उत्पन्न अशांति तथा 'भारतीय राष्ट्रीय कांग्रेस' में नरमपंथियों के बढ़ते प्रभाव के कारण अखबारों के द्वारा सरकार की आलोचना का अनुपात बढ़ने लगा। अतः सरकार ने इस स्थिति से निपटने के लिए 1908 ई. का 'समाचार-पत्र अधिनियम' लागू किया। इस अधिनियम में यह व्यवस्था की गई कि जिस अखबार के लेख में हिंसा व हत्या को प्रेरणा मिलेगी, उसके छापाखाने एवं संपत्ति को जब्त कर लिया जाएगा। अधिनियम में दी गई नई व्यवस्था के अंतर्गत 15 दिन के भीतर उच्च न्यायालय में अपील की सुविधा दी गई। इस अधिनियम द्वारा नौ समाचार-पत्रों के विरुद्ध मुकदमे चलाए गए एवं सात के मुद्रणालय को जप्त करने का आदेश दिया गया।

सन् 1910 ई. के 'भारतीय समाचार-पत्र अधिनियम' में यह व्यवस्था थी कि समाचार-पत्र के प्रकाशक को कम-से-कम 500 रुपए और अधिक-से-अधिक 2000 रुपए पंजीकरण जमानत के रूप में स्थानीय सरकार को देना होगा। इसके बाद भी सरकार को पंजीकरण समाप्त करने एवं जमानत जप्त करने का अधिकार होगा तथा

दोबारा पंजीकरण के लिए सरकार को 1000 रुपए से 10000 रुपए की जमानत लेने का अधिकार होगा। इसके बाद भी यदि समाचार-पत्र सरकार की नजर में किसी आपत्तिजनक सामग्री को प्रकाशित करता है तो सरकार के पास उसके पंजीकरण को समाप्त करने एवं अखबार की समस्त प्रतियाँ जप्त करने का अधिकार होगा। अधिनियम के शिकार समाचार-पत्र दो महीने के अंदर स्पेशल ट्रिब्यूनल के पास अपील कर सकते थे।

सन् 1913 में बी.जी. हर्निमन के संपादकत्व में फिरोजशाह मेहता ने 'बॉम्बे क्रोनिकल' निकला। 1919 में गांधीजी ने 'यंग इंडिया' का प्रकाशन शुरू किया। इस पत्र के माध्यम से गांधीजी अपने राजनीतिक दर्शन, कार्यक्रम और नीतियों का प्रचार किया करते थे।

प्रथम विश्वयुद्ध के समय 'भारत सुरक्षा अधिनियम' पास कर राजनैतिक आंदोलन एवं स्वतंत्र आलोचना पर प्रतिबंध लगा दिया गया। 1921 ई. सर तेज बहादुर स.प्रू. की अध्यक्षता में एक 'प्रेस इन्क्वायरी कमेटी' नियुक्त की गई। समिति के ही सुझावों पर 1908 और 1910 ई. के अधिनियमों को समाप्त किया गया। 1931 ई. में 'इंडियन प्रेस इमरजेंसी एक्ट' लागू हुआ। इस अधिनियम द्वारा 1910 ई. के प्रेस अधिनियम को पुनः लागू कर दिया गया। इस समय गांधीजी द्वारा चलाए गए 'सविनय अवज्ञा आंदोलन' के प्रचार को दबाने के लिए इस अधिनियम को विस्तृत कर 'क्रिमिनल अमैंडमेंट ऐक्ट' अथवा 'आपराधिक संशोधित अधिनियम' लागू किया गया।

सन् 1924 में 'हिंदूस्तान टाइम्स' का प्रकाशन शुरू हुआ, 1933 में गांधीजी ने 'हरिजन' समाचार-पत्र को प्रकाशित किया। इसे अलग-अलग भाषाओं में प्रकाशित किया गया था।

सन् 1942 में झाँसी से 'दैनिक जागरण' का प्रकाशन शुरू हुआ। बाद में 1947 से यह कानपुर से प्रकाशित होने लगा। मार्च 1947 में भारत सरकार ने 'प्रेस इन्क्वायरी कमेटी' की स्थापना समाचार-पत्रों से जुड़े हुए कानून की समीक्षा के लिए थी।

3. विश्व में पत्रकारिता का आरंभ

विश्व में पत्रकारिता का आरंभ सन् 131 ईस्वी पूर्व रोम में हुआ था, उस साल से पहला दैनिक समाचार-पत्र निकलने लगा। उसका नाम था—'Acta Diurna' (दिन की घटनाएँ)। वास्तव में यह पत्थर की या धातु की पट्टी होता था, जिस पर समाचार अंकित होते थे। ये पट्टियाँ रोम के मुख्य स्थानों पर रखी जाती थीं और इनमें वरिष्ठ अधिकारियों की नियुक्ति, नागरिकों की सभाओं के निर्णयों एवं ग्लेडिएटरों की लड़ाइयों के परिणामों के बारे में सूचनाएँ मिलती थीं।

मध्यकाल में यूरोप के व्यापारिक केंद्रों में 'सूचना-पत्र' निकलने लगे। उनमें कारोबार, क्रय-विक्रय और मुद्रा के मूल्य में उतार-चढ़ाव के समाचार लिखे जाते थे। लेकिन ये सारे 'सूचना-पत्र' हाथ से ही लिखे जाते थे।

15वीं शताब्दी के मध्य में योहन गूटनबर्ग ने छापने की मशीन का आविष्कार किया। असल में उन्होंने धातु के अक्षरों का आविष्कार किया। इसके परिणामस्वरूप किताबों का ही नहीं, अखबारों का भी प्रकाशन संभव हो गया।

16वीं शताब्दी के अंत में यूरोप के शहर स्ट्रास्बुर्ग में, योहन कारोलूस नाम का कारोबारी धनवान् ग्राहकों के लिए सूचना-पत्र लिखवाकर प्रकाशित करता था, लेकिन हाथ से बहुत सी प्रतियों की नकल करने का काम महँगा भी था और धीमा भी। तब वह छापे की मशीन खरीद कर वर्ष 1605 में समाचार-पत्र छापने लगा। उस समाचार-पत्र का नाम था—'रिलेशन'। यह विश्व का प्रथम मुद्रित समाचार-पत्र माना जाता है।

छापे की पहली मशीन भारत में 1674 में आई थी, मगर भारत का पहला अखबार इसके 100 साल बाद, 1776 में प्रकाशित हुआ। इसका प्रकाशक ईस्ट इंडिया कंपनी का भूतपूर्व अधिकारी 'विलेम बॉल्ट्स' था। यह अखबार स्वभावत: अंग्रेजी भाषा में निकलता था तथा कंपनी व सरकार के समाचार को फैलाता था।

सबसे पहला अखबार, जिसमें स्वतंत्र रूप से विचार व्यक्त किए गए, वह 1780 में जेम्स ऑगस्टस हिकी का अखबार 'बंगाल गजेट' था। अखबार में दो पन्ने थे और इसमें ईस्ट इंडिया कंपनी के वरिष्ठ अधिकारियों के व्यक्तिगत जीवन पर लेख छपते थे। जब हिकी ने अपने अखबार में गवर्नर की पत्नी का आक्षेप किया तो उसे 4 महीने के लिए जेल भेजा गया और 500 रुपए का जुर्माना भी लगा दिया गया; लेकिन हिकी ने शासकों की आलोचना करने से परहेज नहीं किया। जब उसने गवर्नर और सर्वोच्च न्यायाधीश की आलोचना की तो उस पर 5000 रुपए का जुर्माना लगाया गया तथा एक साल के लिए जेल में डाला गया। इस तरह उसका अखबार भी बंद हो गया।

4. भारत में पत्रकारिता का इतिहास

इस संसार की उत्पत्ति कब हुई है और विनाश कब होगा, इसका कोई समय व तिथि तय नहीं हो सकी है। प्रत्येक व्यक्ति अपना वर्तमान देखकर भविष्य तय करता है। उत्पत्ति व खोज के बाद ही उसका इतिहास बनजाता है। जो बात इतिहास बन जाती है, उसी को हम संस्कृति कहते हैं। समय के विकास के अनुसार विश्व के इतिहास का अध्ययन करने पर हमें पता चला कि विश्व में पत्रकारिता का आरंभ सन् 131 ईस्वी पूर्व रोम में हुआ था। उस साल का पहला दैनिक समाचार-पत्र निकलने लगा था, जिसका नाम—एक्टा डियूमा (Acta diuma) था। इसमें दिन की घटना का समाचार होता था,

जिसे किसी पत्थर या धातु पर लिखकर आम लोगों को संदेश समाचार दिया जाता था। मध्यकाल में इसी हस्तलिखित को 'सूचना-पत्र' का नाम दिया जाने लगा था। जब 15वीं शताब्दी के मध्य योहन गूटनबर्ग ने छापने की मशीन का आविष्कार किया, जिसमें धातु के अक्षरों का उपयोग किया जाता था। धीरे-धीरे यूरोप का योहन कारोलूस नाम का एक व्यापारी ने सन् 1605 ई. में घटना के नाम को बदलकर सूचना-पत्र किया। उसके बाद उसी को 'समाचार' का नाम दिया गया। विश्व का पहला समाचार-पत्र इसी वर्ष (1605 ई.) निकला। इस समाचार-पत्र का नाम—रिलेशन (संबंध) था। यह विश्व का पहला मुद्रित अखबार था। भारत में ईस्ट इंडिया कंपनी के शासन के समय सन् 1776 ई. में एक अंग्रेजी अखबार का संचालन अंग्रेजों ने किया, लेकिन उसका संचालन बंद हो जाने के बाद अंग्रेजों को अपनी बात जनता तक पहुँचाने के लिए इसे माध्यम बनाया था। बाद में इसी अंग्रेजी समाचार-पत्र में कुछ आम बुद्धिजीवी वर्ग को स्वतंत्र विचार प्रकाशित करने की अनुमति 1780 में दी गई थी। भारत में सन् 1790 में अनेक स्थानों से अंग्रेजी अखबारों का प्रकाशन शुरू हुआ, लेकिन कुछ ही समय तक छपने के बाद बंद हो गए।

अंग्रेजों के शासन काल में समाज सुधारक राजा राममोहन राय ने समाज को जाग्रत् करने के लिए 1819 में भारतीय बंगाली भाषा में पहला समाचार-पत्र 'संवाद कौमुदी' प्रकाशित किया, जिसको बुद्धि का चाँद कहा जाता था। इस प्रकार भारत में भारतीय भाषा (बंगाली) में समाचार-पत्र के प्रकाशन की शुरुआत राजा राममोहन राय ने ही की थी। उसके बाद भारत में सन् 1822 में गुजराती भाषा का साप्ताहिक 'मुंबईना' समाचार का प्रकाशन हुआ, जो दस साल बाद दैनिक समाचार-पत्र हो गया था। राजा राममोहन राय का 'संवाद कौमुदी' समाचार-पत्र बंद हो जाने के बाद उन्होंने सन् 1830 में एक बड़ा हिंदी साप्ताहिक 'बंगदूत' का प्रकाशन शुरू किया। यह समाचार-पत्र बहुभाषीय था, जो अंग्रेजी, बँगला, हिंदी और फारसी भाषा में कलकत्ता से निकलता था।

भारत में अनेक समाचार-पत्र का प्रकाशन शुरू हुए और बंद हुआ, लेकिन 30 मई, 1826 को 'उदंत मार्तंड' का प्रकाशन पंडित जुगलकिशोर शर्मा ने शुरू किया था, इसी दिवस को पत्रकारिता के इतिहास में 'पत्रकार दिवस' के नाम से मनाया जाता है। पंडित जुगलकिशोर से लेकर उनके समकालीन व्यक्तित्व के लिए पत्रकारिता के अर्थ सकारात्मक थे।

5. भारत में पत्रकारिता का विकास

भारत में मीडिया का विकास तीन चरणों में हुआ। पहले दौर की नींव उन्नीसवीं सदी में उस समय पड़ी, जब औपनिवेशिक आधुनिकता के संसर्ग और औपनिवेशिक

हुकूमत के खिलाफ असंतोष की अंतर्विरोधी छाया में हमारे सार्वजनिक जीवन की रूपरेखा बन रही थी। इस प्रक्रिया के तहत मीडिया दो ध्रुवों में बँट गया। उसका एक हिस्सा औपनिवेशिक शासन का समर्थक निकला और दूसरे हिस्से ने स्वतंत्रता का झंडा बुलंद करनेवालों का साथ दिया। राष्ट्रवाद बनाम उपनिवेशवाद का यह दौर 1947 तक चलता रहा। इस बीच अंग्रेजी के साथ-साथ भारतीय भाषाओं में पत्र-पत्रिकाओं के प्रकाशन की समृद्ध परंपरा प्रारंभ हुई और अंग्रेजों के नियंत्रण में रेडियो प्रसारण की शुरुआत हुई। दूसरा दौर आजादी मिलने के साथ प्रारंभ हुआ और अस्सी के दशक तक चला। इस लंबी अवधि में मीडिया के प्रसार और गुणवत्ता में जबरदस्त बढ़ोतरी हुई। उसके विभिन्न रूप भारत को आधुनिक राष्ट्र-राज्य बनाने के लक्ष्य के इर्द-गिर्द गढ़ी गई। अखिल भारतीय सहमति को धरती पर उतारने की महापरियोजना में भागीदारी करते हुए दिखाई पड़े। इसी दौर में टी.वी. का आगमन हुआ। मुद्रित मीडिया मुख्यतः निजी क्षेत्र के हाथ में और रेडियो-टी.वी. की लगाम सरकार के हाथ में रही।

नब्बे के दशक में भूमंडलीकरण के आगमन के साथ तीसरे दौर की शुरुआत हुई, जो आज तक जारी है। यह राष्ट्र-निर्माण और जन-राजनीति के प्रचलित मुहावरे में हुए आमूल-चूल परिवर्तन का समय था, जिसके कारण मीडिया की शक्ल-सूरत और रुझानों में भारी तब्दिलियाँ आईं। टी.वी. और रेडियो पर सरकारी पकड़ ढ़ीली पड़ी। निजी क्षेत्र में चौबीस घंटे चलने वाले उपग्रहीय टी.वी. चैनलों और एफ.एम. रेडियो चैनलों का बहुत तेजी से प्रसार हुआ। बढ़ती हुई साक्षरता और निरंतर जारी आधुनिकीकरण के तहत भारतीय भाषाओं के मीडिया ने अंग्रेजी-मीडिया को प्रसार और लोकप्रियता में बहुत पीछे छोड़ दिया। मीडिया का कुल आकार अभूतपूर्व ढंग से बढ़ा। नई मीडिया प्रौद्योगीकियों का इस्तेमाल करनेवाले लोगों की संख्या में जबरदस्त बढ़ोतरी हुई। महज दस साल के भीतर भारत में भी लगभग वही स्थिति बन गई, जिसे पश्चिम में 'मीडियास्फेयर' कहा जाता है।

प्रथम चरण—भारत में मीडिया के विकास के पहले चरण को तीन हिस्सों में बाँट कर समझा जा सकता है। पंद्रहवीं और सोलहवीं सदी में ईसाई मिशनरी धार्मिक साहित्य का प्रकाशन करने के लिए भारत में प्रिंटिंग प्रेस ला चुके थे। भारत का पहला अखबार 'बंगाल गजट' भी 29 जनवरी, 1780 को एक अंग्रेज जेम्स ऑगस्टस हिकी ने निकाला। चूँकि हिकी इस साप्ताहिक के जरिए भारत में ब्रिटिश समुदाय के अंतर्विरोधी को कटाक्ष भरी भाषा में व्यक्त करते थे, इसलिए जल्दी ही उन्हें गिरफ्तार कर लिया गया और दो साल में अखबार का प्रकाशन बंद हो गया। हिकी के बाद किसी अंग्रेज ने औपनिवेशिक हितों पर चोट करनेवाला प्रकाशन नहीं किया।

उन्नीसवीं सदी के दूसरे दशक में कलकत्ता के पास श्रीरामपुर के मिशनरियों ने

और तीसरे दशक में राजा राममोहन राय ने साप्ताहिक, मासिक और द्वैमासिक पत्र-पत्रिकाओं का प्रकाशन प्रारंभ किया। पत्रकारिता के जरिए यह दो दृष्टिकोण का टकराव था। श्रीरामपुर के मिशनरियों ने भारतीय परंपरा को निम्नतर साबित करते हुए ईसाइयत की श्रेष्ठता स्थापित करना चाहते थे, जबकि राजा राममोहन राय की भूमिका हिंदू धर्म और भारतीय समाज के आंतरिक आलोचक की थी। वे परंपरा के उन रूपों की आलोचना कर रहे थे, जो आधुनिकता के प्रति सहज नहीं थे। राजा राममोहन राय परंपरा के उपयोगी आयामों को ईसाई प्रेरणाओं से जोड़कर एक नए धर्म की स्थापना की कोशिश में भी लगे थे। इस अवधि में मीडिया की सारवस्तु पर धार्मिक प्रश्नों और समाज-सुधार के आग्रहों से संबंधित विश्लेषण एवं बहसें हावी रहीं।

समाज सुधार के प्रश्न पर व्यक्त होनेवाला मीडिया का यह द्वी-ध्रुवीय चरित्र आगे चलकर औपनिवेशिक बनाम राष्ट्रीय के स्पष्ट विरोधाभास में विकसित हो गया और 1947 में सत्ता के हस्तांतरण तक कायम रहा। तीस के दशक तक अंग्रेजी के ऐसे अखबारों की संख्या बढ़ती रही, जिनका उद्देश्य अंग्रेजों के शासन की तरफदारी करना था। इनका स्वामित्व भी अंग्रेजों के हाथ में ही था। सन् 1861 में बंबई के तीन अखबारों का विलय करके 'टाइम्स ऑफ इंडिया' की स्थापना भी ब्रिटिश हितों की सेवा करने के लिए रॉबर्ट नाइट ने की थी। 1849 में गिरीशचंद्र घोष ने 'बंगाल रिकॉर्डर' नाम से ऐसा पहला अखबार निकाला, जिसका स्वामित्व भारतीय हाथों में था। 1853 में इसका नाम बदलकर 'हिंदू पैट्रियट' हो गया। हरिश्चंद्र मुखर्जी के पराक्रमी संपादन में निकलने वाले इस पत्र ने विभिन्न प्रश्नों पर ब्रिटिश सरकार की कड़ी आलोचना की परंपरा का सूत्रपात किया। सदी के अंत तक एक तरफ तो उपनिवेशवाद विरोधी राष्ट्रीय नेतृत्व का आधार बन चुका था तो दूसरी ओर स्वाधीनता की कामना का संचार करने के लिए पूरे देश में विभिन्न भाषाओं में पत्र-पत्रिकाओं का प्रकाशन होने लगा था। भारतीय भाषाओं की पत्रकारिता ब्रिटिश शासन को आड़े हाथों लेने में कतई नहीं चूकती थी। इसी कारण 1878 में अंग्रेजों ने 'वरनाकुलर प्रेस ऐक्ट' बनाया, ताकि अपनी आलोचना करनेवाले प्रेस का मुँह बंद कर सके। इसका भारत और ब्रिटेन में जमकर विरोध हुआ। 1885 में 'भारतीय राष्ट्रीय कांग्रेस' का गठन हुआ, जिसकी गतिविधियाँ उत्तरोत्तर मुखर राष्ट्रवाद की तरफ झुकती चली गई। भारतीय भाषाओं के प्रेस ने भी इसी रुझान के साथ ताल में ताल मिलाकर अपना विकास किया। मीडिया के लिहाज से बीसवीं सदी को एक उल्लेखनीय विरासत मिली, जिसके तहत तिलक, गोखले, दादाभाई नौरोजी, सुरेंद्रनाथ बनर्जी, मदनमोहन मालवीय और रवींद्रनाथ ठाकुर के नेतृत्व में अखबारों व पत्रिकाओं का प्रकाशन हो रहा था। बीस के दशक में गांधी के दिशा-निर्देश में कांग्रेस एक जनांदोलन में बदल गई। स्वयं गांधी ने राष्ट्रीय पत्रकारिता में तीन-तीन अखबार निकाल कर योगदान दिया।

लेकिन इस विकासक्रम का एक दूसरा ध्रुव भी था। अगर इन राष्ट्रीय हस्तियों के नेतृत्व में 'मराठा', 'केसरी', 'बंगाली', 'हरिजन', 'नवजीवन', 'यंग इंडिया', 'अमृत बाजार पत्रिका', 'हिंदुस्तानी', 'एडवोकेट', 'ट्रिब्यून', 'अखबार-ए-आम', 'साधना', 'प्रवासी', 'हिंदुस्तान रिव्यू' और 'अभ्युदय' जैसे प्रकाशन उपनिवेशवाद विरोधी तर्कों और स्वाधीनता के विचार को अपना आधार बना रहे थे, तो कलकत्ता का स्टेट्समैन, बंबई का 'टाइम्स ऑफ इंडिया', मद्रास का 'मेल', लाहौर का 'सिविल ऐंड मिलिट्री गजट' और इलाहाबाद का 'पायनियर' खुले तौर पर अंग्रेजी शासन के गुण गाने में विश्वास करता था।

मीडिया-संस्कृति का यह द्विविभाजन भाषाई आधार पर ही और आगे बढ़ा। राष्ट्रीय भावनाओं का पक्ष लेनेवाले अंग्रेजी के अखबारों की संख्या गिनी-चुनी ही रह गई। अंग्रेजी के बाकी अखबार अंग्रेजी के पिट्ठू बन गए। भारतीय भाषाओं के अखबारों ने खुलकर उपनिवेशवाद विरोधी आवाज उठानी शुरू कर दी। अंग्रेज समर्थक अखबारों के पत्रकारों के वेतन और सुविधाओं का स्तर भारतीय भाषाओं के प्रकाशनों में कार्यरत पत्रकारों के वेतन आदि से बहुत अच्छा था। ब्रिटिश समर्थक अखबारों का पूँजी आधार कमजोर था। बहरहाल अंग्रेजी पत्रकारिता के महत्त्व को देखते हुए जल्दी ही मालवीय, मुहम्मद अली, ऐनी बेसेंट, मोतीलाल नेहरू आदि ने राष्ट्रवादी विचारों वाले अंग्रेजी अखबारों (लीडर, कॉमरेड, मद्रास स्टेंडर्ड, न्यूज, इंडिपेंडेट, सिंध ऑब्जरवर) की शुरुआत की। दिल्ली से 1923 में कांग्रेस का समर्थन करनेवाले भारतीय पूँजीपति घनश्याम दास बिड़ला ने 'द हिंदुस्तान टाइम्स' का प्रकाशन शुरू किया। 1938 में जवाहरलाल नेहरू ने अंग्रेजी के राष्ट्रवादी अखबार 'नेशनल हैरल्ड' की स्थापना की।

सन् 1826 में कलकत्ता से जुगल किशोर शुक्ल के 'उदंत मार्तंड' नामक पहला हिंदी समाचार-पत्र प्रकाशित किया था। हिंदी मीडिया ने अपनी दावेदारी बीसवीं सदी के पूर्वार्द्ध में पेश की, जब गणेश शंकर विद्यार्थी ने 'प्रताप', बालमुकुंद गुप्त और अंबिकाशरण वाजपेयी ने 'भारत मित्रा', महेशचंद्र अग्रवाल ने 'विश्वमित्रा' और शिवप्रसाद गुप्त ने 'आज' की स्थापना की। एक तरह से यह हिंदी प्रेस की शुरुआत थी। इसी दौरान उर्दू-प्रेस की नींव पड़ी। अबुल कलाम आजाद ने 'अल-हिलाल' और 'अल-बिलाग' का प्रकाशन शुरू किया तथा मुहम्मद अली ने 'हमदर्द' का। लखनऊ से 'हकीकत', लाहौर से 'प्रताप' व 'मिलाप' और दिल्ली से 'तेज' का प्रकाशन होने लगा। बँगला में 'संध्या', 'नायक', 'वसुमती', 'हितवादी', 'नवशक्ति', 'आनंद बाजार पत्रिका', 'युगांतर', 'कृषक' और 'नवजुग' जैसे प्रकाशन अपने-अपने दृष्टिकोणों से उपनिवेशवाद विरोधी अभियान में भागीदारी कर रहे थे। मराठी में 'इंद्रप्रकाश', 'नवकाल', 'नवशक्ति', 'लोकमान्य' और गुजराती में 'गुजराती पंच', 'सेवक', 'गुजराती और समाचार', 'वंदे मातरम्', दक्षिण

भारत में 'मलयाला मनोरमा', 'मातृभूमि', 'स्वराज', 'अलअमीन', 'मलयाला राज्यम्', 'देशाभिमानी', 'संयुक्त कर्नाटक', 'आंध्र पत्रिका', 'कल्कि', 'तंति', 'स्वदेशमित्राम्', 'देशभक्तम्' और 'दिनामणि' यही भूमिका निभा रहे थे।

यहाँ एक सवाल उठ सकता है कि यह राष्ट्रीय मीडिया किन मायनों में राष्ट्रीय था। इसमें कोई शक नहीं कि ये सभी पत्र-पत्रिकाएँ ब्रिटिश शासन की विरोधी थीं, लेकिन उपनिवेशवाद विरोधी आंदोलन की दशा और दिशा को लेकर उनके बीच वैसे ही मतभेद थे, जैसे कांग्रेस और अन्य राजनीतिक शक्तियों के बीच दिखाई पड़ते थे। ब्रिटिश प्रशासन ने 1924 में मद्रास में एक 'शौकिया रेडियो क्लब' बनाने की अनुमति दी। तीन साल बाद निजी क्षेत्र में ब्रॉडकॉस्ट कंपनी ने बंबई और कलकत्ता में नियमित रेडियो प्रसारण शुरू किया, लेकिन साथ में शौकिया रेडियो क्लब भी चलता रहा। प्रेक्षकों की मान्यता है कि जिस तरह इन शौकिया क्लबों के कारण अंग्रेजों को रेडियो की बाकायदा स्थापना करनी पड़ी, कुछ इसी तर्ज पर निजी केबल ऑपरेटरों के कारण नब्बे के दशक में सरकार को टेलीविजन का आंशिक निजीकरण करने की इजाजत देनी पड़ी।

बहरहाल, औपनिवेशिक सरकार ने 1930 में ब्रॉडकास्टिंग को अपने हाथ में ले लिया और 1936 में उसका नामकरण 'आल इंडिया रेडियो' या 'आकाशवाणी' कर दिया गया। हैदराबाद, त्रावणकोर, मैसूर, बड़ोदरा, त्रिवेंद्रम और औरंगाबाद जैसी देशी रियासतों में भी प्रसारण चालू हो गया। रेडियो पूरी तरह से अंग्रेज सरकार के प्रचारतंत्रा का अंग था। सेंसरशिप, सलाहकार बोर्ड और विभागीय निगरानी जैसे संस्थागत नियंत्रक उपायों द्वारा अंग्रेजों ने यह सुनिश्चित किया कि उपनिवेशवाद विरोधी राजनीति के पक्ष में रेडियो से एक शब्द भी प्रसारित न होने पाए। दिलचस्प बात यह है कि यह अंग्रेजी विरासत भारत के आजाद होने के बाद भी जारी रही। अंग्रेजों के बाद आकाशवाणी को भारत सरकार ने उस समय तक अपना ताबेदार बनाए रखा, जब तक 1997 में आकाशवाणी एक स्वायत्त संगठन का अंग नहीं बन गई।

द्वितीय चरण—चूँकि भारतीय मीडिया के दोनों ध्रुवों ने उपनिवेशवाद विरोधी संघर्ष के पक्ष या विपक्ष में रहकर ही अपनी पहचान बनाई थी, इसलिए स्वाभाविक रूप से राजनीति उसका केंद्रीय सरोकार बनती चली गई। 15 अगस्त, 1947 को जैसे ही सत्ता का हस्तांतरण हुआ और अंग्रेज भारत से जाने के लिए अपना बोरिया-बिस्तर समेटने लगे तो मीडिया और सकार के संबंध बुनियादी तौर से बदल गए। एक तरफ से अंग्रेजों द्वारा लगाई गई पाबंदियाँ प्रभावी नहीं रह गईं, और दूसरी तरफ ब्रिटिश शासन की पैरोकारी करनेवाले ज्यादातर अखबारों का स्वामित्व भारतीयों के हाथ में चल गया। लेकिन इससे भी ज्यादा महत्त्वपूर्ण यह था कि मीडिया ने राजनीतिक नेतृत्व के साथ कंधे-से-कंधा मिलाकर आधुनिक भारतीय राष्ट्र का निर्माण करना शुरू किया। मीडिया

के विकास का यह दूसरा चरण अस्सी के दशक तक जारी रहा। इस लंबे दौर के चार उल्लेखनीय आयाम थे—

1. एक सुपरिभाषित 'राष्ट्र-हित' के आधार पर आधुनिक भारत के निर्माण में सचेत और सतक भागीदारी की परियोजना।
2. अभिव्यक्ति की स्वतंत्रता में कटौती करने की सरकारी कोशिशों के खिलाफ संघर्ष।
3. विविधता एवं प्रसार की जबरदस्त उपलब्धि के साथ-साथ भाषाई पत्रकारिता द्वारा अपने महत्त्व और श्रेष्ठता की स्थापना।
4. प्रसारण-मीडिया की सरकारी नियंत्रण से एक सीमा तक मुक्ति।

स्वतंत्र भारत में सरकार को गिराने या बदनाम करने में प्रेस ने कोई रुचि नहीं दिखाई, लेकिन साथ ही वह सत्ता की ताबेदार बनने के लिए तैयार नहीं थी। उसका रवैया रेडियो और टी.वी. से अलग तरह का था। रेडियो-प्रसारण करनेवाली 'आकाशवाणी' पूरी तरह से सरकार के हाथ में थी। सन् 1959 में शिक्षात्मक उद्देश्यों से शुरू हुए टेलीविजन (दूरदर्शन) की प्रोग्रामिंग की जिम्मेदारी भी रेडियो को थमा दी गई थी। इसके विपरीत शुरू से ही निजी क्षेत्र के स्वामित्व में विकसित हुए प्रेस में सरकार सत्तारूढ़ कांग्रेस, विपक्षी दलों और अधिकारी तंत्र को बार-बार स्व- परिभाषित राष्ट्र-हित की कसौटी पर कस कर देखा। यह प्रक्रिया उस व्यवस्था का अंग बनकर उसकी आंतरिक आलोचना करनेवाली सतर्क एजेंसी की भूमिका में ले गई। भारतीय मीडिया के कुछ अध्येताओं ने माना भी है कि अंग्रेजी के बाद सरकार को दिया गया प्रेस का समर्थन एक सतर्क समर्थन ही था। प्रेस ने 'राष्ट्र-हित' की एक सर्वमान्य परिभाषा तैयार की, जिसे मनवाने के लिए न कोई बैठक की गई और न ही कोई दस्तावेज पारित किया गया। पर इस बारे में कोई मतभेद नहीं था कि उदीयमान राष्ट्र-राज्य जिस ढाँचे के आधार पर खड़ा होगा, उसका चरित्र लोकतांत्रिक और सेकुलर ही होना चाहिए। उसने यह भी मान लिया था कि ऐसा करने के लिए उत्पीड़ित सामाजिक तबकों और समुदायों का लगातार सरलीकरण अनिवार्य है। प्रेस-मालिक, प्रबंधक और प्रमुख पत्रकार अपने-अपने ढंग से यह भी मानते थे कि इस लक्ष्य को भेदने के लिए गरीबी को समृद्धि में बदलना पड़ेगा, जिसका रास्ता अर्थशास्त्र और मिश्रित अर्थव्यवस्था से होकर जाता है। स्वतंत्र भारत की विदेश नीति (गुट निरपेक्षता और अन्य देशों के साथ शांतिपूर्ण सहअस्तित्व) के प्रति भी मीडिया ने सकारात्मक सहमति दर्ज कराई।

दूसरी तरफ सरकार ने अपनी तरफ से प्रेस के कामकाज को विनियमित करने के लिए एक संस्थागत ढाँचा बनाना शुरू कर दिया। 1952 और 1977 में दो प्रेस आयोग गठित किए गए। 1965 में एक संविधानगत संस्था 'प्रेस परिषद्' की स्थापना

हुई। 1956 में रजिस्ट्रेशन ऑफ बुक्स ऐक्ट के तहत 'प्रेस रजिस्ट्रार ऑफ इंडिया' की स्थापना की गई। इन उपायों में प्रेस की आजादी को सीमित करने के अंदेशे भी देखे जा सकते थे, पर प्रेस ने इन कदमों पर आपत्ति नहीं की। उसे यकीन था कि सरकार किसी भी परिस्थिति में संविधान के अनुच्छेद 19 (1) (ए) के तहत मिलनेवाली अभिव्यक्ति की स्वतंत्रता की गारंटी का उल्लंघन नहीं करेगी। संविधान में स्पष्ट उल्लेख न होने के बावजूद सर्वोच्च न्यायालय ने इस गारंटी में प्रेस की स्वतंत्रता को भी शामिल मान लिया था। लेकिन प्रेस का यह यकीन 1975 में टूट गया, जब तत्कालीन प्रधानमंत्री इंदिरा गांधी ने अपने राजनीतिक संकट से उबरने के लिए देश पर आंतरिक आपातकाल थोप दिया। नतीजे के तौर पर नागरिक अधिकार मुल्तवी कर दिए गए, स्वतंत्र अभिव्यक्ति और प्रेस पर पाबंदियाँ लगा दी गईं। 253 पत्रकार नजरबंद किए गए, सात विदेशी संवाददाता निष्कासित कर दिए गए। प्रेस पर सेंसरशिप थोपी गई और प्रेस परिषद् भंग कर दी गई। भारतीय प्रेस अपने ऊपर होनेवाले इस आक्रमण का उतना विरोध नहीं कर पाया, जितना उसे करना चाहिए था। कुछ ने सरकार के सामने घुटने टेक दिए, पर कुछ ने नुकसान सहकर भी आपातकाल की पाबंदियों का प्रतिरोध किया।

उन्नीस महीने बाद यह आपातकाल चुनाव की कसौटी पर पराजित हो गया, पर इस झटके के कारण पहली बार भारतीय प्रेस ने अपनी आजादी के लिए लड़ने की जरूरत महसूस की। राष्ट्र-निर्माण की प्रक्रिया में हिस्सेदारी करने की उसकी भूमिका पहले से भी अधिक 'सतर्क' हो गई। पत्रकारों की सतर्क निगाह ने देखा कि आपातकाल की पराजय के बाद भी राजनैतिक और सत्ता प्रतिष्ठान में प्रेस की स्वतंत्रता की रक्षा करने के लिए चलाए गए आंदोलन संघर्षों का दशक साबित हुआ। 1982 में 'बिहार प्रेस विधेयक' और 1988 में लोकसभा द्वारा पारित किए गए 'मानहानि विधेयक' को राजसत्ता पत्रकारों द्वारा किए गए आंदोलनों के कारण कानून में नहीं बदल पाए। दूसरी तरफ इंदिरा गांधी की सरकार द्वारा 'एक्सप्रेस' समाचार-पत्र समूह को सताने के लिए चलाए गए अभियान से यह भी साफ हुआ कि किसी अखबार द्वारा किए जा रहे विरोध को दबाने के लिए कानून बदलने की बजाय सत्ता का थोड़ा सा दुरुपयोग ही काफी है। आपातकाल के विरुद्ध चले लोकप्रिय संघर्ष के परिणामस्वरूप सारे देश में राजनीतीकरण की प्रक्रिया पहले के मुकाबले तेज हो गईं। लोकतंत्र और उसकी अनिवार्यता के प्रति नई जागरूकता ने अखबारों की तरफ नए पाठकों का ध्यान आकर्षित किया। ये नए पाठक निरंतर बढ़ती जा रही साक्षरता की देन थे। बढ़ती हुई प्रसार संख्याओं के फलस्वरूप मुद्रित मीडिया का दृष्टिकोण व्यावसायिक और बाजारोन्मुख हुआ। राजनीतीकरण, साक्षरता और पेशेवराना दृष्टिकोण के साथ इसी समय एक सुखद संयोग के रूप में नई प्रिंटिंग प्रौद्योगिकी जुड़ गई। डेक्स-टॉप पब्लिशिंग सिस्टम और कंप्यूटर आधारित डिजाइनिंग ने अखबारों और

पत्रिकाओं के प्रस्तुतीकरण में नया आकर्षण पैदा कर दिया। इस प्रक्रिया ने विज्ञापन से होने वाली आमदनी में बढ़ोतरी की। अस्सी के दशक के दौरान हुए इन परिवर्तनों में सबसे महत्त्वपूर्ण था भाषाई पत्रकारिता का विकास। हिंदी, पंजाबी, मराठी, गुजराती, बांग्ला, असमिया और दक्षिण भारतीय भाषाओं के अखबारों को इस नई परिस्थिति का सबसे ज्यादा लाभ हुआ। अस्सी का दशक इन भाषाई क्षेत्रों में नए पत्रकारों के उदय का दशक भी था। इस विकासक्रम के बाद भाषाई पत्रकारिता ने फिर पीछे मुड़कर नहीं देखा। नई सदी में राष्ट्रीय सर्वेक्षण के आँकड़ों ने बताया कि अब अंग्रेजी प्रेस के हाथों में मीडिया की लगाम नहीं रह गई है। सबसे अधिक प्रसार संख्या वाले पहले दस अखबारों में अंग्रेजी का केवल एक ही पत्र रह गया, वह भी नीचे से दूसरे स्थान पर।

अस्सी के दशक में ही प्रसारण-मीडिया के लिए एक सीमा तक सरकारी नियंत्रण से मुक्त होने की परिस्थितियाँ बनीं। 1948 में संविधान सभा में बोलते जवाहरलाल नेहरू ने वादा किया था कि आजाद भारत में ब्रॉडकास्टिंग का ढाँचा ब्रिटिश ब्रॉडकास्टिंग कॉरपोरेशन (बी.बी.सी.) के तर्ज पर होगा। यह आश्वासन पूरा करने में स्वतंत्र भारत की सरकारों को पूरे 42 साल लग गए। इसके पीछे रेडियो और टी.वी. को सरकार द्वारा निर्देशित राजनीतिक-सामाजिक परिवर्तन के लिए ही इस्तेमाल करने की नीति थी। इस नीति के प्रभाव में रेडियो का तो एक माध्यम के रूप में थोड़ा-बहुत विकास हुआ, पर टी.वी. आगे नहीं बढ़ पाया। इतना जरूर हुआ कि 1975-76 में भारतीय अंतरिक्ष अनुसंधान संगठन (इसरो) ने अमेरिका से एक उपग्रह उधार लिया, ताकि देश के विभिन्न हिस्सों अर्थात् 2400 गाँवों में कार्यक्रमों का प्रसारण हो सके। इसे 'सेटैलाइट इंस्ट्रक्शनल टेलीविजन एक्सपेरीमेंट (साइट) कहा गया। इसकी सफलता से विभिन्न भाषाओं में टी.वी. कार्यक्रमों के निर्माण और प्रसारण की संभावनाएँ खुलीं, फिर 1982 में दिल्ली एशियाड का प्रसारण करने के लिए रंगीन टी.वी. की शुरुआत हुई, इसके कारण टी.वी. के प्रसार की गति बढ़ी। सन् 1990 तक उसके ट्रांसमीटरों की संख्या 519 और 1997 तक 900 हो गई। बी.बी.सी. जैसा स्वायत्त कॉरपोरेशन बनाने के संदर्भ में 1966 तक केवल इतनी प्रगति हो पाई कि भारत के पूर्व महालेखा नियंत्रक ए.के. चंद्रा के नेतृत्व में बनी कमेटी द्वारा आकाशवाणी और दूरदर्शन को दो स्वायत्त निगमों के रूप में गठित करने की सिफारिश कर दी गई। बारह वर्ष तक यह सिफारिश भी ठंडे बस्ते में पड़ी रही। 1978 में बी.जी. वर्गीज की अध्यक्षता में गठित किए गए एक कार्यदल ने 'आकाश भारती' संस्था गठित करने का सुझाव दिया। साल भर बाद मई 1979 में 'प्रसार भारती' नामक कॉरपोरेशन बनाने का विधेयक संसद् में लाया गया, जिसके तहत आकाशवाणी और दूरदर्शन को काम करना था, प्रस्तावित कॉरपोरेशन के लिए वर्गीज कमेटी द्वारा सुझाए गए 'आकाश भारती' के मुकाबले कम अधिकारों का प्रावधान किया

गया था। जो भी हो, पर जनता पार्टी की सरकार गिर जाने के कारण यह विधेयक पारित नहीं हो पाया। सन् 1985 से 1988 के बीच दूरदर्शन को आजादी का एक हल्का सा झोंका नसीब हुआ था। इसका श्रेय भारतीय प्रशासनिक सेवा के अधिकारी भास्कार घोष को जाता है, जो इस दौरान दूरदर्शन के महानिदेशक रहे। 'प्रसार भारती विधेयक' पारित कराने की जिम्मेदारी विश्वनाथ प्रतापसिंह की राष्ट्रीय मोर्चा सरकार ने 1990 में पूरी की। तकनीकी रूप से कहा जा सकता है कि आज दूरदर्शन और आकाशवाणी स्वायत्त हो गए हैं। लेकिन हकीकत में सूचना और प्रसारण मंत्रालय का एक अतिरिक्त सचिव ही 'प्रसार भारती' का मुख्य कार्यकारी अधिकारी (सी.ई.ओ.) होता है। अगर यह स्वायत्तता है तो बहुत सीमित किस्म की है।

तृतीय चरण—नब्बे के दशक में कदम रखने के साथ ही भारतीय मीडिया को बहुत हद तक बदली हुई दुनिया का साक्षात्कार करना पड़ा। इस परिवर्तन के केंद्र में 1990-91 की तीन परिघटनाएँ थीं, जो मंडल आयोग की सिफारिशों से निकली थीं। राजनीति, मंदिर आंदोलन की राजनीति और भूमंडलीकरण के तहत होनेवाले आर्थिक सुधार, इन तीनों ने मिलकर सार्वजनिक जीवन के वामोन्मुख रुझानों को नेपथ्य में धकेल दिया और दक्षिणपंथी लहजा मंच पर आ गया। यही वह क्षण था, जब सरकार ने प्रसारण के क्षेत्र में खुले आकाश की नीति दूरदर्शन को एक हद तक स्वायत्तता ही नहीं, बल्कि स्वदेशी निजी पूँजी और विदेशी पूँजी को प्रसारण के क्षेत्र में कदम रखने की अनुमति भी दी। प्रिंट मीडिया में विदेशी पूँजी को प्रवेश करने का रास्ता खोलने में उसे कुछ वक्त लगा, लेकिन इक्कीसवीं सदी के पहले दशक में उसने यह फैसला भी ले लिया। मीडिया अब पहले की तरह 'सिंगल-सेक्टर' यानी मुद्रण-प्रधान नहीं रह गया। उपभोक्ता क्रांति के कारण विज्ञापन से होनेवाली आमदनी में कई गुना बढ़ोतरी हुई, जिससे हर तरह के मीडिया के विस्तार हेतु पूँजी की कोई कमी नहीं रह गई। सेटैलाइट टी.वी. पहले केबल टी.वी. के माध्यम से दर्शकों तक पहुँचा जो प्रौद्योगिकी और उद्यमशीलता के दृष्टि से स्थानीय पहलकदमी और प्रतिभा का असाधारण नमूना था। इसके बाद आई डी.टी.एच. प्रौद्योगिकी, जिसने समाचार प्रसारण और मनोरंजन की दुनिया को पूरी तरह से बदल डाला। एफ.एम. रेडियो चैनलों की कामयाबी से रेडियो का माध्यम मोटर वाहनों से आक्रांत नागर संस्कृति का एक पर्याय बन गया। 1995 में भारत में इंटरनेट की शुरुआत हुई और इक्कीसवीं सदी के पहले दशक के अंत तक बड़ी संख्या में लोगों के निजी और व्यावसायिक जीवन का एक अहम हिस्सा नेट के जरिए संसाधित होने लगा। नई मीडिया प्रौद्योगिकियों ने अपने उपभोक्ताओं को 'कनवजैस' का उपहार दिया, जो जादू की डिबिया की तरह हाथ में थामे मोबाइल फोन के जरिए उन तक पहुँचने लगा। इन तमाम पहलुओं ने मिलकर मीडिया का दायरा इतना बड़ा और विविध बना दिया कि

उसके आगोश में सार्वजनिक जीवन के अधिकतर आयाम आ गए। इसे 'मीडियास्फेयर' जैसी स्थिति का नाम दिया गया।

प्रिंट मीडिया में विदेशी पूँजी की इजाजत मिलने का पहला असर यह पड़ा कि रियूतर, सी.एन.एन. और बी.बी.सी. जैसे विदेशी मीडिया संगठन भारतीय मीडियास्फेयर की तरफ आकर्षित होने लगे। उन्होंने देखा कि भारत में श्रम का बाजार बहुत सस्ता है और अंतरराष्ट्रीय मानकों के मुकाबले यहाँ वेतन पर अधिक-से-अधिक एक-चौथाई ही खर्च करना पड़ता है; इसलिए इन ग्लोबल संस्थाओं ने भारत को अपने मीडिया प्रोजेक्टरों के लिए आउटसोर्सिंग का केंद्र बनाया। भारतीय बाजार में मौजूद मीडिया के विशाल और असाधारण टेलेंट-पूल का ग्लोबल बाजार के लिए दोहन होने लगा। दूसरी तरफ भारत की प्रमुख मीडिया कंपनियाँ (टाइम्स ग्रुप, आनंद बाजार पत्रिका, जागरण, भास्कर, हिंदुस्तान टाइम्स) वॉल स्ट्रीट जनरल, बी.बी.सी., फाइनेसियल टाइम्स, इंडिपेंडेंट न्यूज ऐंड मीडिया और आस्ट्रेलियायी प्रकाशनों के साथ सहयोग-समझौते करती नजर आईं। घराना-संचालित कंपनियों पर आधारित मीडिया बिजनेस ने पूँजी बाजार में जाकर अपने-अपने इनीशियल पब्लिक ऑफरिंग्स अर्थात् आई.पी.ओ. प्रस्ताव जारी करना शुरू कर दिया। इनकी शुरुआत पहले एनडी टी.वी., टी.वी. टुडे, जी टेलीफिल्मस जैसे दृश्य-मीडिया ने की। इलेक्ट्रॉनिक मीडिया के तर्ज पर प्रिंट-मीडिया ने भी पूँजी बाजार में छलाँग लगाई और अपने विस्तार के लिए निवेश हासिल करने में जुट गया। ऐसा पहला प्रयास 'द डेकन क्रॉनिकल' ने किया, जिसकी सफलता ने प्रिंट-मीडिया के लिए पूँजी का संकट काफी हद तक हल कर दिया।

दूसरी तरफ बाजारवाद के बढ़ते हुए प्रभाव और उपभोक्ता क्रांति में आए उछाल के परिणामस्वरूप विज्ञापन-जगत् में दिन-दूनी, रात-चौगुनी बढ़ोतरी हुई। चालीस के दशक की शुरुआत में विज्ञापन एजेंसियों की संख्या चौदह से बीस के आस-पास रही होगी। 1979-80 में न्यूज पेपर सोसाइटी (आई.एन.एस.) की मान्यता प्राप्त एजेंसियों की संख्या केवल 168 तक ही बढ़ सकी थीं, लेकिन भूमंडलीकरण की प्रक्रिया ने अगले दो दशकों में उनकी संख्या 750 कर दी, जो चार सौ करोड़ रुपए सालाना का धंधा कर रही थीं। 1997-98 में सबसे बड़ी पंद्रह विज्ञापन एजेंसियों ने ही कुल 4,105.58 करोड़ रुपए के बिल काटे। इससे अनुमान लगाया जा सकता है कि उपभोक्ता-क्रांति का चक्का कितनी तेजी से घूम रहा था। विज्ञापन की रंगीन और मोहक हवाओं पर सवार होकर दूर-दूर तक फैलते उपभोग के संदेशों ने उच्च वर्ग, उच्च-मध्यम वर्ग, मध्यम वर्ग और मजदूर वर्ग के खुशहाल होते हुए महत्त्वाकांक्षी हिस्से को अपनी अपनी बाँहों में समेट लिया। मीडिया का विस्तार विज्ञापनों में हुई जबरदस्त बढ़ोतरी के बिना संभव नहीं था।

प्रिंट-मीडिया और रेडियो विज्ञापनों को उतना असरदार कभी नहीं बना सकता था,

जितना टी.वी. ने बनाया। टी.वी. का प्रसार भारत में देर से अवश्य हुआ, लेकिन एक बार शुरुआत होने पर उसने मीडिया की दुनिया में पहले से स्थापित मुद्रित-माध्यम को जल्दी ही व्यावसायिक रूप से असुरक्षाग्रस्त कर दिया। इस प्रक्रिया में केबल और डी.टी.एच. के योगदान का उल्लेख करना आवश्यक है। केबल टी.वी. का प्रसार और सफलता भारतीयों की उद्यमी प्रतिभा का जोरदार नमूना है। सरकार के पास चूँकि किसी सुसंगत संचार नीति का अभाव था, इसलिए नब्बे के दशक की शुरुआत में बहुमंजिली इमारतों में रहनेवाली मध्यवर्गीय और निम्न-मध्यवर्गीय आबादियों में कुछ उत्साही और चतुर लोगों ने अपनी निजी पहलकदमी पर 'क्लोज सरकिट टेलीविजन प्रसारण' का प्रबंध किया, जिसका केंद्र एक सेंट्रल रूम हुआ करता था। इन लोगों ने वीडियो प्लेयरों के जरिए भारतीय और विदेशी फिल्में दिखाने की शुरुआत की। और साथ ही दर्शकों को मनोरंजन की चौबीस घंटे चलनेवाले विदेशी-देशी सेटैलाइट चैनल भी देखने को मिलते थे। जनवरी 1992 में केबल नेटवर्क के पास केवल 41 लाख ग्राहक थे। लेकिन मात्र चार साल के भीतर 1996 में यह संख्या 92 लाख हो गई। अगले साल तक पूरे देश में टी.वी. वाले घरों में से 31 प्रतिशत घरों में केबल प्रसारण देखा जा रहा था। सदी के अंत तक बड़े आकार के गाँवों और कस्बों के टी.वी. दर्शकों तक केबल चैनलों की पहुँच हो चुकी थी। केबल और उपग्रहीय टी.वी. चैनलों की लोकप्रियता देखकर प्रमुख मीडिया कंपनियों ने टी.वी. कार्यक्रम-निर्माण के व्यापार में छलाँग लगा दी। वे पब्लिक और प्राइवेट टी.वी. चैनलों के कार्यक्रमों का प्रसारण करने लगे।

स्पष्ट है कि केबल और डी.टी.एच. के कदम तभी जम सकते थे, जब पहले पब्लिक (सरकारी) और प्राइवेट (निजी पूँजी के स्वामित्व में) टेलीविजन प्रसारण में हुई वृद्धि ने जमीन बना दी हो। 1982 में दिल्ली एशियाड के मार्फत रंगीन टी.वी. के कदम पड़ते ही भारत में टी.वी. ट्रांसमीटरों की संख्या तेजी से बढ़ी। पब्लिक टी.वी. के प्रसारण नेटवर्क दूरदर्शन ने नौ सौ ट्रांसमीटरों और तीन विभिन्न सेटैलाइटों की मदद से देश के 70 प्रतिशत भौगोलिक क्षेत्र को तथा 87 प्रतिशत आबादी को अपने दायरे में ले लिया। (पंद्रह साल में 230 फीसदी की वृद्धि)। उसका मुख्य चैनल डीडी वन तीस करोड़ लोगों (यानी अमेरिका की आबादी से भी अधिक) तक पहुँचने का दावा करने लगा। प्राइवेट टी.वी. प्रसारण केबल और डी.टी.एच. के द्वारा अपनी पहुँच लगातार बढ़ा रहा है। लगभग सभी ग्लोबल टी.वी. नेटवर्क अपने बल पर या स्थानीय पार्टनरों के साथ अपने प्रसारण का विस्तार कर रहे हैं। भारतीय चैनले भी पीछे नहीं हैं और उनके साथ रात-दिन प्रतियोगिता में लगे हुए हैं। अंग्रेजी और हिंदी के चैनलों के साथ-साथ क्षेत्रीय भाषाओं (विशेषकर दक्षिण भारतीय) के मनोरंजन और न्यूज चैनलों की लोकप्रियता एवं व्यावसायिक कामयाबी भी उल्लेखनीय है। सरकार की दूरसंचार नीति इन मीडिया

कंपनियों को इजाजत देती है कि वे सेटैलाइट के साथ सीधे अपलिंकिंग करके प्रसारण कर सकते हैं। अब उन्हें अपनी सामग्री विदेशी संचार निगम (वी.एस.एन.एल.) के रास्ते लाने की मजबूरी का सामना नहीं करना पड़ता।

अगस्त 1995 से नवंबर 1998 के बीच सरकारी संस्था विदेश संचार निगम लिमिटेड (वी.एस.एन.एल.) द्वारा ही इंटरनेट सेवाएँ मुहैया कराई जाती थीं। यह संस्था कलकत्ता, बंबई, मद्रास और नई दिल्ली स्थित चार इंटरनेशनल टेलीकम्युनिकेशन गेटवेज के माध्यम से काम करती थी। नेशनल इंफोमेट्रिक्स सेंटर (एन.आई.सी.) और एजुकेशनल ऐंड रिसर्च नेटवर्क ऑफ द डिपार्टमेंट ऑफ इलेक्ट्रॉनिक्स (ई.आर.एन.ई.टी.) कुछ विशेष प्रकार के क्लोज्ड यूजर ग्रुप्स को ये सेवाएँ प्रदान करते थे। दिसंबर 1998 में दूरसंचार विभाग ने बीस प्राइवेट ऑपरेटरों को आई.एस.पी. लाइसेंस प्रदान करके इस क्षेत्र का निजीकरण कर दिया। 1999 तक सरकार के तहत चलनेवाले महानगर टेलीफोन निगम सहित 116 आई.एस.पी. कंपनियाँ सक्रिय हो चुकी थीं। केबल सर्विस देनेवाले भी इंटरनेट उपलब्ध करा रहे थे।

जैसे-जैसे बी.एस.एन.एल. ने अपना शुल्क घटाया, इंटरनेट सेवाएँ सस्ती होती चली गईं। देश भर में इंटरनेट कैफे दिखने लगे। जुलाई 1999 तक भारत में 1,14,062 इंटनेट होस्ट्स की पहचान हो चुकी थी। इनकी संख्या में 94 प्रतिशत की दर से बढ़ोतरी दर्ज की गई। नई सदी में कदम रखते ही सारे देश में कंप्यूटर बूक की आहटें सुनी जाने लीं। पर्सनल कंप्यूटरों की संख्या तेजी से बढ़ने लगी और साथ ही इंटरनेट प्रयोक्ताओं की संख्या भी। इ-कॉमर्स की भूमिका तैयार होने लगी और बैंकों ने उसे प्रोत्साहित करना शुरू किया। देश के प्रमुख अखबार ऑन लाइन संस्करण प्रकाशित करने लगे। विज्ञापन एजेंसियाँ भी अपने उत्पादों को नेट पर बेचने लगीं। नेट ने व्यक्तिगत जीवन की क्वालिटी में एक नए आयाम का समावेश किया। रेलवे और हवाई जहाज के टिकिट बुक कराने से लेकर घर में लीक होती छत को दुरुस्त करने तक के लिए नेट की मदद ली जाने लगी। नौकरी दिलाने वाली और शादी-ब्याह संबंधी वेबसाइट्स अत्यंत लोकप्रिय साबित हुईं। वर-वधू खोजने में इंटरनेट एक बड़ा मददगार उपक्रम साबित हुआ। सोशल नेटवर्किंग साइट्स के सहारे नेट आधारित निजी रिश्तों की दुनिया में नए रूपों का समावेश हुआ।

6. राजनीतिक पत्रकारिता

पत्रकारिता आधुनिक सभ्यता का एक प्रमुख व्यवसाय है, जिसमें समाचारों का एकत्रीकरण, लिखना, जानकारी एकत्रित करके पहुँचाना, संपादित करना और सम्यक् प्रस्तुतीकरण आदि सम्मिलित है। आज के युग में पत्रकारिता के भी अनेक माध्यम हो गए

हैं, जैसे—अखबार, पत्रिकाएँ, रेडियो, दूरदर्शन, वेब-पत्रकारिता आदि।

राजनीति का आलेखन—समाचार-पत्र राजनीतिक समाचारों को पत्र में अधिकांश जगह देते हैं, संभव है कि कुछ अंशों में यह टीका ठीक भी हो, किंतु यह भी एक ठोस तथ्य है कि राजनीति ऊपर से नीचे तक आम-जनजीवन में इतनी अधिक छा गई है कि इसके बिना समाचारों की अपेक्षा भी नहीं की जा सकती। प्रश्न यह नहीं है कि राजनीति का जीवन में बहुत अधिक छा जाना उचित है या अनुचित। संवाददाता के लिए तो यह आवश्यक है कि जो राजनीति आज है, उसे अपने समाचार में उसके वास्तविक रूप में प्रस्तुत करें।

पूरे भारत में आज राजनीति के अखाड़े बन गए है। सभी स्तरों की भाँति शहरों तथा गाँव में राजनैतिक दलबंदी एवं दलों की आंतरिक गुटबंदी रहती है। राजनैतिक दलों की बैठकें तो समय-समय पर औपचारिक ढंग से होती है, जिनमें लिये गए निर्णय तथा निर्धारित कार्यक्रमों कि अधिकृत तौर पर घोषणा की जाती है और इसके समाचार संवाददाता को प्राप्त हो ही जाते हैं। इन समाचारों में रोचकता तब आती है, जब उनमें राजनैतिक दलों की बैठकों में हुई आंतरिक नोंक-झोंक, घात-प्रतिघात, विवाद आदि का उल्लेख किया जाए।

संवाददाता के लिए अत्यंत आवश्यक है कि दलबंदी तथा गुटबंदी से प्रभावित नहीं हों। उसे इन बैठकों के अथवा दलबंदी तथा गुटबंदी के किसी भी प्रकार के समाचार देते समय यह सतर्कता तो रखनी ही चाहिए कि समाचार रोचक तथा पठनीय होने के साथ ही किसी दल विशेष या गुट विशेष की स्तुति या निंदा करनेवाला नहीं रहे। राजनैतिक नेता अपनी दलीय बैठकों के अतिरिक्त अन्य गतिविधियों में भी सक्रिय रहते हैं। प्राय: नित्य विभिन्न गुटों के लोग आपस में मिलते रहते हैं और उनके विचार-विमर्श का विषय राष्ट्रीय तथा प्रादेशिक से लेकर स्थानीय घटनाएँ एवं हलचलें भी रहती हैं। इस बीच संवाददाताओं के लिए यह तो संभव नहीं रहता कि वह प्रतिदिन विभिन्न दलों व गुटों के नेताओं से मिले, क्योंकि यह संवाददाता पूर्णकालीन पत्रकार नहीं रहता। संवाददाता को अपनी व्यवहार कुशलता से सबकी इतनी सद्‍भावना तथा विश्वास प्राप्त करना पड़ता है कि कोई भी विशेष घटना घटे तो उसे उसका संवाद तुरंत मिल जाए।

कुछ संवाददाता ऐसे भी होते हैं, जो किसी-न-किसी राजनैतिक दल के सदस्य रहते हैं तथा गुटबाजी में लिप्त रहते हैं। उन्हें यह सलाह तो नहीं दी जा सकती कि वे दलबंदी या गुटबाजी से पृथक् हो जाएँ, लेकिन संवाददाता होने के नाते उनसे यह अपेक्षा की जाती है कि वे अपने समाचारों को अपने दलीय तथा गुटीय दृष्टिकोण से मुक्त रखें और अपने विपक्षी दल या गुट के समाचारों को भी पर्याप्त स्थान अपने समाचारों में दें।

शहरों तथा गाँव के संवाददाता को राष्ट्रीय तथा प्रादेशिक घटनाचक्र के साथ-ही-

साथ अपने अंचल, संभाग एवं जिले के घटनाचक्र के प्रति पूर्णतः जागरूक रहना पड़ता है। किसी निर्णय की घोषणा, कोई आंदोलन, जनजीवन को प्रभावित करनेवाली कोई घटना, कोई प्राकृतिक प्रकोप, दुर्घटना, संक्रामक रोग का फैलना आदि घटनाओं पर सत्तारूढ़ दल तथा विरोधी दल के प्रमुख नेताओं की तत्काल प्रतिक्रिया प्राप्त कर उसी दिन संक्षिप्त समाचार प्रेषित करना संवाददाता की जागरूकता प्रदर्शित करता है।

चुनाव के समय पत्रकारों की महत्त्वपूर्ण भूमिका रहती है। अगर हम निर्वाचन अधिकारियों, अन्य विभिन्न सरकारी अधिकारियों तथा कर्मचारियों से निष्पक्षता की उम्मीद करते हैं और जहाँ वह नहीं होती, वहाँ उसकी आलोचना करते हैं तो यह रिपोर्टर का दायित्व है कि हम भी निष्पक्षता की अपेक्षा को अपने स्तर पर पूरा करें। चुनाव के समय अखबार और रिपोर्टर की प्रतिष्ठा दाँव पर लगी होती है। एक संवाददाता के रूप में विश्वसनीयता की सबसे बड़ी परीक्षा तभी होती है और उस परीक्षा में सफल होकर निकलते हैं तो न केवल इससे हमारे अखबार की, बल्कि रिपोर्टर की भी प्रतिष्ठा बढ़ती है। अंततः एक अखबार की प्रतिष्ठा बहुत हद तक उसके संवाददाताओं की प्रतिष्ठा से बनती है।

पत्रकार को राजनीति की खबर लिखते समय बहुत सावधानी बरतनी चाहिए। यदि उससे कोई भूल हो जाती है तो वह नुकसानदेह साबित हो सकती है और उसका प्रमाद उसके छवि को धूमिल कर सकता है। इसीलिए विश्वसनीय सूत्रों से प्राप्त तथ्यों के आधार पर रिपोर्ट तैयार करते समय पत्रकार को अपनी ओर से ऐसा कुछ नहीं लिखना चाहिए, जिससे किसी व्यक्ति या पार्टी की प्रतिष्ठा पर आँच आए या कोई निरपराधी दंड पाए। इसी विषय में कई बार राजनीतिक उठा-पटक में लोग खुद की गलती को छुपाने का प्रयास करते हैं। पत्रकार को उसके भ्रमात्मक या अंतर्विरोधी बयानों के आधार पर सत्यान्वेषण में लगना चाहिए और उसे कोई-न-कोई ऐसा सूत्र हाथ लग ही जाएगा, जिसमें वास्तविक का पता चल जाए। राजनीति में आजकल ऐसा बहुत देखने को मिलता है कि घटना के समय संबंधित साक्ष्यों को या तो गायब कर दिया जाता है या घटना से संबंधित साक्ष्य देनेवाले बयान देने की स्थिति में ही नहीं होते।

भाषण, रिपोर्टिंग का एक महत्त्वपूर्ण हिस्सा है। मीडिया के हर समाचार माध्यम में कोई-न-कोई समाचार भाषण आधारित होता ही है। भाषण से तात्पर्य सिर्फ नेता द्वारा सार्वजनिक सभा में दिया गया वक्तव्य नहीं है, बल्कि इसका अभिप्राय संगोष्ठी, अधिवेशन, संसद्, विधानसभा आदि में कही गई बातें या व्यक्त किए गए विचार हैं। इन विचारों के महत्त्वपूर्ण होने पर रिपोर्टर इन्हें अपनी रिपोर्ट में शामिल करता है। प्रायः महत्त्वपूर्ण व्यक्ति द्वारा कही गई बातों को ही रिपोर्ट में जगह दी जाती है। रिपोर्टर संगोष्ठी, सेमिनार, अधिवेशन, संसद् आदि में दिए गए भाषणों को ध्यान से सुनता है और फिर

उनमें से सर्वाधिक महत्त्वपूर्ण बात या विचार को इंट्रो में शामिल करता है। रिपोर्टर के लिए जरूरी नहीं कि वह किसी व्यक्ति की बातों को उसी की शब्दावली में लिखे। उसे उन बातों को अपनी भाषा में लिखने की पूरी छूट होती है, लेकिन ऐसा करते समय उसे ध्यान रखना पड़ता है कि किसी व्यक्ति के विचार उसकी भाषा में आकर बदल तो नहीं गए। भाषणों की रिपोर्टिंग में टेप रिकॉर्डर का प्रयोग बहुत अच्छा होता है। इससे यह सुविधा होती है कि रिपोर्टर सारी बातों को एक बार फिर सुन सकता है, जिससे किसी महत्त्वपूर्ण बात के छूटने की संभावना कम होती है या वक्ता के भाव बदल जाने की संभावना कम होती है।

रिपोर्टर को सभा या सेमिनार स्थल पर जाकर आयोजकों से यह पता कर लेना पड़ता है कि आमंत्रित वक्ता जो विचार व्यक्त करनेवाले हैं, उसकी कोई कॉपी मौजूद तो नहीं है। यदि उसे भाषण की प्रति मिल जाती है तो भी रिपोर्टर को वहाँ पूरे समय तक उपस्थित रहना पड़ता है, क्योंकि कई बार भाषण की कॉपी में व्यक्त विचारों के अलावा भी कुछ नई और महत्त्वपूर्ण बातें बोल जाते हैं। रिपोर्टर को उस कॉपी और भाषण में मिलान करके उनके महत्त्वपूर्ण बिंदुओं को रेखांकित कर लेना होता है और फिर क्रमशः अतिमहत्त्वपूर्ण बातों को अपनी रिपोर्ट में लिख लेना चाहिए। वास्तव में यह सब कुछ रिपोर्टर के विवेक पर निर्भर करता है कि वह सभा–सेमिनार में व्यक्त किए गए विचारों में से किसको सर्वाधिक महत्त्व देता है। रिपोर्टर महत्त्वपूर्ण व्यक्ति द्वारा कही गई सर्वाधिक महत्त्वपूर्ण बात को ज्यों–का–त्यों शीर्षक के रूप में इस्तेमाल करता है और उसके आगे वक्ता का नाम दे देता है।

भाषणों की रिपोर्टिंग दायित्वपूर्ण कार्य है, इसलिए रिपोर्टर को वक्ता की बात को तोड़–मोड़कर पेश नहीं करना चाहिए। इससे विवाद उत्पन्न होने की संभावना रहती है। रिपोर्टर को राजनीति की रिपोर्टिंग करते समय बहुत सावधानी बरतनी चाहिए। यदि उससे कोई भूल हो जाती है तो वह नुकसानदेह साबित हो सकती है। उसका प्रमाद उसकी छवि को धूमिल कर सकता है। इसलिए विश्वसनीय सूत्रों से प्राप्त तथ्यों के आधार पर रिपोर्ट तैयार करते समय रिपोर्टर को अपनी ओर से ऐसा कुछ नहीं लिखना चाहिए, जिससे किसी व्यक्ति या पार्टी की प्रतिष्ठा पर जाँच आए या कोई निरपराधी दंड पा जाए।

जो रिपोर्टर राजनीति की रिपोर्टिंग करता है, उसमें मिलनसारिता और कल्पना शक्ति का होना परम आवश्यक है। एक रिपोर्टर को यह नहीं भूलना चाहिए कि वह जब राजनीति की रिपोर्टिंग करता है तो वह लोकतंत्र की रिपोर्टिंग कर रहा होता है। राजनीति की रिपोर्टिंग हर पत्रकार के बस की बात नहीं। इसके लिए कुशल और दक्ष पत्रकारों की जरूतर पड़ती है। इसीलिए समाचार–पत्र या समाचार समितियाँ किसी पत्रकार को उसकी विशेषज्ञता के आधार पर ही राजनीति की रिपोर्टिंग के लिए भेजती है। एक रिपोर्टर

को स्वाभाविक बुद्धि हो। रिपोर्टर में स्पष्ट लेखन-शैली, जो ध्यान आकर्षित कर सके और एक सूक्ष्म अंतर पैदा कर सके तथा समय सीमा को ध्यान में रखते हुए प्रभावी ढंग से संचालित करने की क्षमता हो, का गुण मौजूद होना चाहिए।

7. समाचार-पत्र एवं पत्रिकाएँ

हिंदी पत्रकारिता की शुरुआत बंगाल से हुई और इसका श्रेय राजा राममोहन राय को दिया जाता है। राजा राममोहन राय ने ही सबसे पहले प्रेस को सामाजिक उद्देश्य से जोड़ा। भारतीयों के सामाजिक, धार्मिक, राजनैतिक, आर्थिक हितों का समर्थन किया। समाज में व्याप्त अंधविश्वास और कुरीतियों पर प्रहार किए और अपने पत्रों के माध्यम से जनता में जागरूकता पैदा की। राय ने कई पत्र शुरू किए, जिसमें अहम है, साल 1816 में प्रकाशित 'बंगाल गजट', जो भारतीय भाषा का पहला समाचार-पत्र है। इस समाचार-पत्र के संपादक गंगाधर भट्टाचार्य थे। इसके अलावा राजा राममोहन राय ने 'मिरातुल', 'संवाद कौमुदी', 'बंगाल हैराल्ड' पत्र भी निकाले और लोगों में चेतना फैलाई। 30 मई, 1826 को कलकत्ता से पंडित युगलकिशोर शुक्ल के संपादन में निकलने वाले 'उदत्त मार्तंड' को हिंदी का पहला समाचार-पत्र माना जाता है।

चूँकि इस समय इन गतिविधियों का केंद्र कलकत्ता था, इसलिए यहाँ पर सबसे महत्त्वपूर्ण पत्र-पत्रिकाएँ 'उदंत मार्तंड', 'बंगदूत', 'प्रजामित्र मार्तंड' तथा 'समाचार सुधा वर्षण' दैनिक पत्र था। इनका प्रकाशन दो-तीन भाषाओं के माध्यम से होता था। 'सुधाकर' और 'बनारस अखबार' साप्ताहिक पत्र थे, जो काशी से प्रकाशित होते थे। 'प्रजाहितैषी' एवं 'बुद्धि प्रकाश' का प्रकाशन आगरा से होता था। 'तत्त्वबोधिनी पत्रिका साप्ताहिक थी और इसका प्रकाशन बरेली से होता था। दोनों मासिक पत्र थे। इन पत्र-पत्रिकाओं का प्रमुख उद्देश्य एवं संदेश जनता में सुधार व जागरण की पवित्र भावनाओं को उत्पन्न कर अन्याय एवं अत्याचार का प्रतिरोध-विरोध करना था। हालाँकि इनमें प्रयुक्त भाषा (हिंदी) बहुत ही साधारण किस्म की (टूटी-फूटी हिंदी) हुआ करती थी। सन् 1868 ई. में भारतेंदु हरिश्चंद्र ने साहित्यिक पत्रिका 'कवि वचन सुधा' का प्रवर्तन किया और यही से हिंदी पत्रिकाओं के प्रकाशन में तीव्रता आई।

'आलोचना हिंदी', 'वसुधा', 'अक्षर पर्व', 'वागर्थ', 'आकल्प', 'साहित्य वैभव', 'परिवेश', 'कथा', 'संचेतना', 'संप्रेषण', 'कालदीर्घा', 'दायित्वबोध', 'अभिनव कदम', 'हंस', 'बया' आदि वे पत्रिकाएँ हैं, जो हिंदी भाषा की समृद्धि का प्रतीक है। पत्र-पत्रिकाएँ मानव समाज की दिशा-निर्देशिका मानी जाती हैं। समाज के भीतर घटती घटनाओं से लेकर परिवेश की समझ उत्पन्न करने का कार्य पत्रकारिता का प्रथम व

महत्त्वपूर्ण कर्तव्य है। राजनीतिक व सामाजिक चिंतन की समझ पैदा करने के साथ विचार की सामर्थ्य पत्रकारिता के माध्यम से ही उत्पन्न होती है। पत्रकारिता ने युगों से अपने इस दायित्व का निर्वाह किया तथा दायित्व-निर्वहन की समस्त कसौटियों को पूर्ण करते हुए समय-समय पर अपनी सशक्त उपस्थिति दर्ज की है। यह अध्ययन करना अपने आपमें अत्यंत रोचक है कि पत्रकारिता की यह यात्रा कब और कैसे आरंभ हुई और किन पड़ावों से गुजरकर राष्ट्रीयता के उद्‌देश्य से व्यावसायिकता तक की यात्रा को संपन्न किया।

आजादी से पूर्व का युग राष्ट्रीय और राष्ट्रीय चेतना की अनुभूति के विकास का युग था। इस युग का लक्ष्य और जीवन का उद्‌देश्य एक ही था। स्वाधीनता की चाह और प्राप्ति का प्रयास। इस प्रयास के तहत ही हिंदी पत्र-पत्रिकाओं का आरंभ हुआ। इस संदर्भ में इस तथ्य को भी ध्यान में रखना होगा कि हिंदी क्षेत्रों के बाहर भी विशेषकर हिंदीत भाषी क्षेत्रों में भाषा को राष्ट्रीय अस्मिता का वाहक मानकर सभी पत्रकारों ने हिंदी को ही अपनी भाषा के रूप में चुना और इसी भाषा के पत्र-पत्रिकाओं के संवर्धन में अपना योगदान दिया।

भारतेंदु के आगमन से पूर्व ही पत्रकारिता का आरंभ हो चुका था। हिंदी भाषा का प्रथम समाचार-पत्र 'उदंत मार्तंड' 30 मई, 1826 को कानपुर निवासी पं. युगलकिशोर शुक्ल ने निकाला। सबसे सुखद आश्चर्य की बात यह थी कि यह पत्र बंगाल से निकला और बंगाल में ही हिंदी पत्रकारिता के बीज प्रस्फुटित हुए। 'उदंत मार्तंड' का मुख्य उद्‌देश्य भारतीयों को जाग्रत् करना तथा भारतीयों के हितों की रक्षा करना था। यह बात इसके मुख पृष्ठ पर छपे अंकन से ही ज्ञात होती है—

"यह 'उदंत मार्तंड' अब पहले पहल हिंदुस्तानियों के हित के हेतु है, जो आज तक किसी ने नहीं चलाया।"

समाचार-पत्रों एवं पत्रिकाओं का मूल उद्‌देश्य सदैव जनता की जागृति और जनता तक विचारों का सही संप्रेषण करना रहा है। महात्मा गांधी की पंक्तियाँ हैं—"समाचार-पत्र का पहला उद्‌देश्य, जनता की इच्छाओं, विचारों को समझना और उन्हें व्यक्त करना है। दूसरा उद्‌देश्य जनता में वांछनीय भावनाओं को जाग्रत् करना है। तीसरा उद्‌देश्य, सार्वजनिक दोषों को निर्भयतापूर्वक प्रकट करना है।"

पत्रकारिता का विकास—समाचार-पत्र और पत्रिकाओं ने इन उद्‌देश्यों को अपनाते हुए आरंभ से ही भारतीयों के हित के लिए विचार को जाग्रत् करने का कार्य किया। बंगाल से निकलने वाला 'उदंत मार्तंड' जहाँ हिंदी भाषी शब्दावली का प्रयोग करके भाषा-निर्माण का प्रयास कर रहा था, वहीं काशी से निकलने वाला प्रथम साप्ताहिक पत्र 'बनारस अखबार' पूर्णतया उर्दू और फारसीनिष्ठ रहा। भारतेंदु युग से पूर्व ही हिंदी

का प्रथम समाचार-पत्र (दैनिक) 'समाचार सुधावर्षण' और आगरा से 'प्रजाहितैषी' का प्रकाशन हो चुका था। अर्जुन तिवारी पत्रकारिता के विकास को निम्नलिखित कालखंडों में बाँटते हैं—

1. उद्भवकाल (उद्बोधन काल)—सन् 1826-1884
2. विकासकाल—
   (क) स्वातंत्र्य पूर्व काल (अ) जागरण काल—सन् 1885-1919
   (ब) क्रांति काल—सन् 1920-1947
   (ख) स्वातंत्र्योत्तर काल
   (ग) नवनिर्माण काल—सन् 1948-1974
3. वर्तमान काल (बहुउद्देशीयकाल)—सन् 1975 से आज तक

भारतेंदु ने अपने युग-धर्म को पहचाना और युग को दिशा प्रदान की। भारतेंदु ने पत्र-पत्रिकाओं को पूर्णतया जागरण और स्वाधीनता की चेतना से जोड़ते हुए 1867 में 'कवि वचन सुधा' का प्रकाशन किया, जिसका मूल वाक्य था, 'अपधर्म छूटे, सत्व निज भारत गहै' भारत द्वारा सत्व ग्रहण करने के उद्देश्य को लेकर भारतेंदु ने हिंदी पत्रकारिता का विकास किया और आनेवाले पत्रकारों के लिए दिशा निर्माण किया। भारतेंदु ने 'कवि वचन सुधा', 'हरिश्चंद्र मैगजीन', 'बाला बोधिनी' नामक पत्र निकाले। 'कवि वचन सुधा' को 1875 में साप्ताहिक किया गया, जबकि अनेकानेक समस्याओं के कारण 1885 ई. में इसे बंद कर दिया गया। 1875 में भारतेंदु ने 'हरिश्चंद्र मैगजीन' का प्रकाशन किया जिसका नाम 1874 में बदलकर 'हरिश्चंद्र चंद्रिका' कर दिया गया। देश के प्रति सजगता, समाज-सुधार, राष्ट्रीय चेतना, मानवीयता, स्वाधीन होने की चाह इनके पत्रों की मूल विषय-वस्तु थी। स्त्रियों को गृहस्थ धर्म और जीवन को सुचारु रूप से चलाने के लिए भारतेंदु ने 'बाला बोधिनी' पत्रिका निकाली, जिसका उद्देश्य महिलाओं के हित की बात करना था।

भारतेंदु से प्रेरणा पाकर भारतेंदु मंडल के अन्य पत्रकारों ने भी पत्रों का प्रकाशन किया। पं. बालकृष्ण भट्ट का 'हिंदी प्रदीप' इस दिशा में अत्यंत महत्त्वपूर्ण प्रयास था। इस पत्र की शैली वयंग्य और विनोद का सम्मिश्रण थी तथा व्यंग्यात्मक शैली का प्रयोग करते हुए जनजागृति का प्रयास करना इनका उद्देश्य था। इस पत्र का शुभारंभ करते हुए भारतेंदु ने लिखा—

"सूझे विवेक विचार उन्नति, कुमति सब यामैं जरै।
हिंदी प्रदीप प्रकाशि मुरखतादि भारत तम हरै॥"

सन् 1857 के संग्राम से प्रेरणा लेकर भारतवासियों की जागृति का यह प्रयास चल ही रहा था कि 14 मार्च, 1878 को 'वर्नाकुलर प्रेस ऐक्ट' लागू कर दिया गया। लॉर्ड

लिटन द्वारा लागू इस कानून का उद्‌देश्य पत्र-पत्रिकाओं की अभिव्यक्ति को दबाना और उसकी स्वतंत्रता का हनन करना था। 'हिंदी प्रदीप' ने इस ऐक्ट की न केवल भर्त्सना की, बल्कि उद्‌बोधनपरक लेख भी लिखे।

सन् 1881 में पं. बद्रीनारायण उपाध्याय ने 'आनंद कादंबिनी' नामक पत्र निकाला और पं. प्रतापनारायण मिश्र ने कानपुर से 'ब्राह्मण' का प्रकाशन किया। 'आनंद-कादंबिनी' ने जहाँ साहित्यिक पत्रकारिता में योगदान दिया, वहीं 'ब्राह्मण' ने अत्यंत धनाभाव में भी सर्वसाधारण तक जानकारी पहुँचाने का कार्य पूर्ण किया। 'ब्राह्मण' का योगदान साधारण व सरल गद्य के संदर्भ में भी महत्त्वपूर्ण है।

सन् 1890 में 'हिंदी बंगवासी' ने कांग्रेस पर व्यंग्य की बौछार की, वहीं 1891 में बदीनारायण चौधरी प्रेमधन ने 'नागरी नीरद' का प्रकाशन किया। राष्ट्र को चैतन्य करना तथा अंग्रेजों की काली करतूतों का पर्दाफाश करना इस पत्र का उद्‌देश्य था। भारतेंदु युग से निकलनेवाले पत्रों की मूल विषय-वस्तु भारतीयों को जाग्रत् करना तथा सत्य, न्याय और कर्तव्यनिष्ठा का प्रसार करना एवं जनता को एकता की भावना का पाठ पढ़ाना था।

यह युग राष्ट्रीय चेतना के प्रसार का युग था। पत्रकारों का उद्‌देश्य किसी भी प्रकार की व्यावसायिक पत्रकारिता को प्रश्रय देना नहीं था। वह पत्रकारिता का सही दिशा में सदुपयोग करते हुए आमजन के भीतर वह जोश एवं उमंग भरना चाहते थे, जिसके द्वारा वे स्वयं खड़े होने का साहस कर सकें। इसी राष्ट्रीयता का विस्तार था—सरकार की नीतियों का पर्दाफाश करना। ब्रिटिश सरकार की अनीतियों पर चढ़े नीतिगत मुलम्में को उतारकर उनके वास्तविक चेहरे का उद्‌घाटन करना, इस काल के पत्रकारों का महत्त्वपूर्ण उद्‌देश्य था। बालमुकुंद गुप्त ने 'शिवशंभु के चिट्‌ठे' में 'ब्राह्मण शिवशंभु शर्मा के छद्‌म' नाम से लॉर्ड कर्जन की नीतियों पर व्यंग्य किया।

इस समय की दो महत्त्वपूर्ण घटनाएँ थीं—पहला, 1878 का 'वर्नाकुलर प्रेस ऐक्ट', तथा दूसरा, 1905 का बंग विभाजन। 1878 के इस ऐक्ट द्वारा प्रेस की आजादी पर पाबंदी लगाने का प्रयास किया गया। ब्रिटिश सरकार अपने खिलाफ स्वतंत्रता के स्वर उठानेवाले पत्रों का दमन करना चाहती थी और इसीलिए उन्होंने 1878 में प्रेस ऐक्ट लागू किया। 1879 में 'सार सुधानिधि' पत्र निकला। इसने न केवल इस ऐक्ट का विरोध किया, बल्कि अपनी भाषा हिंदी की समृद्धि के लिए व्याख्यान भी लिखे। अपने प्रयोजन की ओर संकेत करते हुए इन्होंने लिखा यथार्थ हिंदी भाषा का प्रचार करना और हिंदी लिखनेवालों की संख्या में वृद्धि करना 'सार सुधानिधि' का दूसरा प्रयोजन है। राष्ट्रीय चेतना के साथ-साथ भाषा की महत्ता स्थापित करने का प्रयास इस युग के सभी पत्रकारों का उद्‌देश्य था। यदि कहा जाए कि भाषा का प्रश्न राष्ट्रीयता का ही प्रश्न था तो गलत नहीं होगा। सर्वसाधारण की जनभाषा और हृदय को छू लेनेवाली हिंदी का प्रयोग करना

तथा करने के लिए तैयार करना इनका प्रमुख उद्देश्य था। सबसे बड़ी बात यह थी कि इन्होंने कहीं भी भाषा को प्रबुद्धजन से जोड़ने का आग्रह नहीं दिखाया, बल्कि सामान्यजन की ही शब्दावली का प्रयोग करते हुए उन्हें सचेतन करने का प्रयास किया। उदाहरण के लिए, 'सार सुधानिधि' में 'हिंदी भाषा' नाम से छपे लेख की भाषा द्रष्टव्य है।

जब हम सोचते हैं तो प्रथम दृष्टि हमारी भाषा पर पड़ती है, क्योंकि जब तक निष्कपट विशुद्ध भाषा की उन्नति नहीं होगी, तब तक निष्कपट सभ्यता और देश की उन्नति भी नहीं होगी। इस दिशा में सबसे बड़ा योगदान भारतेंदु का है। भारतेंदु ने 1873 में कहा, "हिंदी नई कविता में ढली यह नई चाल भाषा की राह को सुगम बनाने का प्रयास था, जिसके लिए भारतेंदु ने सर्वाधिक प्रयास किया।"

इस युग की पत्रकारिता के उद्देश्य बहुआयामी थे। एक ओर राष्ट्रीयता की चेतना के साथ-साथ राजनीति की कलई खोलना तो दूसरी ओर सामाजिक चेतना को जाग्रत् करना, सामाजिक कुरीतियों और दुष्प्रभावों का परिणाम दर्शाना, स्त्रियों की दीन-हीन दशा में सुधार एवं स्त्री-शिक्षा को बढ़ावा देना, पत्रकारों का प्रमुख उद्देश्य था। भारतेंदु इस कार्य के लिए युगदृष्टा और युगस्रष्टा के रूप में आए। उनके योगदान के लिए ही आचार्य रामचंद्र शुक्ल उन्हें विशेष स्थान प्रदान करते हैं। हिंदी साहित्य का दिशा-निर्देश करनेवाली पत्रिका 'सरस्वती' का प्रकाशन जनवरी 1900 को हुआ, जिसके संपादक मंडल में जगन्नाथ रत्नाकर, राधाकृष्णदास, श्यामसुंदर दास जैसे सुप्रसिद्ध विद्वनजन थे। 1903 में महावीरप्रसाद द्विवेदी ने इसका कार्यभार सँभाला। एक ओर भाषा के स्तर पर तो दूसरी ओर प्रेरक बनकर मार्गदर्शन का कार्य सँभालकर द्विवेदीजी ने साहित्यिक और राष्ट्रीय चेतना को स्वर प्रदान किया। द्विवेदीजी ने भाषा की समृद्धि करके नवीन साहित्यकारों को राह दिखाई। उनका वक्तव्य था, "हमारी भाषा हिंदी है। उसके प्रचार के लिए सरकार जो कुछ कर रही है, सो तो कर ही रही है, हमें चाहिए कि हम अपने घरों का अज्ञान तिमिर दूर करने और अपना ज्ञानबल बढ़ाने के लिए इस पुण्य कार्य में लग जाएँ।" महावीरप्रसाद द्विवेदी ने 'सरस्वती' पत्रिका के माध्यम से ज्ञानवर्द्धन करने के साथ-साथ नए रचनाकारों को भाषा का महत्त्व समझाया और गद्य व पद्य के लिए राह निर्मित की। महावीरप्रसाद द्विवेदी की यह पत्रिका मूलतः साहित्यिक थी और हरिऔध, मैथिलीशरण गुप्त से लेकर कहीं-न-कहीं निराला के निर्माण में इसी पत्रिका का योगदान था, परंतु साहित्य के निर्माण के साथ राष्ट्रीयता का प्रसार करना भी इनका उद्देश्य था। भाषा का निर्माण करने के साथ ही गद्य-पद्य के लिए खड़ी बोली को ही प्रोत्साहन देना, इनका सबसे महत्त्वपूर्ण कार्य था।

सन् 1901 में प्रकाशित होनेवाले पत्रों में चंद्रधर शर्मा गुलेरी का 'समालोचक' महत्त्वपूर्ण है। इस पत्र का दृष्टिकोण आलोचनात्मक था और इसी दृष्टिकोण के कारण

यह पत्र चर्चित भी रहा। 1905 में काशी से 'भारतेंदु' पत्र का प्रकाशन हुआ। यह पत्र भारतेंदु हरिश्चंद्र की स्मृति में निकाला गया। 'जगमंगल करै' के उद्घोष के साथ इस पत्र ने संसार की भलाई करने का महत् उद्देश्य हमारे सामने रखा, परंतु लंबे समय तक इसका प्रकाशन नहीं हो सका।

सन् 1907 का वर्ष समाचार-पत्रों की दृष्टि से महत्त्वपूर्ण रहा। महामना मालवीय ने 'अभ्युदय' का प्रकाशन किया, वहीं बाल गंगाधर तिलक के 'केसरी' की तर्ज पर माधवराव सप्रे ने 'हिंदी केसरी' का प्रकाशन किया। 'मराठी केसरी' के महत्त्वपूर्ण अंशों और राष्ट्रीय चेतना का उद्बोधन करनेवाले अवतरणों का हिंदी अनुवाद करके 'हिंदी केसरी' ने उसे जन-साधारण तक पहुँचाया। महावीरप्रसाद द्विवेदी ने बाल गंगाधर तिलक की प्रशंसा करते और माधवराव सप्रे के भाषा संबंधी प्रयास को सराहते हुए लिखा—"आशा है कि इससे वही काम होगा, जो तिलक महाशय के 'केसरी' से हो रहा है। इसके निकालने का पूरा श्रेय पं. माधवराव सप्रे, बी.ए. को है। महाराष्ट्रीय होकर हिंदी भाषा पर आपके अखंड और अकृत्रिम प्रेम को देखकर उन लोगों को लज्जित होना चाहिए, जिनकी जन्मभाषा हिंदी है, पर जो हिंदी में एक सतर भी लिख नहीं सकते या लिखना नहीं चाहते।"

सन् 1910 में गणेश शंकर विद्यार्थी ने 'प्रताप' का प्रकाशन किया। यह पत्र उग्र एवं क्रांतिकारी विचारधारा का पोषक था। उग्र नीतियों के समर्थक इस पत्र ने उत्साह एवं क्रांति के पोषण में अपना महत्त्वपूर्ण योगदान दिया।

इन पत्रों का मूल उद्देश्य राष्ट्रीय चेतना एवं भाषा-नीति का प्रसार करना था। उग्र एवं क्रांतिकारी विचारधारा के पोषक पत्र स्वाधीनता के प्रसार के लिए प्रयास कर रहे थे तो साथ ही साथ साहित्यिक पत्र-पत्रिकाओं ने अनेक लेख लिखकर जनता की सुप्त भावनाओं का दिशा-निर्देशन किया।

छायावाद काल में पत्रिकाओं का प्रकाशन अधिक हुआ। इस काल की प्रमुख पत्रिकाओं में 'इंदु', 'प्रभा', 'चाँद', 'माधुरी', 'शारदा', 'मतवाला' थीं। सभी साहित्यकारों जयशंकरप्रसाद, सुमित्रानंदन पंत, निराला, महादेवी वर्मा ने पत्रिकाएँ निकालीं। इन साहित्यकारों ने अपने लेखों के माध्यम से जनजागृति का कार्य किया। 1909 में जयशंकर प्रसाद ने 'इंदु' पत्रिका का प्रकाशन किया। हिंदी काव्यधारा में छायावाद का आरंभ इसी पत्रिका से ही हुआ।

'प्रभा' का प्रकाशन सन् 1913 में हुआ। इसके संपादक कालूराम गंगराडे थे। इस पत्रिका ने ही माखनलाल चतुर्वेदी जैसे राष्ट्रीय चेतना के कवि को जगत् के समक्ष प्रस्तुत एवं स्थापित किया। माखनलाल चतुर्वेदी ने इस पत्र को उग्र एवं सशक्त स्वर-जागरण का माध्यम बनाया। उनके शब्दों में—"हमारा अनुरोध है कि तुम अन्यायों, अत्याचारों

और भूलों के संबंध में जो कुछ लिखना हो, वह दबकर नहीं, खुलकर लिखो। तुम्हारे पत्रों के संपादकों की विद्वता का ज्वर शायद तभी उतरेगा।" 'चाँद' का प्रकाशन सन् 1920 में हुआ। आरंभ में यह साप्ताहिक पत्र था, जो बाद में मासिक हो गया। इस पत्रिका में अनेक सामाजिक, धार्मिक, राजनीतिक और सांस्कृतिक विषयों पर लेख प्रकाशित किए जाते थे।

'माधुरी' का प्रकाशन 1921 से हुआ। यह छायावाद की प्रमुख पत्रिका थी, परंतु अनेक अस्थिर नीतियों का इसे भी सामना करना पड़ा, तथापि यह छायावाद की सबसे लोकप्रिय पत्रिका रही। श्री विष्णुनारायण भार्गव इस पत्रिका के संस्थापक थे। 'माधुरी' के मुख पृष्ठ पर दुलारेलाल भार्गव का लिखा दोहा प्रकाशित होता था—

सिता, मधुर मधु, सुधा तिय अधर माधुर धन्य।
पै नव रस साहित्य की यह माधुरी अनन्य॥

सन् 1922 में रामकृष्ण मिशन से जुड़े स्वामी माधवानंद के संपादन में 'समन्वय' का प्रकाशन हुआ। यह मासिक पत्र था। यह पत्र निराला की सूझबूझ और उनके पांडित्य का उत्कृष्ट उदाहरण है। आचार्य शिवपूजन सहाय और निराला ने विभिन्न उत्कृष्ट सामाजिक व धार्मिक लेखों द्वारा इस पत्र के माध्यम से सर्वसाधारण तक अपना स्थान बनाया।

निराला ने हिंदी भाषा सीखने के लिए 'सरस्वती' पत्रिका को आधार बनाया। वह इस पत्रिका के प्रति अपना धन्यवाद ज्ञापन करते हुए कहते हैं, "जिसकी हिंदी के प्रकाश के परिचय के समक्ष मैं आँख नहीं मिला सका, लजाकर हिंदी शिक्षा के संकल्प के कुछ दिनों बाद देश से विदेश, पिता के पास चला गया था और उस हिंदीहीन प्रांत में बिना शिक्षक के 'सरस्वती' की प्रतियाँ लेकर पद साधना की एवं हिंदी सीखी।" 1923 में निकलनेवाला 'मतवाला' निराला के गुणों से प्रदीप्त अपने स्वरूप में भी निराला ही था। यद्यपि इसके संस्थापक महादेव प्रसाद सेठ थे, तथापि इस पत्र की पूर्ण जिम्मेदारी शिवपूजन सहाय, सूर्यकांत त्रापाठी 'निराला' व पांडेय बेचन शर्मा 'उग्र' की ही थी। हास्य, व्यंग्य एवं विनोद का प्रयोग करके नई चेतना जगाने वाले इस पत्र के मुख पृष्ठ पर छपनेवाली पंक्तियाँ थीं—

अमिल गरल, शशि सीकर रविकर
राग-विराग भरा प्याला
पीते हैं जो साधक उनका
प्यारा है यह मतवाला।

मतवाले अंदाज के लिए मशहूर पत्र 'निराला' अंदाज का सूचक था। 'निराला' को यह उपनाम इसी पत्र द्वारा ही प्राप्त हुआ था। मतवाला साहित्यिक योजनों को शीर्ष पर

पहुँचाने का उत्कृष्ट माध्यम था। अपने युग के प्रति जागरूक रहने के साथ-साथ साहित्य की नवीन शैली का प्रादुर्भाव करने का श्रेय इस पत्र को है।

'सुधा' का संपादन 1927 में श्री दुलारेलाल भार्गव व पं. रूपनारायण पांडे ने किया। इस पत्रिका का मूल उद्देश्य बेहतर साहित्य प्रकाशित करना, नए लेखकों को प्रोत्साहन देना, अच्छे कृतियों को पुरस्कृत करना एवं विविध विषयों पर लेख छापना था। 'निराला' के आगमन से 'सुधा' को एक नई दिशा मिली। इस पत्रिका के प्रमुख विषयों में समाज-सुधार, विज्ञान से लेकर साहित्य और गृह विज्ञान की सामग्री भी प्रकाशित होती थी।

छायावाद की पत्रकारिता इस दृष्टिकोण से सर्वाधिक महत्त्वपूर्ण थी कि भाषा का एक नया संस्कार और भाषा में कोमलता-प्रांजलता लाने का श्रेय इस युग की पत्रिकाओं को था।

एक ओर इन पत्रिकाओं के माध्यम से स्वच्छंदतावाद की स्थापना हुई, वहीं दूसरी ओर सामाजिक, राजनीतिक, घटनाओं को स्वर मिला। अनेक सुंदर कविताओं का प्रकाशन इस युग की पत्रिकाओं में हुआ। 'जूही की कली', 'सरोज स्मृति', 'बादल राग' जैसी निराला की उत्कृष्ट कविताएँ 'मतवाला' में प्रकाशित हुई। 'जूही की कली' को मुक्त छंद के प्रवर्तन का श्रेय दिया जाता है।

'चाँद' पत्रिका में ही महादेवी वर्मा का अधिकांश साहित्य छपा। 'छायावाद' के प्रसिद्ध रचनाकारों में से सुमित्रानंदन पंतजी ने 'रूपाभ' का प्रकाशन किया।

प्रेमचंद ने 1932 में 'जागरण' और 1936 में 'हंस' का प्रकाशन किया। 'हंस' का उद्देश्य समाज का आह्वान करना था। 'हंस' साहित्यिक पत्रिका थी, जिमसें साहित्य की विविध विधाओं का प्रकाशन किया जाता था। महात्मा गांधी की अहिंसा को साहित्य के माध्यम से स्थापित करनेवाले प्रेमचंद ने 'हंस' में भी इसी आदर्श को स्वर दिया। स्वतंत्रता के प्रति महात्मा गांधी के निरंतर प्रयास को महसूस करते हुए 'हंस' ने लिखा—"भारत के कर्णधार महात्मा गांधी ने इस विचार की सृष्टि कर दी। अब वह बढ़ेगा, फूले फलेगा।··· हमारा यह धर्म है कि उस दिन को जल्द-से-जल्द लाने के लिए तपस्या करते रहें। यही इस का ध्येय होगा और इसी ध्येय के अनुकूल उसकी नीति होगी।"

गांधी की नीतियों का समर्थन, स्वराज्य स्थापना के लिए जागरण का प्रयास और साहित्यिक विधाओं का विकास ही 'हंस' का लक्ष्य था। प्रेमचंद के पश्चात् शिवरानी देवी, विष्णुराव पराड़कर, जैनेंद्र, शिवदानसिंह चौहान तथा अमृतराय ने इस पत्रिका का संपादन किया। 'हंस' अब एक नए रूप में और नए आदर्श-यथार्थ को समन्वित करके नए ज्वलंत प्रश्नों को उभारते हुए राजेंद्र यादव द्वारा निकाली जा रही है। अब इसका प्रमुख स्वर किसान, स्त्री एवं दलित पीड़ा का है। इन तीनों वर्गों की सशक्त उपस्थिति

इसमें देखी जा सकती है। शोषित वर्ग की आवाज 'हंस' में प्रमुखता से स्थान प्राप्त कर रही है।

स्वतंत्रता के पूर्व अधिकांश पत्र-पत्रिकाओं ने निम्नलिखित दोहरे कार्य को लेकर उसे पूर्ण करने का प्रयास किया—पहला, राष्ट्रीयता की भावना का प्रसार, और दूसरा, साहित्य की विविध विधाओं का विकास।

इसी के साथ भाषा के विविधवर्णी रंगों की खोज और साहित्यिक दोनों पक्षों—गद्य एवं पद्य की स्थापना करना भी इनका लक्ष्य था, जिसे कवि हृदय पत्रकारों ने पूर्ण किया।

सन् 1947 में मिली स्वतंत्रता के पश्चात् भारत को लोकतंत्रात्मक गणराज्य बनाने और इसकी संप्रभुता की रक्षा करने का संकल्प प्रत्येक भारतवासी ने किया। अपनी भाषा की समृद्धि और उसका विकास करने की चाह सभी के हृदय में विद्यमान थी, परंतु धीरे-धीरे राजभाषा विधेयकों के माध्यम से हिंदी की उपेक्षा करके अंग्रेजी को उसके माथे पर बैठाने की तैयारी की। योजनाएँ बनने लगीं। 12 मई, 1963 को 'साप्ताहिक हिंदुस्तान' में बाँके बिहारी भटनागर ने हिंदी के समर्थन में लिखा—"भारत के सुदर्शनधारियों आँखें खोलकर देखो, अंग्रेजी का दु:शासन आज राष्ट्रभाषा का चीर हरने की हठधर्मिता ठाने खड़ा है। सब भाषाओं को मिलकर राष्ट्रभाषा का चीर बढ़ाना होगा।" स्वतंत्रता के पश्चात् पत्रकारिता के समक्ष अनेक आदर्श थे। उन्हें आजादी की सौंधी सुगंध से लेकर आनेवाली पंचवर्षीय योजनाओं के स्वरूप से जनता को परिचित कराना था, विकासकाल की स्वर्णिम योजनाओं पर प्रकाश डालना था और साथ ही युगीन जमीनी सच्चाइयों को भी अनावृत्त करना था। इसी के साथ-साथ पाठक की चेतना में प्रवेश करके उसकी रुचि को संस्कारित करना भी पत्रकारिता का ही दायित्व था।

स्वतंत्रता के साथ ही भारत का विभाजन देश के सभी लोगों को पीड़ित कर गया। 1951 में होनेवाले आमचुनाव में पंचशील के सिद्धांतों को भारतीय नीति का प्रमुख तत्त्व माना गया, पर 1962 के चीनी आक्रमण ने इन सिद्धांतों पर प्रश्न-चिह्न लगा दिया। 1962 के आक्रमण के समय पत्र-पत्रिकाओं ने निरंतर बलिदान का आह्वान करके अपनी सशक्त भूमिका का निर्वाह किया। 'साप्ताहिक' हिंदुस्तान में छपी टिप्पणियाँ किसी भी सुप्त हृदय को भी जगाने में सक्षम थी।

"देशवासियों आओ, आज हम अपने छोटे-छोटे मतभेदों को भुलाकर बृहत्तर राष्ट्र की रक्षा के लिए पूर्ण रूप से संगठित हो जाएँ और अपनी एकता की दहाड़ से शत्रु का कलेजा दहला दें…।" सन् 1964 में नेहरू की मृत्यु, 1965 में पाकिस्तान से युद्ध, ताशकंद समझौते के बाद लालबहादुर शास्त्रीजी की मृत्यु, 1971 में पाकिस्तान से पुन: युद्ध आदि घटनाओं के समय पत्र-पत्रिकाएँ अपनी जिम्मेदारी पूर्ण निष्ठा के साथ निभाती रहीं।

समाचार-पत्रों के लिए सबसे अधिक संकट की घड़ी आपातकाल की थी, जब अभिव्यक्ति की स्वतंत्रता का हनन किया गया और सृजन पर रोक लगा दी गई। यह पत्रकारों के लिए अँधेरी सुरंग में से गुजरने जैसा कठोर यातनादायक अनुभव था। धीरे-धीरे पत्रों पर भी व्यावसायिकता हावी होने लगी। पत्रों को स्थापित होने के लिए अर्थ की आवश्यकता हुई और अर्थ की सत्ता उद्योगपतियों के हाथों में होने के कारण इनके द्वारा ही पत्रों को प्रश्रय प्राप्त हुआ। ऐसे में उद्योगपतियों के हितों को ध्यान में रखना पत्रों का कर्तव्य हो गया। पूँजीपतियों के हाथ में होनेवाले पत्रों में बौद्धिकता का स्तर गिरने लगा और वह मुक्तिबोध के शब्दों में—'बौद्धिक वर्ग है, जो क्रीतदास' बनकर रह गया। अर्जुन तिवारी अपनी पुस्तक 'हिंदी पत्रकारिता का वृहद् इतिहास' में बालेश्वर अग्रवाल के शब्दों को उद्धत करते हैं, उनके ये वाक्य आज की व्यावसायिकता को सही रूप में व्यक्त करने में समर्थ हैं। यह बात बिल्कुल सही है कि अब पत्रकारिता स्पष्टत: एक व्यापार बन गई है, जो पाठकों को सही जानकारी देने तथा जनता की आवाज बनने की बजाय आर्थिक लाभ-हानि को ज्यादा महत्त्व देती हैं। जिस तरह दूसरे व्यापारों में लागत और लाभांश का महत्त्व और हिसाब होता है, उसी तरह पत्रकारिता में भी होने लगा है, जिससे यह स्वाभाविक है कि अलग-अलग स्तरों के दबाव में बहुत से समझौते करने पड़ते हैं, जो प्राय: पाठक को सही व खोजपूर्ण जानकारी देने के उद्‌देश्य को पूरा नहीं करने देते हैं।

इसके बावजूद पत्र-पत्रिकाएँ आज भी किसी सीमा तक अपने दायित्व को पूर्ण कर रही हैं। आज मुख्य रूप से पत्र-पत्रिकाएँ चार कार्यों को निभा रही हैं

(क) साहित्यिक अभिरुचि का विकास

(ख) राजनीतिक सूचनाओं में अभिवृद्धि

(ग) सांस्कृतिक एवं मनोरंजक सूचनाएँ

(घ) तकनीकी एवं वैज्ञानिक सूचनाएँ।

इसके अतिरिक्त खेल, शिक्षा और कॅरियर संबंधी दिशाएँ सुझाने का कार्य भी पत्रों द्वारा किया जा रहा है। इसके अतिरिक्त पत्रों द्वारा 'अतिरिक्तांक' या 'विशेषांक' भी निकाले जाते हैं, जिनमें साहित्य, संस्कृति, ज्ञान-विज्ञान, खेल, कृषि, जनसंख्या, समसामयिकी आदि विषयों पर पूर्ण जानकारी प्राप्त होती है।

इसके अतिरिक्त आजकल प्रत्येक दिन पत्र के साथ कोई विशेष अंक भी आता है, जिसमें अलग-अलग दिन अलग-अलग विषयों के लिए निर्धारित रहते हैं। अनेक उत्कृष्ट साहित्यिक पत्र-पत्रिकाओं की शुरुआत 'धर्मयुग', 'उत्कर्ष', 'ज्ञानोदय', नए पत्ते, पाटल, प्रतीक, निकष से हुई, जो अब तक कादंबिनी, नया ज्ञानोदय, सरिता, 'आलोचना', 'इतिहास बोध', 'हंस', 'आजकल तक' विकसित हो रही है। यद्यपि अनेक पत्रिकाएँ प्रसिद्ध व स्थापित नामों को महत्त्व देती हैं, पर नवीन उभरती पत्रिकाएँ नए नामों

और नए विचारों को भी प्रोत्साहन दे रही हैं। 'कथन', 'कथादेश', 'स्त्री मुक्ति', 'अनभै साँचा' आदि अन्य महत्त्वपूर्ण पत्रिकाएँ हैं।

पत्र-पत्रिकाओं में नवीन विचारों और मान्यताओं को प्रश्रय मिलने के कारण भाषा व शिल्प में भी लचीलापन आया है। कविताओं में छंदबद्धता के प्रति आग्रह टूटा है। नित नई कहानी व कविता प्रतियोगिता आयोजित की जाती है और उनसे जुड़े रचनाकारों को सम्मानित भी किया जाता है।

अनेक पत्रिकाएँ तो किसी विशेष विधा को केंद्र में रखकर ही कार्य कर रही है। इससे उस विधा विशेष का तो विकास होता ही है, साथ ही पाठकों को भी रुचि के अनुरूप चयन की सुविधा मिल जाती है, यथा—'रंग-प्रसंग' राष्ट्रीय नाट्य विद्यालय द्वारा निकाली जाती है। इसके प्रत्येक नए अंक में एक नए नाटक को प्रस्तुत किया जाता है। इसके अतिरिक्त नाट्य एवं रंगकर्मियों के अनुभवों से जनता को रू-ब-रू कराया जाता है। 'नटरंग' भी नाट्य जगत् की सुप्रसिद्ध पत्रिका है, जिसका प्रकाशन अभी तक नेमिचंद जैन द्वारा किया जाता रहा। नाटक के विविध रंगों की छटा उकेरती यह पत्रिका अपने आप में अनुपम है।

'अखंड ज्योति' जहाँ धर्म और अध्यात्म को स्थान देती है, वहीं 'योजना' में उद्योग जगत् की खबरों को प्रमुखता मिलती है। 'फिल्मी दुनिया', 'फिल्मी कलियाँ', जहाँ मनोरंजन उद्योग की तसवीर उकेरती है, वहीं 'गृहशोभा', 'मनोरमा' स्त्रियों के निजी संसार में हस्तक्षेप करती है। बच्चों के लिए 'चंदा मामा', 'नन्हे सम्राट्', 'चंपक', नए क्षितिज खोलती हैं, वहीं 'विज्ञान डाइजेस्ट' विज्ञान के नए आविष्कारों से परिचय करती है। 'मनोरमा इयर बुक' प्रायः सभी विषयों को वर्ष भर के घटनाक्रम से जोड़कर प्रस्तुत करती है। भाषा के स्तर पर भी इन पत्रिकाओं ने अपना महत्त्वपूर्ण योगदान दिया है। आज समाचार-पत्रों में 'हाइब्रिड' या 'संकर' भाषा का प्रयोग अधिक है। यों तो छोटे-छोटे और सरल वाक्यों का प्रचलन बढ़ा है। यही कारण है कि अधिकांश पत्र फीचर लेखन को विशेष महत्त्व देते हैं, क्योंकि उनकी भाषा हास्य-व्यंग्य के चुटीले वाक्यों से भरपूर किसी स्थिति को रोचक ढंग से उकेरने में समर्थ होती है। साथ ही पत्र-पत्रिकाओं ने अनेक हिंदी-अंग्रेजी शब्दों को जोड़कर नई शब्दावली का भी विकास किया है जो आम बोलचाल में भी प्रयोग की जाने लगी है।

इसके अतिरिक्त अनेक समस्याओं, जैसे—अंग्रेजी पत्र-पत्रिकाओं की तुलना में बेहतर प्रदर्शन और अधिकांश समाचारों के अनुवाद की समस्या का भी हिंदी पत्रों को सामना करना पड़ता है। इसके बावजूद पत्र-पत्रिकाएँ निरंतर प्रगति कर रही हैं और इसे देखते हुए पत्रकारिता के बेहतर भविष्य की उम्मीद की जा सकती है। स्वतंत्रता के बाद पत्र-पत्रिकाओं का विश्लेषण अलग-अलग करना उचित होगा।

आजकल के महत्त्वपूर्ण समाचार-पत्रों में 'हिंदुस्तान' का नाम एवं स्थान अग्रणी है। मृणाल पांडे के संपादन में यह पत्र 'एच.टी. मीडिया लिमिटेड' के द्वारा कस्तूरबा गांधी मार्ग से प्रकाशित होता है। इस पत्र का प्रकाशन 1936 से हो रहा है। इसके प्रथम संपादक सत्यदेव विद्यालंकार थे। इस पत्र में राजनीतिक, सामाजिक, आर्थिक सूचनाओं के साथ-साथ साहित्य संबंधी सामग्री, पुस्तक समीक्षा विशेष रूप से प्रकाशित की जाती है।

मृणाल पांडे साहित्य के क्षेत्र में एक लंबे समय से जुड़ी रही हैं तथा बाल-पत्रिकाओं, जैसे 'नंदन' से लेकर साहित्य जगत् की 'कादंबिनी' का भी वह संपादन करती रही हैं। ऐसे में 'हिंदुस्तान' के संपादक के रूप में उनके आने से इसे एक नया रूप तो मिला ही है, साथ ही साहित्य का भी अधिक उत्कृष्ट और नवीन रूप पत्र में दिखाई देने लगा है, भाषा में भी सरलता आई है तथा व्यंग्य और फीचर का मेल अधिक दिखाई दे रहा है।

हिंदुस्तान टाइम्स प्रकाशन द्वारा ही 'साप्ताहिक हिंदुस्तान', 'नंदन' और 'कादंबिनी' का प्रकाशन किया गया।

'नंदन' का प्रकाशन 1964 में हुआ और उस समय इसके संपादक राजेंद्र अवस्थी थे। 'तेनालीराम' की सूझ-बूझ का प्रदर्शन, ज्ञान पहेली, वर्ग पहेली इसके मुख्य आकर्षण थे। बालकों के ज्ञान में वृद्धि और स्वस्थ मनोरंजन को प्रोत्साहन देना इसका लक्ष्य रहा। 'साप्ताहिक हिंदुस्तान' का प्रकाशन 1950 से हुआ। इस पत्र ने हिंदी भाषा की स्थापना के लिए चल रहे प्रयासों को अत्यंत उत्कृष्टता से स्वर प्रदान किया, साथ ही युद्ध के कारण जनता को बलिदान के लिए प्रेरित भी किया।

'बेनेट कोलमेन' कंपनी लिमिटेड द्वारा 1947 में आरंभ किए गए 'नवभारत टाइम्स' के प्रथम संपादक हरिशंकर द्विवेदी थे। आगे चलकर 'अज्ञेय' ने भी इस पत्र का संपादन किया। इस पत्र का प्रकाशन बहादुरशाह जफर मार्ग से होता है। 'नवभारत टाइम्स' का ही सांध्य संस्करण 'संध्या टाइम्स' के नाम से प्रकाशित होता है। देश-विदेश के समाचारों के साथ ही संस्कृति, खेल, फिल्म और महानगर की गतिविधियाँ इसमें विशेष रूप से शामिल की जाती है। यह पत्र भाषा के स्तर पर नए-नए शब्दों के प्रयोग के लिए विशेष प्रसिद्ध है। नए विषयों पर साज-सज्जा में परिवर्तन भी इसकी प्रमुख विशेषता है। 'धर्मयुग', 'दिनमान', 'पराग' व 'सारिका 'जैसी उत्कृष्ट पत्रिकाओं का प्रकाशन भी बेनेट कोलमेन ऐंड कंपनी लिमिटेड द्वारा हुआ। 'धर्मयुग' एक उत्कृष्ट साहित्यिक पत्रिका थी, जिसे प्रकाशित करने में ईलाचंद्र जोशी, सत्यदेव, विद्यालंकार और सबसे बढ़कर डॉ. धर्मवीर भारती की भूमिका महत्त्वपूर्ण थी। इसमें जनता की रुचि को परिष्कृत रूप देने के लिए उच्चकोटि का साहित्य प्रकाशित किया जाता था।

'राष्ट्रीय सहारा' के नाम से ही इसकी भूमिका का ज्ञान हो जाता है। राष्ट्रीय चेतना,

अखंडता को आधार बनाकर 15 अगस्त, 1991 से प्रकाशित होनेवाला यह पत्र सहारा इंडिया समूह द्वारा प्रकाशित किया जाता है। उत्तर प्रदेश में यह पत्र विशेष रूप से पठनीय है। इसका लखनऊ संस्करण अत्यंत उत्कृष्ट व लोकप्रिय है। इसका परिशिष्ट 'हस्तक्षेप' नाम से प्रकाशित होता है।

दैनिक समाचार-पत्रों में 'अमर उजाला' का भी महत्त्वपूर्ण स्थान है। यह पत्र 1948 से प्रकाशित हो रहा है। यह पत्र भी उत्तर प्रदेश में विशेष रूप से लोकप्रिय है। इसके लोकप्रिय स्तंभों में संपादकीय पत्र, आपका भविष्य, आज का आयोजन, स्वास्थ्य चर्चा तथा बच्चों का कौना प्रमुख है।

'वीर अर्जुन' का प्रकाशन 1954 से आरंभ हुआ। राष्ट्रीयता, कर्तव्य परायणता एवं ओजस्विता को आधार बनाकर चलने वाले इस पत्र में गंभीर साहित्यिक पत्रकारिता के भी दर्शन होते हैं। इस पत्र का प्रकाशन नई दिल्ली से किया जाता है। सहारा ग्रुप द्वारा प्रकाशित सप्ताहिक में एक और आनेवाला पत्र 'सहारा समय' विविध विषयों से पूर्ण है। साहित्यिक, राजनीतिक, फिल्मी मनोरंजन, व्यापार आदि अनेकानेक विषयों पर प्रचुर सामग्री प्रस्तुत करने के साथ-साथ बेहतर स्तर के विषय व शिल्प की विविधता इस पत्र की प्रमुख विशेषता है। यह पत्र सप्ताह में एक बार आकर भी पूरे सप्ताह के लिए सामग्री प्रस्तुत करने में सक्षम है।

आज के प्रतियोगी माहौल में विविध अवसरों की खोज और उनके विषय में जानने की इच्छा प्रत्येक युवा में पाई जाती है। एक ही साथ अनेक अवसरों, नवीन विषयों, प्रतियोगी परीक्षाओं, परीक्षा की तिथियों की जानकारी के साथ-साथ नवीन अवसरों और दिशाओं की जानकारी 'रोजगार समाचार' भी के माध्यम से प्राप्त होती है। यह पत्र कुल 64 पृष्ठों में 'सूचना एवं प्रसारण मंत्रालय' से प्रकाशित किया जाता है। आजकल इसके संपादक राजेंद्र चौधरी हैं।

कुछ महत्त्वपूर्ण पत्रिकाएँ इस प्रकार हैं—'हंस' प्रेमचंद द्वारा आरंभ एवं स्थापित की गई पत्रिका अब राजेंद्र यादव द्वारा निकाली जा रही है। स्त्री एवं दलित वर्ग की अभिव्यक्ति को आधार देती यह पत्रिका विविध लेखों और कहानियों के साथ विवादास्पद मुद्दों को नए सिरे से उठाती संपादकीय लेखनी के लिए विशेष रूप से प्रसिद्ध है। हिंदुस्तान टाइम्स समूह द्वारा प्रकाशित एक महत्त्वपूर्ण पत्रिका अपने 'कादंबिनी' है। इसका प्रकाशन 1960 से आरंभ हुआ। इसके प्रथम संपादक बालकृष्ण राव थे। आजकल यह पत्रिका मृणाल पांडे, राजेंद्र अवस्थी के संपादन में प्रकाशित होती है। विविध उत्कृष्ट विषयों से युक्त यह पत्रिका प्रत्येक बार किसी विशेष विषय को आधार बनाकर अपना मत प्रकट करती है। कभी तो यह विषय पूर्णतया साहित्यिक होता है, जैसे कमलेश्वर विशेषांक तो कभी विज्ञान, आयुर्वेद पर आधारित वैकल्पिक चिकित्सा। इसके स्थायी स्तंभ हैं—लोकमत,

यांत्रिक दृष्टिकोण, उपभोक्ता सरोकार, ग्रह-नक्षत्र, कला दीर्घा, कसौटी, क्लब समाचार, विधि, सांस्कृतिक डायरी, हँसते-हँसाते आदि। इन स्तंभों के नाम से ही ज्ञात हो जाता है कि पत्रिका विविध विषयों को लेकर समाज में महत्त्वपूर्ण स्थान बना चुकी हैं।

पहले 'ज्ञानोदय' के नाम से निकलनेवाले प्रसिद्ध पत्रिका अब 'नया ज्ञानोदय' के नाम से प्रभाकर श्रोत्रिय के संपादन में प्रकाशित होती है। विविध कथाओं के अनुवाद करने और भाषाओं को समानांतर स्तर पर लाने के संदर्भ में इस पत्रिका का विशिष्ट योगदान है। इसके स्थायी स्तंभों में हस्तक्षेप, कहानी, भाषांतर, कविता, साक्षात्कार, यात्रा वृत्तांत, पुस्तक समीक्षा आदि हैं। नई पुस्तकों से परिचित कराने व भाषाओं को जोड़ने में इनका विशेष योगदान है।

भारतीय-अमरीकी मित्रों के सहयोग से आरंभ की गई पत्रिका—'अन्यथा' कृष्णकिशोर के संपादन में संयुक्त राज्य अमरीका से निकाली जाती है। स्त्री की पीड़ा को आधार बनाती यह पत्रिका प्रवासी भारतीयों को जोड़ने का प्रयास है। समाज संस्कृति, शिक्षा, स्वास्थ्य, सिनेमा, समीक्षा, सामयिकी एवं परिवेश को आधार बनाती यह पत्रिका भारत और अमरीका में लोकप्रिय हो रही है।

'कसौटी' पत्रिका के कुल 15 अंक ही प्रकाशित हुए। वित्तीय कारणों से इसे बंद करना पड़ा, अन्यथा यह भी सत्य है कि नंदकिशोर नवल ने इस पत्रिका के अत्यंत उच्च साहित्यिक स्तर को सदैव बनाए रखा। कविता, उपन्यास, नाटक, इतिहास, आलोचना को बेहतर तरीके से प्रकाशित करते हुए इस पत्रिका ने सभी अंकों को बेहतर रूप से प्रदर्शित किया।

साहित्य के क्षेत्र में अपनी सशक्त उपस्थिति दर्ज कराती पत्रिका 'वामर्थ' आज की समस्याओं, विशेषकर महानगरीय उपभोक्ता संस्कृति को दर्शाती इस पत्रिका ने अपना महत्त्वपूर्ण स्थान बनाया है। बाजारवाद, उपभोक्तावाद और विश्ववाद से लेकर कहानी, यात्रा वृत्तांत, संवाद व मीडिया के क्षेत्र में अत्यंत उत्कृष्ट लेख इसमें प्रकाशित हो रही हैं। इसके प्रकाशक परमानंद चूड़ीवाल हैं।

वित्तीय संकटों के बावजूद बेहतर पत्रिका का नमूना प्रस्तुत करती 'इतिहास बोध' पत्रिका लाल बहादुर वर्मा के संपादन में इलाहाबाद से प्रकाशित की जाती है। साहित्य के साथ-साथ मीडिया, इतिहास, विश्व, संस्कृति और समसामयिकी को केंद्र बनाती यह पत्रिका, धीरे-धीरे बाजार में अपना स्थान बना रही है। दैनिक भास्कर समूह द्वारा प्रकाशित पत्रिका 'अहा! जिंदगी' साहित्य के अतिरिक्त अन्य क्षेत्रों के विशिष्ट व्यक्तियों के जीवन को जानने का प्रयास करती है। भविष्य की दुनिया के कयास लगाती इस पत्रिका के संपादक आलोक श्रीवास्तव हैं। भाषा व विषय के स्तर पर यह पत्रिका अत्यंत सरल, पर उत्कृष्ट है।

'भाषा' पत्रिका भारतीय भाषाओं एवं साहित्य की महत्त्वपूर्ण पत्रिका है। केंद्रीय हिंदी निदेशालय, माध्यमिक शिक्षा और उच्चतर शिक्षा विभाग, मानव संसाधन विकास मंत्रालय, भारत सरकार द्वारा प्रकाशित यह पत्रिका डॉ. शशि भारद्वाज के संपादन में प्रकाशित की जाती है। भाषा और अनुवाद भाषा तथा कंप्यूटरीकरण, भाषा व भाषा प्रौद्योगिकी सूचना और साहित्य, साहित्य एवं विज्ञान जैसे मुद्दों पर विचार करना इनका महत्त्वपूर्ण कार्य है।

'योजना' विकास योजनाओं को समर्पित पत्रिका है। कुल 72 पृष्ठों में सजी इस पत्रिका का प्रकाशन विश्वनाथ त्रिपाठी के संपादन में योजना भवन, नई दिल्ली से होता है। यह पत्रिका हिंदी के साथ असमिया, बंगाली, गुजराती, अंग्रेजी, कन्नड़, मलयालम, मराठी, तमिल, ओड़िया, पंजाबी, तेलुगु, उर्दू में भी प्रकाशित की जाती है। भारत का एशिया के साथ आर्थिक संबंध, भूमंडलीकरण के विविध रूप, स्वास्थ्य, चिकित्सा, विकास योजनाएँ इसकी प्रमुख चिंता के विषय हैं।

न्यू मीडिया—परंपरागत प्रिंट मीडिया, टी.वी. मीडिया व रेडियो, जिसे 'मीडिया' के नाम से जाना जाता है, वैसे ही ब्लॉग्स, वेब साइट्स और सोशल वेब साइट्स को 'न्यू मीडिया' के नाम से जाना जाता है। हालाँकि 'न्यू मीडिया' पारंपरिक मीडिया की तरह संगठित नहीं है फिर भी 'न्यू मीडिया' ने हाल ही में विश्व में हुए बड़े-बड़े आंदोलनों में प्रमुख भूमिका निभाकर अपनी महत्त्वपूर्ण उपस्थिति दर्ज कराई है। न्यू मीडिया की सबसे बड़ी खासियत यह है कि इसका हर उपभोगकर्ता स्वयं एक पत्रकार है, संपादक है तथा प्रकाशक भी है। इसमें दी गई सूचना एक क्लिक में ही पूरे विश्व में पहुँच जाती है। 'न्यू मीडिया' के किसी भी तरह के बंधन से मुक्त होने, त्वरित गति होने एवं वैश्विक पहुँच होने जैसी विशेषताओं के कारण आनेवाले समय में इसकी उपयोगिता व महत्त्व बढ़ना तय है। कुल मिलाकर कहा जा सकता है कि हिंदी पत्र-पत्रिकाओं ने अनेक उतार-चढ़ाव का सामना करते हुए भाषा और विषय को परिपक्व किया है तथा अपनी सशक्त उपस्थिति दर्ज की है।

□

2

संचार माध्यम और उनका स्वरूप

भारत का इतिहास अत्यंत पुराना है। अधिकांश प्राचीन भारतीय ग्रंथों में भारत के इस पौराणिक स्वरूप की झलक दिखाई देती है। भारत के प्राचीन इतिहास की तरह ही पत्रकारिता का भी अपना एक पुराना इतिहास है, परंतु इतना अवश्य है कि अतीत की तुलना में वर्तमान में पत्रकारिता का स्वरूप अत्यंत विस्तृत और विकसित हो गया है।

भारतीय पत्रकारिता के विकास के विभिन्न चरण हैं। प्राचीनकाल में भी संवादों के माध्यमों का अपना एक विशिष्ट महत्त्व था, जो आज भी यथावत् है। पत्रकारिता के इसी वर्तमान विस्तृत स्वरूप को जानने के लिए सर्वप्रथम पत्रकारिता के अस्तित्व, उसके उद्भव और उसके विकास के विभिन्न चरणों का क्रमानुसार अध्ययन किया जाना अत्यंत आवश्यक है।

विगत वर्षों में पत्रकारिता के प्राचीन स्वरूप एवं आजादी के उपरांत उसके स्वरूप में आए परिवर्तनों पर पर्याप्त लेखन हुआ है, परंतु पत्रकारिता के इस प्राचीन स्वरूप से परे पत्रकारिता के वर्तमान स्वरूप को जानने की आवश्यकता जनमानस की अहम आकांक्षा रही है। अत: इसी आकांक्षा की पूर्ति के लिए आवश्यक है कि पत्रकारिता के प्राचीन एवं आजादी के उपरांत के स्वरूप के स्थान पर उसके वर्तमान स्वरूप को ही विश्लेषण का आधार बनाया जाए। विभिन्न कालों में संवादों के प्रेषण की कला एवं अतीत से पत्रकारिता के वर्तमान स्वरूप तक के लिए संवादों के प्रेषण के इतिहास तथा विकास के विभिन्न चरणों से गुजरना अत्यंत प्रासंगिक होगा।

भारत में संवादों के प्रेषण, उद्भव एवं विकास के प्रमुख चार चरण रहे हैं—

1. पौराणिककाल में संवादों का प्रेषण—पत्रकारिता संवादों के प्रेषण का एक प्रमुख माध्यम है। अत: संवादों का किसी भी रूप में संप्रेषण पत्रकारिता का ही

एक रूप माना जा सकता है। संवादों का प्रेषण पौराणिककाल में भी विद्यमान था। इस काल में संवादों का प्रेषण अपने आप में ही एक उद्देश्य था। इस काल में संचार माध्यम यांत्रिकी पर आधारित न होकर व्यक्ति पर आधारित थे, जैसे महर्षि नारद, देव और मनुष्यों के मध्य संचार का एक प्रमुख माध्यम थे। अतः महर्षि नारद को पत्रकारों का पूर्वज माना जा सकता है। महर्षि नारद पौराणिककाल में सभी लोकों में भ्रमण कर समाचार और सूचनाओं का संकलन करके उनका प्रेषण किया करते थे। महाभारत काल में भी संजय ने महाराज धृतराष्ट्र के सम्मुख महाभारत का आँखों-देखा हाल प्रस्तुत किया था। यह भी समाचार और सूचनाओं के प्रेषण के ही अद्भुत उदाहरण है। पौराणिककाल में ही समय-समय पर ऋषि-मुनि भी अपनी अलौकिक शक्तियों के द्वारा विभिन्न लोकों का भ्रमण करके समाचारों के प्रेषण का कार्य किया करते थे। उक्त उदाहरणों से स्पष्ट है कि पौराणिककाल में भी संवादों के प्रेषण की कला अस्तित्व में थी और संवादों का परस्पर प्रेषण ही इसका एकमात्र उद्देश्य था।

2. प्राचीनकाल में संवादों का प्रेषण—प्राचीनकाल में मनुष्य सभ्यता और संस्कृति से कोसों दूर था। इस काल में मानव गुफाओं में जीवनयापन करता था। सृष्टि के विकासक्रम में मानव अपनी जनसंख्या वृद्धि के साथ-साथ समूह, समूह से कबीलों, कबीलों से नगरों, नगरों से बड़े नगरों, बड़े नगरों से राज्यों और राज्यों से देशों की ओर अग्रसर होता गया। मानव के विकास की इस यात्रा का प्रमुख कारण उसकी परस्पर आवश्यकताएँ थीं। अपनी आवश्यकताओं की पूर्ति के लिए ही मानव को एक स्थान से दूसरे स्थान तक विचरण करने के लिए बाध्य होना पड़ा। स्थान परिवर्तन और इससे मानव के मध्य बढ़ी परस्पर दूरियों ने संवादों के प्रेषण की आवश्यकता को जन्म दिया। आवश्यकता आविष्कार की जननी है। अतः मानव में संवादों की आवश्यकता ने बोली को भाषा के रूप में और भाषा को लिखाई के रूप में परिवर्तित कर दिया। इस काल में मानव लिखाई के रूप में कुछ संकेत चिह्नों का उपयोग करने लगा था तथा लिखाई के माध्यम के रूप में उसने मोर पंख को कलम और पेड़ों की छालों को कागज के रूप में प्रयुक्त करना प्रारंभ कर दिया। कालांतर में यही पेड़ों की छाल भोजपत्र में तब्दील हो गई। मानव की इसी विकास यात्रा में भोजपत्र, ताम्रपत्र में और ताम्रपत्र कागज में परिवर्तित हो गए। संकेत चिह्नों के आविष्कार के पश्चात् मानव ने इन संकेतों को अन्य स्थान पर भेजने की जो समस्या का अनुभव किया था, वह कालांतर में उपर्युक्त माध्यमों के कारण दूर हुई।

प्राचीनकाल के मिले अवशेषों से स्पष्ट होता है कि जब मानव गुफा में रहकर खानाबदोश का जीवन व्यतीत करना था, तब वह गुफाओं की दीवारों पर चित्रकारी

के माध्यम से अपनी भावनाओं की अभिव्यक्ति किया करता था। भारत के कई राज्यों में यह अवशेष आज भी विद्यमान है।

पाषाणकाल, मध्य पाषाणकाल एवं नवपाषाण काल में मानव ने अपने जनसंपर्क क्षेत्र का विस्तार कर लिया था। 4500 वर्ष पूर्व की मोहनजोदड़ो और हड़प्पा संस्कृति में लिखित भारत के उपयोग के प्राप्त अवशेष आज भी यह स्पष्ट करने के लिए पर्याप्त है कि उस काल में भी व्यवस्थित संपर्क अस्तित्व में था। प्राचीन तथ्यों से यह भी स्पष्ट होता है कि आर्यों के भारत आगमन के साथ ही वैदिक युग का आरंभ हुआ। इस काल में वैदिक ऋचाओं को कंठस्थ कर पीढ़ी-दर-पीढ़ी मौखिक रूप से प्रचारित किया जाता था। इस प्रकार कालांतर में मौखिक संचार का अत्यधिक विकास हुआ, जो आगे चलकर लिपिबद्ध रूप में परिवर्तित हो गया। विभिन्न पुराणों की रचना भी इसी काल में हुई।

600 ई. में सोलह महाजनपदों का उदय हुआ। इन गणराज्यों में राजा होते थे, जो विभिन्न माध्यमों द्वारा राज्य विषयक जानकारियाँ एकत्र किया करते थे। इस काल में समाचार और सूचनाओं के प्रेषण के लिए ढोल और मुनादी का उपयोग किया जाता था। कालांतर में बौद्ध और जैन धर्म का उदय हुआ। इन धर्म के अनुयायियों द्वारा विभिन्न स्थानों पर भ्रमण करके अंतर्वैयक्तिक संचार संपर्क के रूप में अपने-अपने धर्म का प्रचार-प्रसार किया जाने लगा। इसी काल में शिक्षा केंद्रों का भी विस्तार हुआ, जिससे जनसंपर्क प्रणाली को विकास की नई दिशा मिली।

मौर्य साम्राज्य के काल में सम्राट अशोक ने विभिन्न स्थानों पर अभिलेख खुदवाए और इन अभिलेखों के माध्यम से कई सूचनाएँ लिपिबद्ध काररवाई। सम्राट् अशोक के काल में जनसंपर्क माध्यमों का सबसे अधिक विस्तार हुआ। कालांतर में अनेक राज्यों का उदय हुआ। इन राज्यों में राजा अपने कर्मचारियों के द्वारा एवं स्वयं वेष बदलकर राज्य विषयक आवश्यक समाचार और सूचनाओं का संकलन किया करते थे। यह प्रणाली भी समाचार और सूचनाओं के संकलन की एक अभिनव प्रणाली थी।

उक्त विवेचन से स्पष्ट है कि प्राचीनकाल में संचार माध्यमों के रूप में भाषा, लिपि और वैयक्तिक प्रचार माध्यमों का उपयोग प्रारंभ हो चुका था। इस काल में समाचार और सूचनाओं के संप्रेषण का स्वरूप परस्पर संपर्क के रूप में था। कालांतर में इन्हीं माध्यमों का विकास हुआ और पुराणों की रचना, शिलालेख एवं व्यक्तिगत संपर्क आदि संचार का प्रमुख माध्यम बने। यदि प्राचीनकाल में संचार के उद्देश्यों पर भी चर्चा की जाए तो यह निष्कर्ष सामने आता है कि इस काल में संचार माध्यमों का उपयोग मुख्य रूप से परस्पर संपर्क, धर्म प्रचार एवं राजकीय व्यवस्था के संचालन में

सुविधा की दृष्टि से किया जाता था और यही इनका मुख्य उद्देश्य भी था।

3. स्वतंत्रता के पूर्व संवादों का प्रेषण—भारत में भारतेंदु युग से ही पत्रकारिता का उद्भव माना जाता है। इस काल में पत्रकारिता साहित्य सेवा के एक माध्यम के रूप में थी। कालांतर में ईस्ट इंडिया कंपनी के भारत आगमन एवं उसके प्रभुत्व के कारण भारत गुलामी की आगोश में आ गया। भारत देश लगभग 200 वर्षों तक अंग्रेजों की गुलामी की बेढ़ियों में जकड़ा रहा। स्वतंत्रता के पूर्व भारत में प्रिंट मीडिया ही संवादों के प्रेषण का एक महत्त्वपूर्ण माध्यम था। इसके पूर्व सन् 1780 में जेम्स ऑगस्टन हिकी ने 'बंगाल गजेट' का प्रकाशन कर पत्रकारिता को नई दिशा प्रदान की थी। सन् 1814 ई. में प्रथम भारतीय समाचार-पत्र के रूप में 'बंगाल गजट' का प्रकाशन प्रारंभ हुआ एवं सन् 1826 तक लगभग छह भाषाओं में समाचार-पत्रों का प्रकाशन प्रारंभ हो गया था। इनमें प्रथम हिंदी पत्र 'उदंत मार्तंड' भी शामिल हैं। कालांतर में सन् 1845 में उत्तर प्रदेश से प्रथम साप्ताहिक हिंदी पत्र 'बनारस' अखबार प्रकाशित हुआ। इसके साथ ही संपूर्ण देश में पत्रकारिता के विस्तार को नया आयाम मिला। सन् 1887 तक भाषा के आधार पर 54 उर्दू, 11 हिंदी, 4 उर्दू-हिंदी, 2 उर्दू-अंग्रेजी एवं अन्य समाचार-पत्रों को मिलाकर लगभग 77 पत्र प्रकाशित किए जाने लगे थे।

19वीं शताब्दी के आरंभ में भारत में 'बंगाल हरकम', 'मार्निंग पोस्ट' एवं 'इंडिया गजट' आदि का प्रकाशन आरंभ हुआ। इसके अलावा कई अन्य समाचार-पत्र भी इस काल में प्रकाशित हुए। स्वतंत्रता के पूर्व भी भारत में अनेक समाचार-पत्र और पत्रिकाओं का निर्बाध रूप से प्रकाशन होता रहा है। इस काल की विशेषता यह थी कि इस काल में साप्ताहिक एवं मासिक समाचार-पत्रों का प्रकाशन सर्वाधिक हुआ। साथ ही अनेक पत्रिकाएँ भी अस्तित्व में आना प्रारंभ हुईं।

स्वतंत्रता के पूर्व समाचार-पत्र और पत्रिकाओं का प्रकाशन एक अत्यंत कठिन कार्य था, क्योंकि अंग्रेजी शासकों द्वारा समाचार माध्यमों के विरुद्ध दमनकारी नीतियों का उपयोग कर उनकी स्वतंत्रता और निष्पक्षता को कुचलने का प्रयास किया जाता था, फिर भी अनेक समाचार-पत्र एवं पत्रिकाओं का प्रकाशन इसी काल में हुआ।

इलेक्ट्रॉनिक मीडिया के रूप में रेडियो माध्यम 19वीं शताब्दी के तीसरे दशक में भारत आया। 1 जनवरी, 1936 में दिल्ली से रेडियो पर व्यवस्थित प्रसारण प्रारंभ हुआ। 15 अगस्त, 1947 को भारत आजाद हुआ और आजादी के साथ ही पत्रकारिता के एक नए युग की शुरुआत हुई।

4. स्वतंत्रता के उपरांत संवादों का प्रेषण—15 अगस्त, 1947 को देश आजाद हुआ। आजादी के साथ ही समाचार माध्यमों पर अंग्रेज शासकों द्वारा लगाए

गए प्रतिबंध भी शिथिल हो गए। इसके कारण स्वतंत्रता के पश्चात् संचार माध्यमों को अपने विकास के नए अवसर प्राप्त हुए।

आजादी के उपरांत भारतीय संविधान का भी निर्माण किया गया तथा संविधान के माध्यम से भारत में लोक कल्याणकारी राज्य की अवधारणा को अंगीकार करते हुए लोकतंत्र की स्थापना की गई। लोकतंत्र की स्थापना के पश्चात् इसे वास्तविक जामा पहनाने के उद्देश्य से संविधान में नागरिकों को विभिन्न मौलिक अधिकारों से नवाजा गया तथा नागरिकों के इन्हीं मूल अधिकारों की रक्षा का दायित्व अप्रत्यक्ष रूप से प्रेस को सौंपा गया। प्रेस स्वतंत्र और निष्पक्ष रूप से देश व जनसेवा के अपने इन उद्देश्यों का भली-भाँति निर्वहन कर सके, इसलिए भारत में स्वतंत्र एवं निष्पक्ष प्रेस को प्रजातंत्र की रीढ़ कहा गया।

स्वतंत्रता के उपरांत समाचार माध्यमों के रूप में अनेक समाचार-पत्रों, पत्रिकाओं आदि का भी प्रकाशन आरंभ हुआ। आजादी के संघर्षकाल में भी कुछ समाचार-पत्र अस्तित्व में थे। आजादी के कुछ वर्षों उपरांत देश में तकनीकी क्रांति का सूत्रपात हुआ, जिससे इलेक्ट्रॉनिक मीडिया का तेजी से प्रचार-प्रसार बढ़ा एवं दूरदर्शन का भी तेजी से विस्तार हुआ। इलेक्ट्रॉनिक मीडिया के रूप में रेडियो और दूरदर्शन, दोनों माध्यम प्रारंभ से ही पूर्ण रूप से सरकारी नियंत्रण में रहे हैं, परंतु प्रिंट मीडिया पर शासकीय नियंत्रण अपेक्षाकृत कुछ कम ही रहा है।

आजादी के पश्चात् देश में तकनीकी विकास के बढ़ते चरणों के कारण प्रिंट मीडिया के क्षेत्र में नवीन तकनीकों का उपयोग बढ़ा एवं इलेक्ट्रॉनिक मीडिया के रूप में टी.वी. पर कई नए चैनल अस्तित्व में आए। तकनीकी विकास के परिणामस्वरूप संचार माध्यमों के उद्देश्यों एवं कार्यक्षेत्र में अत्यधिक वृद्धि हुई। अर्थात् स्वतंत्रता के उपरांत संचार माध्यमों के रूप में प्रिंट मीडिया एवं इलेक्ट्रॉनिक मीडिया के विकास ने संचार को सुलभ व व्यापक बनाया। साथ ही पत्रकारिता ने देश एवं जनसेवा के उद्देश्यों व दायित्वों को निभाने में भी अत्यधिक वृद्धि की। इलेक्ट्रॉनिक मीडिया का भारत में विकास बीसवीं शताब्दी की एक अद्भुत देन है। भारत में इलेक्ट्रॉनिक मीडिया का विकास विभिन्न चरणों में निरंतर हुआ है।

न्यू मीडिया—परंपरागत प्रिंट मीडिया, टी.वी. व रेडियो जिसे 'मीडिया' के नाम से जाना जाता है, वैसे ही ब्लॉग्स, वेब साइट्स और सोशल वेब साइट्स को 'न्यू मीडिया' के नाम से जाना जाता है। हालाँकि 'न्यू मीडिया' पारंपरिक मीडिया की तरह संगठित नहीं है, फिर भी 'न्यू मीडिया' ने हाल ही में विश्व में हुए बड़े-बड़े आंदोलनों में प्रमुख भूमिका निभाकर अपनी महत्त्वपूर्ण उपस्थिति दर्ज कराई है। न्यू मीडिया की

सबसे बड़ी खासियत यह है कि इसका हर उपभोगकर्ता स्वयं एक पत्रकार है, संपादक है तथा प्रकाशक भी है। इसमें दी गई सूचना एक क्लिक में ही पूरे विश्व में पहुँच जाती है। 'न्यू मीडिया' के किसी भी तरह के बंधन से मुक्त होने, त्वरित गति होने एवं वैश्विक पहुँच होने जैसी विशेषताओं के कारण आनेवाले समय में इसकी उपयोगिता व महत्त्व बढ़ना तय है।

भारत में इलेक्ट्रॉनिक मीडिया का विकास—भारत में इलेक्ट्रॉनिक मीडिया के अस्तित्व ने आजादी के उपरांत आकार लेना आरंभ किया। इलेक्ट्रॉनिक मीडिया के रूप में भारत में दूरदर्शन और रेडियो ही संचार के प्रमुख माध्यम हैं। इलेक्ट्रॉनिक मीडिया के विकासक्रम में रेडियो का विकास दूरदर्शन के आगमन के काफी समय पूर्व ही हो चुका था। इसके विपरीत दूरदर्शन का विकास विगत कुछ वर्षों में अत्यधिक तेजी से हुआ है। रेडियो और दूरदर्शन जैसे संचार के दोनों प्रमुख माध्यमों के विकासक्रम को इस प्रकार देखा जा सकता है—

भारत में रेडियो का विकास—भारतीय रेडियो का इतिहास 1921 से प्रारंभ माना गया है। 23 जुलाई, 1927 में 'इंडियन ब्रॉडकास्टिंग कंपनी' की स्थापना के पश्चात् बंबई में प्रथम प्रसारण सेवा प्रारंभ हुई थी। 1930 में भारत सरकार ने प्रसारण सेवा का अधिग्रहण कर लिया। इसके उपरांत सन् 1936 में पहला प्रसारण केंद्र दिल्ली में स्थापित हुआ। बाद में इसे ही 'ऑल इंडिया रेडियो' के रूप में पहचाना जाने लगा। कालांतर में 1957 में रेडियो के लिए आकाशवाणी शब्द का प्रयोग किया जाने लगा। इसी सन् में 'विविध भारती' सेवा प्रारंभ हुई। वर्तमान में भारत में लगभग 165 एफ.एम. केंद्र हैं। अपनी स्थापना से वर्तमान तक रेडियो माध्यम समाचार और सूचनाओं के संप्रेषण का एक प्रमुख माध्यम बना हुआ है।

भारत में दूरदर्शन का विकास—दूरदर्शन वर्तमान में संवादों के प्रेषण का सबसे लोकप्रिय माध्यम है। ग्रीक एवं लैटिन भाषा के संयुक्त शब्द से बने टेलीविजन को भारत में दूरदर्शन कहा जाता है। भारत में सन् 1958 में संयुक्त राज्य अमरीका की सरकार तथा फिलिप्स की सहायता से एक लघु दूरदर्शन केंद्र की स्थापना की गई, जिसका उद्घाटन 15 सितंबर, 1959 को किया गया था। सन् 1965 में दूरदर्शन के द्वारा एक घंटे की दैनिक सेवा प्रारंभ की गई। कालांतर में अमरीका की अंतरिक्ष अनुसंधान संस्था 'नासा' के साथ भारतीय परमाणु ऊर्जा विभाग के समझौते के आधार पर एस.टी.एस.-6 की सुविधा प्राप्त हुई।

सन् 1975 में सेटैलाइट्स इंस्ट्रेशनल टेलीविजन एक्सपेरीमेंट (साइट) के प्रारंभ होने से भारत अंतरिक्ष युग से संबद्ध हो गया। इस सुविधा के प्रारंभ हो जाने के पश्चात्

भारत ने उपग्रह की सहायता से अपने छह राज्यों, क्रमशः आंध्र प्रदेश, उड़ीसा, उत्तर प्रदेश, गुजरात, बिहार और महाराष्ट्र के 2400 गाँवों में दूरदर्शन की सेवा प्रारंभ की। इलेक्ट्रॉनिक मीडिया के विषय में सन् 1964 में एक चंदा समिति का गठन किया गया और इसी समिति की सिफारिश पर सन् 1976 को दूरदर्शन तथा आकाशवाणी को परस्पर पृथक् कर दिया गया।

आजादी के उपरांत कुछ ही वर्षों में अंतरिक्ष के क्षेत्र में भारत ने अनेक उपलब्धियाँ प्राप्त करते हुए जून 1981 को 'एप्पल' छोड़ा। इसी क्रम में 'इनसेट-1(ए)' का प्रक्षेपण सन् 1982 में किया गया। सन् 1982 में दूरदर्शन का अत्यधिक विस्तार हुआ तथा श्वेत व श्याम टेलीविजन के स्थान पर रंगीन टेलीविजन का प्रवेश हुआ। संचार के क्षेत्र में भारत के उल्लेखनीय उपलब्धियों के क्रम में ही सन् 1983 में 'इनसेट-1(बी)' का सफल प्रक्षेपण किया गया। संचार के क्षेत्र में अर्जित इन्हीं उपलब्धियों के परिणामस्वरूप वर्ष 2001 तक देश में 834 प्रसार केंद्र स्थापित हो चुके थे तथा दूरदर्शन के 19 चैनलों द्वारा नागरिकों के लिए प्रसारण की सुविधा प्रारंभ हो गई थी। वर्तमान में दूरदर्शन का सभी क्षेत्रों में विस्तार हो चुका है। अतः लगभग संपूर्ण भारत में ही दूरदर्शन की सुविधा प्रारंभ हो चुकी है। संवादों के संप्रेषण के रूप में वर्तमान में यह माध्यम ही सर्वाधिक लोकप्रिय बना हुआ है।

न्यू मीडिया—परंपरागत प्रिंट मीडिया, टी.वी. व रेडियो, जिसे 'मीडिया' के नाम से जाना जाता है, वैसे ही ब्लॉग्स, वेब साइट्स और सोशल वेब साइट्स को 'न्यू मीडिया' के नाम से जाना जाता है। हालाँकि 'न्यू मीडिया' पारंपरिक मीडिया की तरह संगठित नहीं है, फिर भी 'न्यू मीडिया' ने हाल ही में विश्व में हुए बड़े-बड़े आंदोलनों में प्रमुख भूमिका निभाकर अपनी महत्त्वपूर्ण उपस्थिति दर्ज कराई है। न्यू मीडिया की सबसे बड़ी खासियत यह है कि इसका हर उपभोगकर्ता स्वयं एक पत्रकार है, संपादक है तथा प्रकाशक भी है। इसमें दी गई सूचना एक क्लिक में ही पूरे विश्व में पहुँच जाती है। 'न्यू मीडिया' के किसी भी तरह के बंधन से मुक्त होने, त्वरित गति होने एवं वैश्विक पहुँच होने जैसी विशेषताओं के चलते आनेवाले समय में इसकी उपयोगिता व महत्त्व बढ़ना तय है।

वर्तमान में पत्रकारिता निरंतर विकास के पथ पर अग्रसर है। भारत में जनसंपर्क माध्यमों के विकास के विभिन्न अनछूए चरणों को संक्षेप में इस प्रकार क्रमबद्ध किया जा सकता है—

- 5000 से 1000 ई. पूर्व मानव ने गुफा में रहते हुए संवादों का प्रेषण, चित्राकारी या अस्पष्ट भाषा के माध्यम से प्रारंभ किया।

- पाषाणकाल, मध्य पाषाणकाल एवं नव पाषाणकाल में मानव ने जनसंपर्क के कार्यक्षेत्र का विस्तार किया तथा जनसंपर्क के विभिन्न माध्यम विकसित किए।
- कालांतर में जनआवश्यकताओं के परिणामस्वरूप नगर सभ्यता का विकास हुआ।
- 4500 वर्ष पूर्व मोहनजोदड़ों और हड़प्पा में मानव सभ्यता एवं विकसित जनसंपर्क का विकास हुआ।
- वैदिक युग में आर्यों द्वारा वैदिक ऋचाओं के मौखिक संचार द्वारा जनसंपर्क का विस्तार किया गया।
- 600 ई. में गणराज्यों का उदय हुआ। इन राज्यों में ढोल, मुनादी या व्यक्तिगत संपर्क के रूप में जनसंपर्क अत्यधिक विकसित हुआ।
- मौर्य साम्राज्य में धर्म प्रचार के रूप में जनसंपर्क का कार्यक्षेत्र बढ़ा एवं लिपी पर आधारित शिलालेखों का उपयोग किया जाने लगा।
- संचार माध्यमों का सबसे विकसित स्वरूप 1776 में दिखाई दिया। सन् 1780 में जेम्स ऑगस्टन हिकी ने 'बंगाल गजट' का प्रकाशन प्रारंभ किया। सन् 1780 में ही 'इंडिया गजट' भी प्रारंभ हुआ।
- सन् 1799 में प्रेस से संबंधित विभिन्न नियमों का निर्माण किया गया। इस काल में विभिन्न प्रकाशन प्रारंभ हुए।
- सन् 1814 में गंगाधर भट्टाचार्य द्वारा भारतीय समाचार-पत्र 'बंगाल गजट' का प्रकाशन प्रारंभ किया गया।
- सन् 1824 से 1826 में 6 भाषायी समाचार-पत्रों का प्रकाशन किया जाने लगा था।
- सन् 1836 में कुछ सूचनाएँ प्रेस को उपलब्ध कराई जाने लगी।
- सन् 1878 में 'वर्नाकूलर प्रेस ऐक्ट' अस्तित्व में आया।
- 19 वीं शताब्दी में 'सेंन्ट्रल पब्लिसिटी बोर्ड' की स्थापना की गई।
- सन् 1938 में सूचना अधिकारियों की नियुक्ति का चलन बढ़ा।
- सन् 1941 में समाचारों के संप्रेषण हेतु व्यवस्थित प्रेस वार्त्ताओं का आयोजन किया जाने लगा।
- सन् 1947 को देश की आजादी के उपरांत समाचार माध्यमों के विकास को नई दिशा मिली।
- आजादी के उपरांत समाचार-पत्रों का बड़े पैमाने पर प्रकाशन होना प्रारंभ हो गया।

- Ṭ आजादी के कुछ वर्षों पश्चात् समाचार माध्यमों के रूप में इलेक्ट्रॉनिक मीडिया का प्रवेश बढ़ा।

न्यू मीडिया—परंपरागत प्रिंट मीडिया, टी.वी. व रेडियो, जिसे 'मीडिया' के नाम से जाना जाता है, वैसे ही ब्लॉग्स, वेब साइट्स और सोशल वेब साइट्स को 'न्यू मीडिया' के नाम से जाना जाता है, हालाँकि 'न्यू मीडिया' पारंपरिक मीडिया की तरह संगठित नहीं है, फिर भी 'न्यू मीडिया' ने हाल ही में विश्व में हुए बड़े-बड़े आंदोलनों में प्रमुख भूमिका निभाकर अपनी महत्त्वपूर्ण उपस्थिति दर्ज कराई है। न्यू मीडिया की सबसे बड़ी खासियत यह है कि इसका हर उपभोगकर्ता स्वयं एक पत्रकार है, संपादक है, तथा प्रकाशक भी है। इसमें दी गई सूचना एक क्लिक में ही पूरे विश्व में पहुँच जाती है। 'न्यू मीडिया' के किसी भी तरह के बंधन से मुक्त होने, त्वरित गति होने एवं वैश्विक पहुँच होने जैसी विशेषताओं के चलते आनेवाले समय में इसकी उपयोगिता व महत्त्व बढ़ना तय है।

- Ṭ वर्तमान में पत्रकारिता अपने सबसे उन्नत स्वरूप में दृष्टिगोचर हो रही है।
- Ṭ वर्तमान में उन्नत तकनीक पर आधारित प्रिंट मीडिया, इलेक्ट्रॉनिक मीडिया एवं न्यू मीडिया के रूप में पत्रकारिता अपने सबसे विस्तृत स्वरूप में दृष्टिगोचर हो रही है।

पत्रकारिता के विकास के इन चरणों का विभिन्न कालों के आधार पर किया गया विश्लेषण यह स्पष्ट करता है कि पत्रकारिता वर्तमान की कोई नई अवधारणा नहीं है, बल्कि इसका अस्तित्व युगों-युगों से विद्यमान है। पत्रकारिता की इस अवधारणा की यदि विभिन्न कालों के आधार पर तुलनात्मक समीक्षा की जाए तो यह निष्कर्ष निकाला जा सकता है कि विभिन्न कालों में पत्रकारिता का स्वरूप निरंतर विकसित होता गया एवं संवादों के प्रेषण के माध्यमों का भी निरंतर विस्तार होता गया। वास्तव में पत्रकारिता का जो वर्तमान निखरा स्वरूप दृष्टिगोचर हो रहा है, उसके विकास का अपना एक इतिहास है, जो विभिन्न कालों में परिवर्तित होता रहा है। पत्रकारिता का वर्तमान विस्तृत, उन्नत एवं विकसित स्वरूप इसी विकास यात्रा का एक चरम उत्कर्ष है।

समाचार और सूचनाओं के संप्रेषण में सहायक विभिन्न संचार माध्यमों को निम्न तालिका द्वारा प्रदर्शित किया जा सकता है—

संचार माध्यम

क्रमांक	प्रिंट मीडिया	इलेक्ट्रॉनिक मीडिया
1.	समाचार–पत्रा	टेलीविजन
2.	समाचार–पत्रिका	रेडियो
3.	समाचार बुलेटिन	फोन, मोबाइल, पेजर, फैक्स टेलीपिंटर, इंटरनेट, इ–मेल

इसके अलावा व्यक्तिगत संपर्क, वार्त्ता, गोष्ठी, आमसभा, मुनादी, पेजर, पोस्टर, बैनर, होर्डिंग व विज्ञापन के अन्य साधन भी समाचार और सूचनाओं के प्रचार–प्रसार में महत्त्वपूर्ण होते हैं। इन्हें भी संचार माध्यमों के रूप में शामिल किया जा सकता है।

□

3

संचार माध्यम और तकनीकी विकास

मानव जो कुछ भी विशेष देखता या सुनता है, उसे वह अन्य व्यक्तियों को बताना चाहता है। साथ ही वह सबकी बातों को भी जानना चाहता है। यह एक सहज मानवीय प्रवृत्ति है। मानव की इसी सहज प्रवृत्ति ने संचार माध्यमों को जन्म दिया और उनका विकास किया। ॐ स्वर सृष्टि के आरंभ से ही उत्पन्न माना गया है, जबकि वर्तमान युग तकनीकी क्रांति का युग है। अर्थात् प्रारंभ से वर्तमान तक संचार मानव के लिए अनिवार्य रहा है। यही कारण है कि बच्चे अस्पष्ट भाषा या क्रंदन द्वारा वयस्क उच्चारित भाषा द्वारा, मूक-बधिर संकेतों द्वारा एवं नेत्रहीन ब्रेल भाषा द्वारा संवादों का परस्पर आदान-प्रदान करते हैं।

विगत कुछ वर्षों में तकनीकी क्रांति के फलस्वरूप मानव जीवन के विविध क्षेत्रों में उन्नत तकनीक का समावेश हुआ है। तकनीकी क्रांति ने पत्रकारिता के क्षेत्र को भी अत्यधिक प्रभावित किया है। पत्रकारिता के क्षेत्र में तकनीकी क्रांति के पश्चात् नवीनतम तकनीकों का उपयोग अत्यधिक बढ़ा है, जिससे पत्रकारिता ने नवीन आयामों को स्पर्श करना प्रारंभ कर दिया है।

पत्रकारिता के क्षेत्र में आए तकनीकी परिवर्तनों का गहराई में जाकर अध्ययन करने पर यह आभास होता है कि आधुनिक तकनीक के उपयोग ने प्रिंट मीडिया एवं इलेक्ट्रॉनिक मीडिया, दोनों के क्षेत्र में ही अनेक अद्भुत परिवर्तनों को जन्म दिया है। यदि मीडिया के क्षेत्र से चर्चा का प्रारंभ करें तो यह कहना उचित होगा कि आधुनिकतम तकनीक ने प्रिंट मीडिया के क्षेत्र में, मुख्य रूप से प्रकाशन तकनीक पर सर्वाधिक प्रभाव डाला है, जिसके कारण वर्तमान में प्रकाशन तकनीक पहले की अपेक्षा अधिक सरल और सुगम हुई है। यही कारण है कि वर्तमान में प्रिंट मीडिया शनैः-शनैः इसी नवीनतम

तकनीक पर आधारित होती जा रही है।

आजादी के दौरान पत्रकारिता का अस्तित्व अत्यंत दमित रूप में था। इस विषय में यह कहना अतिश्योक्तिपूर्ण नहीं होगा कि वह काल पत्रकारिता का तकनीकी दृष्टि से शैशवकाल था। इस काल में प्रकाशन के क्षेत्र में नवीनतम तकनीक का प्रवेश नहीं हुआ था। अत: मुद्रण के लिए पुरानी तकनीक पर ही निर्भर होना होता था। प्रकाशन की यह पुरानी तकनीक अत्यधिक श्रम व समय लेने वाली थी।

वर्तमान संदर्भों में यदि संवाद माध्यमों के अस्तित्व, उनके विकास एवं संप्रेषण की तकनीक का सूक्ष्मता से अध्ययन करें तो यह स्वत: ही स्पष्ट हो जाएगा कि संवादों का प्रेषण कोई नई कला नहीं है, बल्कि संवादों के प्रेषण का कार्य महर्षि नारद बखूबी किया करते थे।

भारत में मुद्रण कला सन् 1556 ई. में अस्तित्व में आई थी। सर्वप्रथम गोवा में पुर्तगाली छपाई मशीन लेकर आए थे। कालांतर में इस तकनीक का उपयोग धीरे-धीरे बढ़ता गया। अर्थात् भारत में आजादी के काफी वर्षों पूर्व से ही मुद्रण कला का उपयोग प्रकाशन की दृष्टि से किया जाने लगा था। आजादी के उपरांत प्रिंट मीडिया और इलेक्ट्रॉनिक मीडिया के क्षेत्र में नवीनतम तकनीक का प्रवेश होने से इन दोनों माध्यमों के विकास और विस्तार को नई गति मिली। वर्तमान में पत्रकारिता का कार्यक्षेत्र अत्यधिक विस्तृत हो चुका है। वर्तमान में संचार माध्यम आधुनिकता तकनीक पर आधारित हो चुके हैं। वर्तमान में तकनीकी विकास के कारण समाचार माध्यम अत्यंत उन्नत और विकसित स्वरूप धारण कर चुके हैं। संचार माध्यमों के तकनीकी विकास के विभिन्न चरणों का व्यवस्थित अध्ययन करने के लिए आवश्यक है कि संवाद माध्यमों में प्रयुक्त तकनीक का समयानुसार क्रमबद्ध अध्ययन किया जाए, तभी पत्रकारिता के वर्तमान स्वरूप में आए परिवर्तनों को भली-भाँति समझा जा सकेगा।

यदि प्रकाशन तकनीक के नए स्वरूप का पुराने स्वरूप से तुलनात्मक अध्ययन करें तो स्पष्ट होगा कि प्रकाशन की पुरानी तकनीक की अपेक्षा नवीनतम प्रकाशन तकनीक अत्यधिक उन्नत और आसान है। इस नवीनतम प्रकाशन तकनीक को अस्तित्व में आए अधिक समय नहीं हुआ है। अभी कुछ ही वर्षों पूर्व प्रकाशन के लिए पुरानी तकनीक पर आधारित छपाई मशीन का ही उपयोग किया जाता था। छपाई मशीन द्वारा प्रकाशन की तकनीक अत्यधिक जटिल तो नहीं थी, परंतु फिर भी इसकी कुछ कमियाँ अवश्य थीं। प्रकाशन की नवीन एवं पुरानी तकनीक की तुलना करने के लिए आवश्यक है कि इन दोनों तकनीकों की कार्यप्रणाली पर संक्षिप्त चर्चा की जाए—

1. **पुरानी प्रकाशन तकनीक**—जैसाकि पूर्व में ही स्पष्ट किया जा चुका है कि छपाई मशीन का प्रकाशन की दृष्टि से उपयोग तकनीकी विकास के एक चरण के रूप

में प्रारंभ हुआ। इस प्रकार की तकनीक में समाचार-पत्रा, पत्रिका एवं अन्य प्रकाशन के लिए प्रिंटिंग मशीन का उपयोग किया जाता है। इसे ही मशीन या ट्रेडल मशीन कहा जाता है। भारत में मुद्रण की छपाई मशीन सर्वप्रथम गोवा में पुर्तगाली लेकर आए थे। इसके पश्चात् इस प्रणाली का तेजी से विस्तार हुआ।

इस प्रकार की प्रकाशन तकनीक में धातु के बने अक्षर होते हैं। प्रकाशन के लिए इन अक्षरों को प्रकाशन सामग्री के अनुसार जमाया जाता है एवं इस प्रकार तैयार की गई सामग्री को एक फ्रेम में कस दिया जाता है। इसके पश्चात् इस फ्रेम को छपाई मशीन पर लगाकर प्रिंटिंग की जाती है। अर्थात् इस प्रणाली में अक्षरों को चुनकर क्रमबद्ध रूप से जमाना होता है। इस प्रकार की प्रणाली में पृष्ठों के प्रिंट भी एक-एक करके निरंतर लिये जाते हैं, अतः प्रकाशन की यह तकनीक अत्यधिक श्रम एवं समय लेनेवाली प्रणाली है। इसके अलावा इस तकनीक द्वारा प्रकाशन सामग्री को उपलब्ध डिजाइनों व आकार के अक्षरों द्वारा संयोजित करना संभव हो पाता है।

इस प्रकाशन तकनीक में फोटो या चित्रों के प्रकाशन की क्रिया भी अत्यधिक जटिल है। फोटो व चित्रों के प्रकाशन के लिए ब्लॉक मेकर्स के द्वारा फोटो के ब्लॉक बनवाने पड़ते हैं, जो अपने आप में महँगा एवं समय लेनेवाला कार्य है। प्रकाशन की इस तकनीक में यह भी खामी है कि इसमें निर्धारित आकार के पृष्ठों का ही प्रकाशन करना संभव है तथा इस प्रणाली में सामग्री के प्रकाशन के उपरांत प्रयुक्त अक्षरों को पुनः उसके निर्धारित स्थान में जमाना भी होता है। प्रिंटिंग मशीन की गति भी अत्यंत धीमी होती है। अतः बड़ी मात्रा में सामग्री प्रकाशित करने में इस प्रणाली में अधिक समय लगता है। रंगीन प्रिंटिंग हेतु इस तकनीक में बार-बार अक्षरों को साफ कर अलग-अलग रंग लगाकर प्रिंटिंग करना होता है। अब यह तकनीक बंद हो गई है।

2. वर्तमान प्रकाशन तकनीक—वर्तमान में प्रिंट मीडिया के क्षेत्र में प्रकाशन का कार्य ऑफसेट मशीन द्वारा किया जाने लगा है। इस प्रकाशन की तकनीकी में प्रकाशित की जानेवाली सामग्री को पहले चरण के रूप में विभिन्न डिजाइनों व आकार में कंप्यूटर के माध्यम से आसानी से संयोजित किया जाता है। इसके अलावा स्केनर नामक उपकरण की सहायता से विभिन्न चित्रों या फोटो आदि को कंप्यूटर में उतारकर सरलता से उनका प्रकाशन में उपयोग किया जा सकता है। इस प्रकार तकनीक के अगले चरण में कंप्यूट द्वारा मनचाहे ढंग से संयोजित की गई सामग्री को प्रिंटर की सहायता से प्रिंट निकाल लिये जाते हैं। अब प्राप्त प्रिंट की पेस्टिंग कर ली जाती है। प्रकाशन मीडिया के अंतिम चरण में प्राप्त पेस्टिंग की प्लेट बना ली जाती है एवं इसी प्लेट का उपयोग ऑफसेट मशीन पर कर सामग्री का प्रकाशन किया जाता है।

ऑफसेट मशीन द्वारा विभिन्न आकार में तथा बड़े पैमाने पर प्रिंटिंग का कार्य

सरलता से किया जा सकता है। वर्तमान में प्रकाशन के पश्चात् प्रकाशन सामग्री को व्यवस्थित क्रम में जमा देनेवाली ऑफसेट मशीनें भी चलन में हैं। इस प्रकार देखा जाए तो ऑफसेट मशीन द्वारा प्रिंटिंग की प्रक्रिया अत्यंत सरल व कम समय लेनेवाली है। इसके अलावा रंगीन छपाई में भी यह तकनीक अत्यंत उपयोगी है।

वर्तमान में संचार माध्यम में सहायक अन्य सेवाएँ—

1. दूरभाष (टेलीफोन)—टेलीफोन भी संवादों के प्रेषण का ही एक सरल, सुलभ व व्यापक माध्यम है। इस माध्यम का उपयोग भी स्थानीय या दूरस्थ क्षेत्रों में समाचार और सूचनाओं की प्राप्ति या प्रेषण में किया जाता है। संचार का यह माध्यम मात्र वाक् कला पर आधारित है। अत: इसके माध्यम से सूचनाओं को मात्र सुनकर प्राप्त किया जा सकता है। टेलीफोन माध्यम के द्वारा ही इंटरनेट जैसी सेवाओं के संचालन में भी मदद प्राप्त होती है। वर्तमान में संचार की क्रांति के परिणामस्वरूप मोबाइल फोन भी तेजी से लोकप्रिय होते जा रहे हैं। मोबाइल के माध्यम से जहाँ चलित रूप में भी परस्पर संपर्क स्थापित किया जा सकता है, वहीं इसके माध्यम से इंटरनेट या टी.वी. से जुड़कर देश-विदेश के समाचारों की प्राप्ति भी की जा सकती है।

2. पेजर—पेजर भी समाचार और सूचनाओं के प्रेषण का एक प्रमुख माध्यम है। वर्तमान में मोबाइल फोन के चलन में आ जाने के कारण इस माध्यम का उपयोग अत्यंत कम हो गया है। इस माध्यम के द्वारा व्यक्ति पेजर से लिखित रूप में अन्य व्यक्ति के पेजर पर संदेश प्रेषित कर सकता है या प्राप्त कर सकता है।

3. न्यूज एजेंसियाँ—वर्तमान में समाचार या न्यूज एजेंसियों का भी प्रचलन तेजी से बढ़ रहा है। यह न्यूज एजेंसियाँ शुल्क लेकर समाचार माध्यमों को विभिन्न प्रकार के समाचार और सूचनाएँ उपलब्ध कराती हैं। इन एजेंसियों के माध्यम से समाचार माध्यमों को समाचार, लेख, कहानी, कविता, कार्टून, व्यंग्य एवं अन्य विभिन्न विषयों पर आधारित त्वरित जानकारियाँ उपलब्ध होती हैं।

वर्तमान में निम्न प्रमुख समाचार समितियाँ कार्यरत हैं—

1. प्रेस ट्रस्ट ऑफ इंडिया
2. यूनाइटेड न्यूज ऑफ इंडिया
3. हिंदुस्तान समाचार
4. यूनीवर्त्ता
5. समाचार भारती
6. नेशनल न्यूज सर्विस

4. फैक्स व टेलीप्रिंटर—फैक्स व टेलीप्रिंटर भी समाचार एवं सूचनाओं के

संप्रेषण के लोकप्रिय माध्यम हैं। इस माध्यम के द्वारा प्रिंट रूप में समाचार और विभिन्न सूचनाओं का संप्रेषण किया जा सकता है। समाचार और सूचनाओं के त्वरित संप्रेषण में यह माध्यम अत्यंत सहायक है। शासकीय समाचारों और सूचनाओं के संप्रेषण में टेलीप्रिंटर प्रणाली का उपयोग सर्वाधिक होता है। इंटरनेट व इ-मेल सेवा के प्रारंभ हो जाने से इन माध्यमों का उपयोग कुछ सीमा तक कम अवश्य हुआ है, पर आज भी यह माध्यम समाचार और सूचनाओं के संप्रेषण में अहम भूमिका का निर्वाह कर रहा है।

5. इंटरनेट व इ-मेल सेवा—संवादों के अत्यधिक शीघ्रता से संप्रेषण के लिए वर्तमान में इंटरनेट व इ-मेल सेवा अत्यंत उपयोगी सिद्ध हो रही है। कंप्यूटर पर आधारित इन सेवाओं के माध्यम से न सिर्फ समाचारों व सूचनाओं का सचित्र प्रेषण किया जा सकता है, अपितु विभिन्न स्थानों व स्रोतों से समाचार सामग्री का संकलन भी किया जा सकता है। वर्तमान में अनेक संवाद एजेंसियाँ भी इंटरनेट के माध्यम से समाचार माध्यमों को समाचारों व सूचनाओं का प्रेषण कर रही हैं।

इलेक्ट्रॉनिक मीडिया और उन्नत तकनीक—वर्तमान में पत्रकारिता के क्षेत्र में इलेक्ट्रॉनिक मीडिया संवादों के सबसे सशक्त माध्यम के रूप में स्थापित हो चुका है। आजादी के पूर्व इन माध्यमों का समुचित विकास और विस्तार नहीं हुआ था, परंतु वर्तमान में ये माध्यम जनसामान्य की पहली पसंद बन चुके हैं। तकनीकी विकास के चरम दौर में ये माध्यम अत्यंत उन्नत तकनीक से सुसज्जित होकर संवादों के प्रेषण में महत्त्वपूर्ण भूमिका अदा कर रहे हैं।

इलेक्ट्रॉनिक मीडिया के रूप में रेडियो और टी.वी. संचार के प्रमुख माध्यम हैं। वर्तमान में रेडियो की अपेक्षा टी.वी. अधिक लोकप्रिय है। इसका प्रमुख कारण यह है कि रेडियो मात्रा श्रवण पर आधारित है, जबकि टी.वी. श्रवण और दृश्य दर्शन दोनों पर आधारित है।

रेडियो माध्यम—इलेक्ट्रॉनिक मीडिया के रूप में रेडियो काफी वर्षों पूर्व से ही अति लोकप्रिय व विस्तृत संचार का माध्यम रहा है। वर्तमान में तकनीकी विकास और अनारक्षित क्षेत्र में प्राप्त अनेक महत्त्वपूर्ण उपलब्धियों के कारण यह माध्यम अति विकसित स्वरूप ग्रहण कर चुका है। वर्तमान में देश के विभिन्न भागों में रेडियो स्टेशनों की स्थापना हो चुकी है, जिसके कारण देश के विभिन्न भागों से स्थानीय, क्षेत्रीय, प्रादेशिक व राष्ट्रीय प्रसारण की सुविधा उपलब्ध हो सकी है।

टी.वी. माध्यम—टी.वी. वर्तमान का सबसे विस्तृत व लोकप्रिय संवाद माध्यम बन गया है। दृश्य दर्शन व श्रवण पर आधारित संचार के इस अद्भुत माध्यम ने संचार प्रणाली को एक नई दिशा प्रदान की है। वर्तमान में टी.वी. पर आधारित विभिन्न चैनल वृहद् स्तर पर मनोरंजन के अलावा संवादों के प्रेषण का कार्य कर रहे हैं।

अर्थात् सार रूप में यह कहा जा सकता है कि संवादों का प्रेषण पौराणिककाल से वर्तमान तक अनवरत जारी है, परंतु समय के साथ-साथ तकनीकी खोजों और उपलब्धियों के कारण संवादों के प्रेषण के स्वरूप में निरंतर परिवर्तन आता जा रहा है। अतः संचार माध्यमों का वर्तमान स्वरूप अत्यंत उन्नत तकनीक पर आधारित होकर अति विकसित और विस्तृत हो चुका है। भविष्य में इस क्षेत्र में अनेक नई उपलब्धियों का भी समावेश होगा, जो इन माध्यमों को और उन्नत एवं विकसित स्वरूप प्रदान करने में सहायक होगा।

न्यू मीडिया—परंपरागत प्रिंट मीडिया, टी.वी. व रेडियो जिसे 'मीडिया' के नाम से जाना जाता है वैसे ही ब्लॉग्स्, वेब साइट्स और सोशल वेब साइट्स को 'न्यू मीडिया' के नाम से जाना जाता है। हालाँकि 'न्यू मीडिया' पारंपरिक मीडिया की तरह संगठित नहीं है, फिर भी 'न्यू मीडिया' ने हाल ही में विश्व में हुए बड़े-बड़े आंदोलनों में प्रमुख भूमिका निभाकर अपनी महत्त्वपूर्ण उपस्थिति दर्ज कराई है। न्यू मीडिया की सबसे बड़ी खासियत यह है कि इसका हर उपभोगकर्ता स्वयं एक पत्रकार है, संपादक है एवं प्रकाशक भी है। इसमें दी गई सूचना एक क्लिक में ही पूरे विश्व में पहुँच जाती है। 'न्यू मीडिया' का किसी भी तरह के बंधन से मुक्त होने, त्वरित गति होने व वैश्विक पहुँच होने जैसी विशेषताओं के चलते आनेवाले समय में इसकी उपयोगिता एवं महत्त्व बढ़ना तय है। □

4

पत्रकारिता का वर्तमान स्वरूप

प्रजातांत्रिक देश होने के नाते भारत में स्वतंत्र और निष्पक्ष प्रेस की अवधारणा को सर्वमत से स्वीकृत किया गया है। समाचार माध्यमों की स्वतंत्रता और निष्पक्षता को वास्तविक रूप देने के उद्देश्य से ही भारतीय संविधान में नागरिकों को मौलिक अधिकारों के रूप में विचार और अभिव्यक्ति की स्वतंत्रता को समावेशित किया गया है।

आजादी के उपरांत समाचार माध्यमों को मूल अधिकारों के रूप में अप्रत्यक्ष रूप से विचार और अभिव्यक्ति की स्वतंत्रता मिली, वहीं दूसरी ओर इन माध्यमों को शासन एवं जनता के मध्य संवादों का एक प्रमुख माध्यम मानकर देश व समाज के मार्गदर्शक के रूप में मान्य किया गया। यही कारण है कि भारत में स्वतंत्र और निष्पक्ष प्रेस प्रजातंत्र की नींव के रूप में आरूढ़ है।

टी.वी. चैनल, पत्रिकाएँ, समाचार-पत्र पत्रकारिता के एक प्रमुख अंग हैं, जो संवादों के प्रेषण में अपनी महती भूमिका का निर्वाह करते हैं। समाचार-पत्रों के प्रभावी स्वरूप के संबंध में अकबर इलाहावादी ने कहा था कि

"खींचो न कमान को, न तलवार निकालो।
जब तोप मुकाबिल है, तो अखबार निकालो॥"

अकबर इलाहाबादी का यह कथन समाचार माध्यमों की असीमित क्षमता को अत्यंत ही प्रभावशाली रूप में व्यक्त करता है।

भारत एक विकासशील देश है। अत: यहाँ अशिक्षा एवं निर्धनता एक अत्यंत बड़ी समस्या के रूप में विद्यमान है। शिक्षा के अभाव के कारण भारत में पर्याप्त जनमत का अभाव एवं अपने अधिकार व कर्तव्यों के प्रति अनभिज्ञता एक जटिल समस्या है। देश में व्याप्त अशिक्षा के कारण समाचार माध्यमों की जनसामान्य के अधिकारों के प्रति जिम्मेदारी और अधिक बढ़ जाती है, क्योंकि समाचार माध्यम ही जनअधिकारों के वास्तविक रक्षक होते हैं।

समाचार माध्यमों द्वारा संवादों का प्रेषण वर्तमान की कोई नवीन अवधारणा नहीं है, बल्कि इसका अस्तित्व पौराणिककाल से वर्तमान तक विद्यमान है। पौराणिककाल से अब तक पत्रकारिता के स्वरूप और उद्‌देश्यों में समयानुसार परिवर्तन होता है। पत्रकारिता का वर्तमान स्वरूप इन सभी कालों की तुलना में सर्वाधिक उन्नत, विकसित और विस्तृत है।

वर्तमान में तकनीकी क्रांति के परिणामस्वरूप संपूर्ण विश्व सिमट कर एक परिवार का रूप ले चुका है। अत: वैश्विक स्तर पर संचान के माध्यम से उन्नत तकनीकों का परस्पर आदान-प्रदान संभव हो सकता है। तकनीकों का यह परस्पर आदान-प्रदान ही विकास में सहायक होता है। भारत जैसे लोकतांत्रिक देश में तो समाचार माध्यमों की उपयोगिता और अधिक बढ़ जाती है, क्योंकि समाचार माध्यम जनमानस की आँख व कान होते हैं। अत: जनअभिव्यक्ति एवं जनमत के निर्माण का यह सबसे सशक्त माध्यम है।

आजादी के उपरांत तकनीकी क्रांति का सूत्रपात हुआ और संचार माध्यमों के विकास को नई दिशा मिली। अत: प्रिंट मीडिया के क्षेत्र में जहाँ अनेक नए समाचार-पत्र/पत्रिकाओं आदि का प्रचलन बढ़ा, वहीं इनके प्रकाशन के लिए नवीनतम तकनीकों का भी उपयोग किया जाने लगा। आजादी के कुछ वर्षों पश्चात् संवाद माध्यमों में सबसे बड़ा परिवर्तन इलेक्ट्रॉनिक मीडिया के प्रवेश के पश्चात् आया। इलेक्ट्रॉनिक मीडिया ने अपनी उन्नत कार्यप्रणाली के द्वारा संवादों के संप्रेषण को अत्यंत आसान व सर्वव्यापी बना दिया। इलेक्ट्रॉनिक मीडिया के रूप में रेडियो और अतिलोकप्रिय टी.वी. चैनल आज संवादों के प्रेषण के सर्वाधिक लोकप्रिय व सशक्त माध्यम बन गए हैं। कंप्यूटर, टेलीप्रिंटर, फैक्स एवं अन्य तकनीकी उपकरणों ने इन माध्यमों की कार्यप्रणाली को अतिविकसित बनाने में महत्त्वपूर्ण योगदान दिया है।

वर्तमान में पत्रकारिता के क्षेत्र में अनेक महत्त्वपूर्ण परिवर्तन दृष्टिगोचर हो रहे हैं, जैसे उन्नत तकनीक पर आधारित कार्यप्रणाली के कारण संवाद माध्यम अत्यधिक परिपूर्ण और विकसित हो चुके हैं। इससे इस माध्यम के स्वरूप एवं उद्‌देश्यों में आमूलचूल परिवर्तन आया है। आजादी के पूर्व पत्रकारिता एक मिशन थी। कालांतर में इसमें व्यावसायिकता का प्रवेश हो गया। वर्तमान में यही व्यावसायिकता एक व्यवसाय का रूप ले चुकी है। पत्रकारिता के स्वरूप और उद्‌देश्यों में व्यावसायिकता के समावेश के कारण वर्तमान में पत्रकारिता की गुणवत्ता एवं उसके उद्‌देश्यों पर प्रश्न-चिह्न लगाए जाने लगे है, परंतु फिर भी यह मान लेना कि वर्तमान में पत्रकारिता पूर्ण रूपेण व्यवसाय में परिवर्तित हो चुकी है, अनुचित ही होगा। इसका कारण यह है कि वर्तमान में भी पत्रकारिता संवादों के प्रेषण और समाजसेवा के विभिन्न उद्‌देश्यों में अपनी महती भूमिका का निर्वाह कर रही है।

वर्तमान में पत्रकारिता के क्षेत्र में कई नवीनतम परिवर्तन आए हैं। पत्रकारिता के क्षेत्र में आए इन नवीनतम परिवर्तनों पर आधारित पत्रकारिता के वर्तमान स्वरूप

का गहनता से अध्ययन करने के लिए यह आवश्यक है कि सर्वप्रथम उन तथ्यों का व्यवस्थित अध्ययन किया जाए, जो पत्रकारिता के उद्देश्यों एवं स्वरूप को प्रभावित व परिवर्तित कर रहे हैं, क्योंकि इन बातों का व्यवस्थित अध्ययन करके ही पत्रकारिता के वर्तमान स्वरूप को आसानी से समझा जा सकता है।

पत्रकारिता के स्वरूप को प्रभावित करनेवाले विभिन्न कारकों को इस प्रकार क्रमबद्ध किया जा सकता है।

1. पीत-पत्रकारिता एवं प्रभावी तत्त्व

सामान्य रूप से आदर्शविहीन पत्रकारिता को पीत-पत्रकारिता की श्रेणी में रखा जा सकता है। पीत-पत्रकारिता अवसर और लाभ पर आधारित होती है; अतः इस प्रकार की पत्रकारिता में शत-प्रतिशत सत्यता और निष्पक्षता की संभावना कम ही होती है। यही कारण है कि पीत-पत्रकारिता को उचित व आदर्श पत्रकारिता की श्रेणी में नहीं रखा जा सकता। पत्रकारिता के वर्तमान दौर में पीत-पत्रकारिता का स्पष्ट प्रभाव परिलक्षित होने लगा है। वर्तमान में अभी यह प्रभाव कुछ ही सीमा तक है, परंतु इसका प्रभाव निरंतर बढ़ता ही जा रहा है।

यदि वर्तमान संदर्भ में इस विषय की गहराई में जाएँ तो यह ज्ञात होगा कि पीत-पत्रकारिता पर आर्थिक एवं राजनैतिक कारकों का सर्वाधिक प्रभाव होता है। राजनीति का तो पीत-पत्रकारिता पर इतना अधिक प्रभाव है कि कई समाचार-पत्र तो पूर्ण रूप से विभिन्न राजनीतिक दलों से ही संबद्ध हो चुके हैं। अतः इन समाचार-पत्रों को संबंधित राजनीतिक दल का मुख्य पात्र ही माना जाने लगा है। राजनीतिक प्रतिबद्धता पर आधारित समाचार-पत्रों में अपने से संबद्ध राजनीतिक दलों को प्रत्यक्ष या अप्रत्यक्ष रूप से लाभ दिलाने में सहायक समाचारों एवं सूचनाओं का बाहुल्य दिखाई देता है। इसके अलावा इन समाचार-पत्रों द्वारा संबंधित राजनीतिक दलों की कमियों और बुराइयों को दरकिनार कर उनके हितकारी समाचारों को बढ़ा-चढ़ाकर प्रमुखता से प्रकाशन किया जाता है। इसके विपरीत अन्य असंबद्ध राजनीतिक दलों के विषय में अनर्गल समाचारों के प्रकाशन के आरोप भी इस श्रेणी के समाचार-पत्रों/पत्रिकाओं पर लगते रहे हैं। पीत-पत्रकारिता पर आधारित कुछ समाचार माध्यमों पर अपने से संबद्ध राजनीतिक दलों का इतना अधिक प्रभाव होता है कि वह ऐसे किसी भी समाचार व सूचनाओं के प्रकाशन में रुचि नहीं लेते, जो उनसे संबद्ध राजनीतिक दलों की स्थिति पर जनमानस के सम्मुख प्रतिकूल प्रभाव डालने की स्थिति में होते हैं।

राजनीतिक कारण के अलावा आर्थिक कारण भी पीत-पत्रकारिता में सहायक होते

हैं। आर्थिक तथ्यों में उन कारणों को शामिल किया जा सकता है, जो किसी-न-किसी रूप में समाचार माध्यमों को आर्थिक लाभ पहुँचाते हैं। यह आर्थिक लाभ, आर्थिक सहयोग, विज्ञापन या अन्य रूप में होते हैं। इस व्यवस्था में लाभग्राही समाचार माध्यम अपने आर्थिक स्रोतों के लिए हितकारी समाचार और सूचनाओं का प्रमुखता से प्रकाशन कर उन्हें प्रत्यक्ष या अप्रत्यक्ष रूप से लाभान्वित करते हैं तथा उनसे संबंधित प्रतिकूल समाचारों के प्रकाशन से परहेज करते हैं।

पत्रकारिता के वर्तमान परिदृश्य में पीत-पत्रकारिता के इन दो प्रबल कारणों के अलावा समाचार माध्यमों पर अन्य कई कारणों का भी आंशिक प्रभाव दृष्टिगोचर होता है। ये अन्य कई कारण भी हैं, जो समाचार माध्यम की सत्यता और निष्पक्षता को प्रतिकूल रूप से प्रभावित करते हैं। इन कारणों का भी संक्षिप्त विवेचन करना अध्ययन के दृष्टिकोण से अत्यंत उपयोगी होगा।

पत्रकारिता की सत्यता व निष्पक्षता पर प्रभाव डालने वाले इन कारणों को इस प्रकार समायोजित किया जा सकता है—

1. पारिवारिक कारण—कई अवसरों पर किसी भी महत्त्वपूर्ण घटना या समाचार का मात्रा इस कारण सत्यता और निष्पक्षता से प्रकाशन नहीं हो पाता, क्योंकि यह सूचना या तो प्रकाशन समूह से या प्रकाशन समूह से जुड़े किसी व्यक्ति विशेष से संबंधित होती है, अत: यह स्थिति समाचार माध्यम की सत्यता एवं निष्पक्षता को अनचाहे रूप से प्रभावित करती है।

2. व्यक्तिगत कारण—व्यक्तिगत संबद्धता भी पत्रकारिता को प्रभावित करने में महत्त्वपूर्ण भूमिका अदा करती है। कई बार प्रकाशक परिवार से किसी व्यक्ति विशेष के व्यक्तिगत संबंध होते हैं, जो उस व्यक्ति से संबंधित किसी भी घटना विशेष के संदर्भ में सत्य व निष्पक्ष समाचारों के प्रकाशन में बाधक होते हैं। व्यक्तिगत संबंधों के कारण या तो संबंधित प्रतिकूल समाचारों का प्रकाशन ही नहीं किया जाता या फिर समाचार की मूल भावना को तोड़-मरोड़कर प्रस्तुत किया जाता है। रिश्तेदार, मित्र या अन्य परिचित वर्ग को इस श्रेणी में रखा जा सकता है।

3. सामाजिक कारण—कई समाचार व सूचनाएँ ऐसी होती हैं, जिनका समाज में शांति व सद्भाव से गहरा संबंध होता है। अत: इस प्रकार के समाचारों के प्रकाशन से सामाजिक सौहार्द पर गलत प्रभाव पड़ सकता है या अशांति एवं विघटन की समस्या भी उत्पन्न हो सकती है; अत: इस प्रकार के समाचारों को भी सत्य, निष्पक्ष अर्थात् यथा स्वरूप में प्रकाशित नहीं किया जाता है, अपितु उनके स्वरूप में सकारात्मक परिवर्तन कर दिया जाता है। अत: स्पष्ट है कि सामाजिक कारण भी सत्यता व निष्पक्षता के मार्ग में बाधक बन जाते हैं।

धर्म, समाज, जाति, भाषा और मूल निवास पर आधारित समाचार व सूचनाओं को इस श्रेणी में शामिल किया जा सकता है।

4. व्यक्तिगत प्रतिबद्धता—समाज, धर्म, भाषा, जाति एवं मूल निवास आदि एक अन्य रूप में भी समाचार माध्यमों की निष्पक्षता को प्रभावित करते हैं। इस विषय में यह कहा जा सकता है कि कई अवसरों पर किसी नकारात्मक समाचार को मात्र इस कारण उसके वास्तविक स्वरूप में प्रस्तुत करना संभव नहीं होता, क्योंकि समाचार प्रकाशन समूह समाज, धर्म, भाषा, जाति, मूल निवास आदि जैसे वर्गों से स्वयं भी संबंधित होते हैं। अतः यह कारण भी समाचारों पर किसी-न-किसी रूप में अपना प्रभाव डालते हैं। अर्थात् समाचार प्रकाशन समूह अपनी इसी प्रतिबद्धता के कारण निष्पक्ष व सत्य समाचार को प्रस्तुत करने के स्थान पर उस विषय से पलायनवादी रवैया अपनाने को बाध्य हो जाते हैं।

5. भय—समाज में कई वर्ग ऐसे होते हैं, जिनकी समाज में उच्च सामाजिक प्रतिष्ठा होती है। अतः कई बार इन वर्गों से संबंधित प्रस्तुत किए गए प्रतिकूल समाचार, विवाद या अन्य विषम परिस्थितियों का निर्माण करने में समर्थ होते हैं। यही उत्पन्न भय भी समाचारों एवं सूचनाओं के प्रकाशन सत्यता व निष्पक्षता का बाधक तत्त्व बन जाता है। धार्मिक, राजनैतिक, व्यावसायिक, प्रशासनिक तथा अन्य गणमान्य नागरिक इसी वर्ग में आते हैं।

6. कानूनी कारण—कुछ समाचार व सूचनाओं का स्वरूप ऐसा होता है कि वह कानूनी दायरें से संबंधित होते हैं, अर्थात् कुछ समाचार ऐसे होते हैं, जिनके प्रस्तुतीकरण या प्रकाशन से समाचार माध्यमों को कानूनी अड़चनों का सामना करना पड़ सकता है, अतः कानूनी परेशानियों से बचने के लिए इस प्रकार के समाचारों के प्रकाशन में समाचार समूहों द्वारा रुचि नहीं ली जाती है। अतः इस प्रकार के कारण भी किसी-न-किसी रूप में समाचार माध्यमों की स्वतंत्रता, निष्पक्षता व सत्यता पर प्रतिकूल प्रभाव डालते हैं।

इसके अलावा गोपनीयता की अनिवार्यता, शासकीय नीतियाँ, कानूनी मर्यादा, सामाजिक मर्यादा एवं अन्य कई तत्त्व भी ऐसे होते हैं, जिनके परिपालन में समाचार माध्यम की सत्यता व निष्पक्षता दब जाती है। अर्थात् इस संदर्भ में यही कहा जा सकता है कि उपरोक्त समस्त तत्त्वों का किसी-न-किसी सीमा तक पत्रकारिता पर अवश्य दबाव होता है। अतः मजबूरी या परिस्थितिवश समाचार माध्यमों द्वारा इन तत्त्वों की पूर्णतया अवहेलना करना भी संभव नहीं होता। फलतः ये तत्त्व पत्रकारिता के स्वतंत्रा, सत्यता व निष्पक्षता को नकारात्मक रूप से प्रभावित करते रहते हैं।

पत्रकारिता के वर्तमान दौर में इन प्रमुख तत्त्वों की उपस्थिति व उनसे पड़ने वाले प्रतिकूल प्रभाव से पूर्णतया इनकार तो नहीं किया जा सकता, पर ये तत्त्व समाचार माध्यमों पर प्रबलता से हावी हैं, को भी स्वीकार नहीं किया जा सकता।

2. व्यावसायिकता में वृद्धि

पत्रकारिता के स्वरूप में आए इन परिवर्तनों का सीधा प्रभाव पत्रकारिता के उद्देश्यों पर भी दृष्टिगोचर हो रहा है। पत्रकारिता के स्वरूप और उद्देश्यों में यह परिवर्तन समय के अनुरूप होता रहता है।

समय के साथ-साथ पत्रकारिता के उद्देश्यों में जो सबसे प्रमुख परिवर्तन आया, वह पत्रकारिता के क्षेत्र में व्यावसायिकता के प्रवेश के रूप में दिखाई दे रहा है। आजादी के कई वर्षों बाद तक भी पत्रकारिता के क्षेत्र में व्यावसायिकता का प्रवेश एक निर्धारित सीमा तक ही था। अर्थात् व्यावसायिक उद्देश्य पत्रकारिता के अन्य उद्देश्यों की तुलना में गर्भ में ही थे, परंतु यदि अब पत्रकारिता के वर्तमान स्वरूप पर दृष्टिपात किया जाए तो यह सहज ही स्पष्ट हो जाएगा कि पत्रकारिता के मूल उद्देश्य तो अभी भी यथावत् है, परंतु इन मूल उद्देश्यों में व्यावसायिकता का प्रतिशत पहले की अपेक्षा अब अत्यधिक बढ़ चुका है। वर्तमान में पत्रकारिता के क्षेत्र में व्यावसायिकता इस कदर हावी हो गई है कि पत्रकारिता स्वयं ही एक व्यवसाय या उद्योग नजर आने लगी है।

वर्तमान संदर्भों में यदि समाचार माध्यमों पर व्यावसायिक प्रभाव की समीक्षा की जाए तो यह निष्कर्ष सामने आएगा कि वर्तमान में प्रिंट मीडिया एवं इलेक्ट्रॉनिक मीडिया जैसे दोनों ही समाचार माध्यमों पर व्यावसायिकता का गहरा प्रभाव है। अतः अधिकांश समाचार माध्यम व्यावसायिक विज्ञापनों के प्रचार-प्रसार का एक प्रमुख माध्यम बन गए हैं। समाचार के विभिन्न माध्यमों में अधिक-से-अधिक विज्ञापन प्राप्त करने की अंधी दौड़ मची हुई दिखाई दे रही है। कारण स्पष्ट है कि विज्ञापन समाचार माध्यमों की आय का सबसे अहम स्रोत होते हैं। अतः अधिकांश समाचार माध्यमों की प्राथमिकता अधिकाधिक विज्ञापनों को प्राप्त करना है।

वर्तमान में समाचार-पत्रों द्वारा विज्ञापन पर आधारित वस्तु विशेष का संस्करण निकालने का चलन भी निरंतर बढ़ता जा रहा है। वैसे विज्ञापनों का प्रकाशन किसी भी दृष्टिकोण से अनुचित नहीं ठहराया जा सकता है, परंतु विज्ञापन की अधिकता के कारण समाचारों को समुचित स्थान न देना पाठकों को कुछ सीमा तक अवश्य आहत कर देता है। वर्तमान में व्यावसायिकता का पत्रकारिता पर इतना अधिक प्रभाव है कि अनेक प्रकाशन समूहों द्वारा मात्र विज्ञापनों पर ही आधारित निःशुल्क समाचार-पत्रों का प्रकाशन भी किया जाने लगा है।

समाचार माध्यमों में व्यावसायिकता का प्रभाव प्रत्यक्ष या अप्रत्यक्ष रूप से समाचार माध्यमों की निष्पक्षता पर भी पड़ता है, क्योंकि समाचार माध्यमों को समाचारों में विज्ञापनदाताओं के हित-अहित का भी गंभीरता से ध्यान रखना होता है। यह समाचार माध्यमों की एक व्यावसायिक मजबूरी भी होती है। इसका कारण यह है कि वर्तमान

में समाचार माध्यमों का संचालन अपने आप में एक अत्यंत खर्चीला कार्य है एवं इन समाचार माध्यमों की आय का एकमात्र प्रमुख स्रोत पाठक और विज्ञापन ही होते हैं।

यहाँ एक अन्य महत्त्वपूर्ण बात का उल्लेख करना भी आवश्यक है कि वर्तमान में पत्रकारिता को एक व्यवसाय ही माना जाने लगा है। अत: इस आधार पर भी कई समाचार-पत्रों, पत्रिकाओं व इलेक्ट्रॉनिक मीडिया के रूप में विभिन्न चैनलों का प्रवेश पत्रकारिता के क्षेत्र में होने लगा है। कई समाचार-पत्रों द्वारा पाठकों और विज्ञापनदाताओं को अपनी ओर आकर्षित करने के लिए विभिन्न प्रकार की आकर्षक व लाभकारी योजनाओं का भी संचालन समय-समय पर किया जा रहा है। समाचार-पत्रों में जारी इस भीषण प्रतिस्पर्धा के दौर में कई समाचार-पत्रों द्वारा समाचार-पत्रों का मूल्य व विज्ञापन की दरों में भी अत्यंत कमी कर दी गई है। पाठकों और विज्ञापनदाताओं को अपनी ओर आकृष्ट करने के लिए समाचार माध्यमों द्वारा सांस्कृतिक और विज्ञापनदाताओं को अपनी ओर आकृष्ट करने के लिए समाचार माध्यमों की यह कार्यप्रणाली पत्रकारिता के क्षेत्र में व्यावसायिकता के प्रवेश को सिद्ध करने के लिए पर्याप्त है।

सार रूप में यदि यह कहा जाए कि वर्तमान में पत्रकारिता शनै:-शनै: व्यावसायिकता की ओर उन्मुख होकर एक उद्योग या व्यवसाय बनती जा रही है तो कहना अप्रासंगिक नहीं होगा, परंतु पत्रकारिता का संपूर्ण क्षेत्र ही पूर्णतया व्यावसायिक हो गया है, यह कहना भी उचित नहीं होगा, क्योंकि वर्तमान में भी अनेक समाचार माध्यम व्यावसायिकता से परे रहकर स्वतंत्रता और निष्पक्षतापूर्वक अपने दायित्वों का निर्वहन कर रहे हैं।

अत: इस विषय में यही कहा जा सकता है कि पत्रकारिता के क्षेत्र में व्यावसायिकता का प्रवेश वर्तमान की एक आवश्यक मजबूरी है, क्योंकि संवादों का यह माध्यम अत्यंत खर्चीली व्यवस्थाओं पर आधारित है। अत: समाचार माध्यमों के संचालन के लिए आर्थिक स्रोत जुटाना एक अनिवार्य आवश्यकता है, परंतु व्यावसायिक लाभ हेतु पत्रकारिता के आदर्श मापदंडों का उल्लंघन कर सत्यता व निष्पक्षता को दरकिनार करना तथा पीत-पत्रकारिता का आचरण करना पत्रकारिता एवं पाठकों के साथ अन्याय करना है। व्यावसायिकता पर आधारित रहने के पश्चात् भी अपनी सत्यता व निष्पक्षता को कायम रखकर ही संवाद माध्यम जनसामान्य की अपेक्षा की पूर्ति का एक सशक्त माध्यम बन सकते हैं।

3. प्रभावी पूँजीवादी व्यवस्था

पूँजी व्यापार का महत्त्वपूर्ण अंग है। पूँजी के संदर्भ में अर्थशास्त्र में कहा गया है कि 'छोटी पूँजी व्यापारी को एवं बड़ी पूँजी बाजार को खा जाती है' यह बात पत्रकारिता के क्षेत्र में भी शत-प्रतिशत लागू होती है।

पत्रकारिता के वर्तमान संदर्भ में यदि इस बात की समीक्षा की जाए तो यही निष्कर्ष निकलता है कि पत्रकारिता के क्षेत्र में भी पूँजीवाद का बड़े पैमाने पर प्रवेश हो गया है। पूँजीवाद पर आधारित यह व्यवस्था जहाँ आर्थिक रूप से संपन्न समाचार-पत्रों के लिए लाभकारी हो रही है, वहीं पूँजी के इस विस्तारीकरण का नकारात्मक प्रभाव अल्प पूँजीधारी समाचार-पत्रों के प्रकाशन वर्ग के लिए अत्यंत घातक सिद्ध हो रहा है।

अब यदि इस बात की गहराई में जाकर समीक्षा की जाए तो यह बात स्वयं ही स्पष्ट हो जाएगी कि वर्तमान में आर्थिक दृष्टि से संपन्न समाचार-पत्रों का ही अधिक बोलबाला है, जबकि इसके विपरीत आर्थिक रूप से कमजोर समाचार-पत्रों की स्थिति दिन-प्रतिदिन निरंतर दयनीय होती जा रही है।

बड़ी पूँजी पर आधारित समाचार-पत्र अल्प पूँजीवादी समाचार-पत्रों को कई रूप में प्रभावित कर रहे हैं। इन कारकों की निम्न आधार पर समीक्षा की जा सकती है-

1. पाठक संख्या—पूँजी पर आधारित समाचार-पत्र पूँजी के अधिकाधिक उपयोग द्वारा अधिक-से-अधिक दूरस्थ क्षेत्रों तक अपनी पैठ बनाकर सुव्यवस्थित व्यवस्था जुटा लेने में समर्थ होते हैं; अत: इस वर्ग के समाचार-पत्र नए-नए क्षेत्रों से अपने समाचार-पत्र के संस्करण प्रारंभ कर या अपनी शाखाएँ स्थापित कर अपनी पाठकों की संख्या में वृद्धि कर लेते हैं। इन समाचार-पत्रों के नवीन क्षेत्र में प्रवेश का सर्वाधिक प्रभाव उस क्षेत्र में पहले से ही विद्यमान छोटे समाचार-पत्रों की पाठक संख्या पर प्रतिकूल रूप से पड़ता है।

2. आकार, सामग्री एवं पाठक—बड़े समाचार-पत्रों का आकार भी बड़ा होता है। इसके अलावा इनकी अधिक पृष्ठ संख्या भी पाठकों को अपनी ओर आकर्षित करने में समर्थ होती है, क्योंकि इन समाचार-पत्रों में अपने विस्तृत आकार के कारण विभिन्न क्षेत्रों और विषयों पर आधारित अधिकाधिक पाठन सामग्री होती है, जो पाठकों की पहली आवश्यकता होती है।

अत: पाठक इन समाचार-पत्रों के माध्यम से अपनी अपेक्षाओं की पूर्ति का मार्ग ढूँढ़ लेते हैं। इसके अलावा संपन्न वर्ग के समाचार-पत्र अपनी सुव्यवस्थित व्यवस्थाओं के कारण स्थानीय संस्करण या अंचलों के समाचारों के भी संपर्क में रहकर उनका प्रकाशन करने में सक्षम होते हैं। अत: स्थानीय स्तर व छोटे-से-छोटे कस्बों तक के समाचारों का इन समाचार-पत्रों में पर्याप्त स्थान होता है। यही कारण है कि इन स्थानों के पाठक इन समाचार-पत्रों के पाठक बन जाते हैं।

3. आधुनिकतम तकनीक—बड़े प्रकाशन समूह आधुनिकतम प्रकाशन तकनीक से संपन्न होते हैं। अत: आधुनिक तकनीक पर आधारित उपकरणों के कारण इन समाचार-पत्रों की प्रकाशन सामग्री भी अत्यंत आकर्षक होती है। इसके अलावा

अधिकांश बड़े समाचार-पत्र रंगीन व बहुपृष्ठीय होते हैं। आधुनिक तकनीक द्वारा सुसज्जित यह समाचार-पत्र पाठकों में शीघ्रता से अपनी पैठ बनाकर लोकप्रियता अर्जित कर लेते हैं।

4. समुचित स्टॉफ—बड़ी पूँजी पर आधारित समाचार-पत्रों में प्रकाशन व लेखन के विभिन्न क्षेत्रों से जुड़े अनुभवी व्यक्तियों का एक बड़ा स्टॉफ होता है। अतः इस बड़े स्टॉफ के कारण प्रकाशन एवं लेखन विषयक समस्त कार्यों का विभाजन हो जाता है। इस बड़े स्टॉफ के कारण जहाँ समय की बचत होती है, वहीं प्रत्येक क्षेत्र से संबंधित समाचारों का समाचार-पत्रों में संकलन हो जाता है। इसके अलावा अनुभवी स्टॉफ के कारण प्रकाशन सामग्री के प्रत्येक पहलू पर ध्यान देना भी अत्यंत आसान हो जाता है। बड़े प्रकाशन समूह अपने विस्तृत स्टॉफ के माध्यम से अन्य स्थानों पर भी अपने प्रकाशन समूह की शाखाएँ खोलने में सक्षम होते हैं। ये शाखाएँ इन प्रकाशन समूहों को दूरस्थ क्षेत्रों के समाचार भेजने के अलावा पाठक एवं विज्ञापन भी उपलब्ध कराने में सहायक होती हैं।

5. प्रचार-प्रसार—आर्थिक दृष्टि से संपन्न होने के कारण बड़े प्रकाशन समूह अपने समाचार माध्यमों को लोकप्रिय बनाने के लिए बड़े स्तर पर प्रचार माध्यमों का उपयोग करते हैं। यही प्रचार उनके प्रसार और विस्तार में सहायक होता है। इसके अलावा समुचित प्रचार-प्रसार के कारण यह समाचार-पत्र कम समय में अधिक लोकप्रियता अर्जित कर लेते हैं और छोटे समाचार-पत्रों पर प्रतिकूल प्रभाव डालते हैं।

इसके अलावा बड़े समाचार-पत्रों में स्वयं का बड़ा कमर्शियल स्टॉफ भी होते हैं, जो विज्ञापन और अन्य स्रोतों से समाचार माध्यमों की आय में निरंतर वृद्धि करने के लिए विभिन्न योजनाओं का निर्माण व क्रियान्वयन कर समाचार माध्यमों की आय में वृद्धि एवं विस्तार के लिए प्रयासरत रहते हैं, जबकि इसके विपरीत आर्थिक रूप से कमजोर समाचार माध्यमों के लिए इस प्रकार की व्यवस्थाएँ जुटा पाना अत्यंत कठिन होता है।

वर्तमान में पत्रकारिता के क्षेत्र में पूँजीवाद का प्रवेश हो चुका है, जो तेजी से प्रभावी होता जा रहा है। इस पूँजीवादी व्यवस्था के कारण छोटे समाचार-पत्र स्वयं को अत्यंत असुरक्षित महसूस कर रहे हैं, क्योंकि अल्प पूँजी पर आधारित होने के कारण ये विभिन्न स्तरों पर बड़े समाचार माध्यमों से प्रतिस्पर्धा करने में असमर्थ होते हैं। यही असमर्थता छोटे समाचार-पत्रों के लिए नुकसानदेह होती है।

4. समाचार-पत्रों की वर्तमान स्थिति

वर्तमान युग प्रतिस्पर्धा का युग है। मानव के सामाजिक जीवन का कोई क्षेत्र ऐसा

शेष नहीं बचा है, जहाँ प्रतिस्पर्धा का स्पष्ट प्रभाव दृष्टिगोचर न हो रहा हो। उद्योग और व्यवसाय के क्षेत्र में तो प्रतिस्पर्धा अपने चरम पर पहुँच चुकी है।

पत्रकारिता भी मानव के सामाजिक जीवन से एक अभिन्न अंग के रूप में जुड़ी हुई है। अत: यह क्षेत्र भी प्रतिस्पर्धा की अंधी दौड़ में शामिल है। पत्रकारिता के क्षेत्र में यह प्रतिस्पर्धा विभिन्न समाचार माध्यमों में सर्वाधिक दिखाई दे रही है। पत्रकारिता के आरंभिक दौर में नियमित रूप से प्रकाशित होनेवाले समाचार-पत्रों और पत्रिकाओं की संख्या अत्यंत कम थी। आजादी के उपरांत समय के साथ-साथ समाचार-पत्रों और पत्रिकाओं की संख्या में भी अत्यधिक वृद्धि होती गई। जाहिर है कि समाचार-पत्रों और पत्रिकाओं की संख्या में वृद्धि का सीधा असर पत्रकारिता के क्षेत्र में प्रतिस्पर्धा के रूप में परिलक्षित हो रहा है एवं यह प्रतिस्पर्धा समाचार-पत्रों और पत्रिकाओं की निरंतर बढ़ती संख्या के साथ-साथ बढ़ती जा रही है।

पत्रकारिता के क्षेत्र में व्याप्त प्रतिस्पर्धा का वर्तमान संदर्भ में विवेचन यह स्पष्ट करता है कि पत्रकारिता के क्षेत्र में प्रतिस्पर्धा अपने चरम पर है। यदि मात्र समाचार-पत्रों की संख्या पर ही ध्यान केंद्रित किया जाए तो यह निष्कर्ष सामने आता है कि वर्तमान में मुख्य रूप से चार प्रकार के समाचार-पत्रों का प्रकाशन बड़ी संख्या में हो रहा है—

(क) दैनिक समाचार-पत्र

(ख) साप्ताहिक समाचार-पत्र

(ग) पाक्षिक समाचार-पत्र

(घ) मासिक समाचार-पत्र

अब यदि प्रकाशन संख्या के अनुपात से इन समाचार-पत्रों को क्रमबद्ध किया जाए तो यह ज्ञात होगा कि वर्तमान में दैनिक और साप्ताहिक रूप से प्रकाशित होनेवाले समाचार-पत्रों की संख्या सबसे अधिक है। इसके अलावा कुछ सीमा तक पाक्षिक और मासिक समाचार-पत्रों का प्रकाशन किया जा रहा है। समाचार-पत्रिकाओं के विषय में आकलन यह है कि समाचार-पत्रों की तुलना में पाक्षिक और मासिक रूप से प्रकाशित होने वाली पत्रिकाओं की संख्या अधिक है। वर्तमान में सन् 2015 तक इनकी संख्या इस प्रकार है—

प्रेस इन इंडिया वर्ष 2014-2015 के मुख्य अंश

- 31 मार्च, 2015 तक पंजीकृत प्रकाशनों की कुल संख्या 1,05,443।
- समाचार-पत्र वर्ग : 14,904।
- आवधिक वर्ग : 90,459।
- वर्ष 2014-15 के दौरान पंजीकृत नए प्रकाशनों की संख्या : 5,817।
- वर्ष 2014-15 के दौरान निरस्त प्रकाशनों की संख्या : 34।

- पूर्व वर्ष के दौरान कुल पंजीकृत प्रकाशनों में वृद्धि का प्रतिशतता : 5.80 प्रतिशत।
- किसी भारतीय भाषा (हिंदी) में सबसे बड़ा पंजीकृत प्रकाशन : 42,493।
- किसी भारतीय भाषा (अंग्रेजी) में दूसरा सबसे बड़ा पंजीकृत समाचार-पत्र एवं पत्रिकाएँ : 13,661।
- पंजीकृत प्रकाशनवाला सबसे बड़ा राज्य (उत्तर प्रदेश) : 16,130।
- पंजीकृत प्रकाशनवाला दूसरा सबसे बड़ा राज्य (महाराष्ट्र) : 14,394।
- वार्षिक विवरणी प्रस्तुत करनेवाले प्रकाशनों की संख्या (इसमें 607 विविध प्रकाशनों के आँकड़ें शामिल हैं) : 23,394।
- वर्ष 2014-15 के दौरान प्रकाशनों के प्रसार की कुल संख्या : 51,05,21,445।
- हिंदी प्रकाशन : 25,77,61,985।
- अंग्रेजी प्रकाशन : 6,26,62,670।
- उर्दू प्रकाशन : 4,12,73,949।
- किसी भारतीय भाषा (हिंदी) में वार्षिक विवरणी प्रस्तुत करनेवाले प्रकाशन की सबसे बड़ी संख्या : 12,516।
- सबसे बड़ा परिचालित दैनिक : आनंद बाजार पत्रिका, (बँगला) कोलकाता : 11,78,779।
- दूसरा सबसे बड़ा परिचालित दैनिक : हिंदुस्तान टाइम्स (अंग्रेजी) दिल्ली : 10,18,367।
- सबसे बड़ा परिचालित हिंदी दैनिक : पंजाब केसरी, जालंधर : 7,42,190।
- सबसे बड़ा परिचालित बहु संस्करणवाला दैनिक : दि टाइम्स ऑफ इंडिया (अंग्रेजी, 33 वाँ संस्करण) : 46,30,200।
- दूसरा सबसे बड़ा परिचालित बहु संस्करणवाला दैनिक : दैनिक भास्कर (हिंदी, 34वाँ संस्करण) : 36,94,385।
- सबसे बड़ा परिचालित आवधिक : दि संडे टाइम्स ऑफ इंडिया (अंग्रेजी साप्ताहिक), दिल्ली : 8,85,201।
- हिंदी में सबसे बड़ा परिचालित आवधिक : संडे नवभारत टाइम्स (हिंदी साप्ताहिक), मुंबई : 7,04,257।
- प्राप्त आवेदनों की कुल संख्या : 20,217।
- सत्यापित शीर्षक : 13,492।
- डी ब्लाक शीर्षक : 7,819।

TABLE 4.1
TOTAL CIRCULATION OF REGISTERED PUBLICATIONS FROM 2005-06 To 2016-17

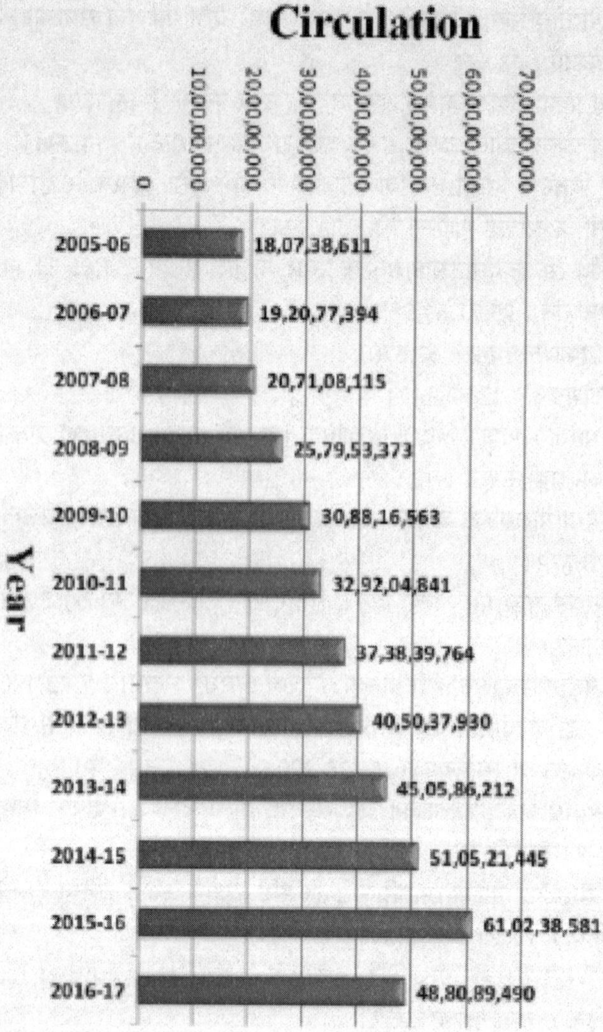

TABLE 4.2
CIRCULATION OF PUBLICATIONS DURING 2016-17
(PERIODICITY-WISE)

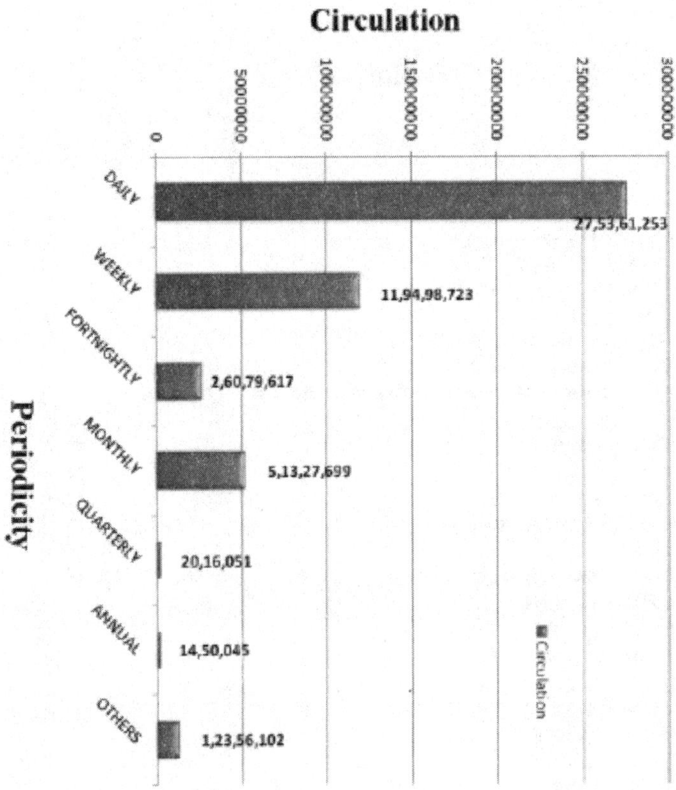

TABLE 4.2
CIRCULATION OF PUBLICATIONS DURING 2016–17 (LANGUAGE-WISE)

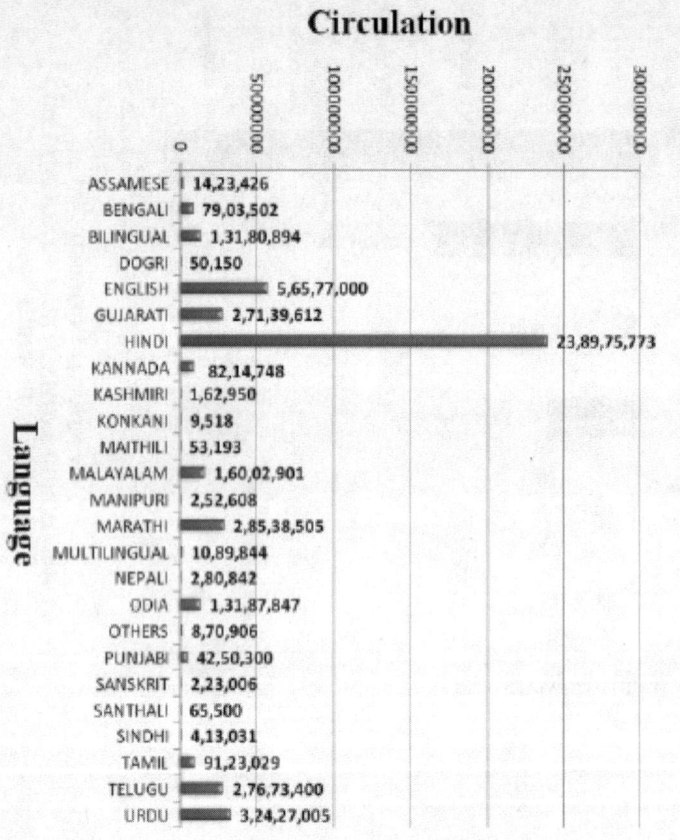

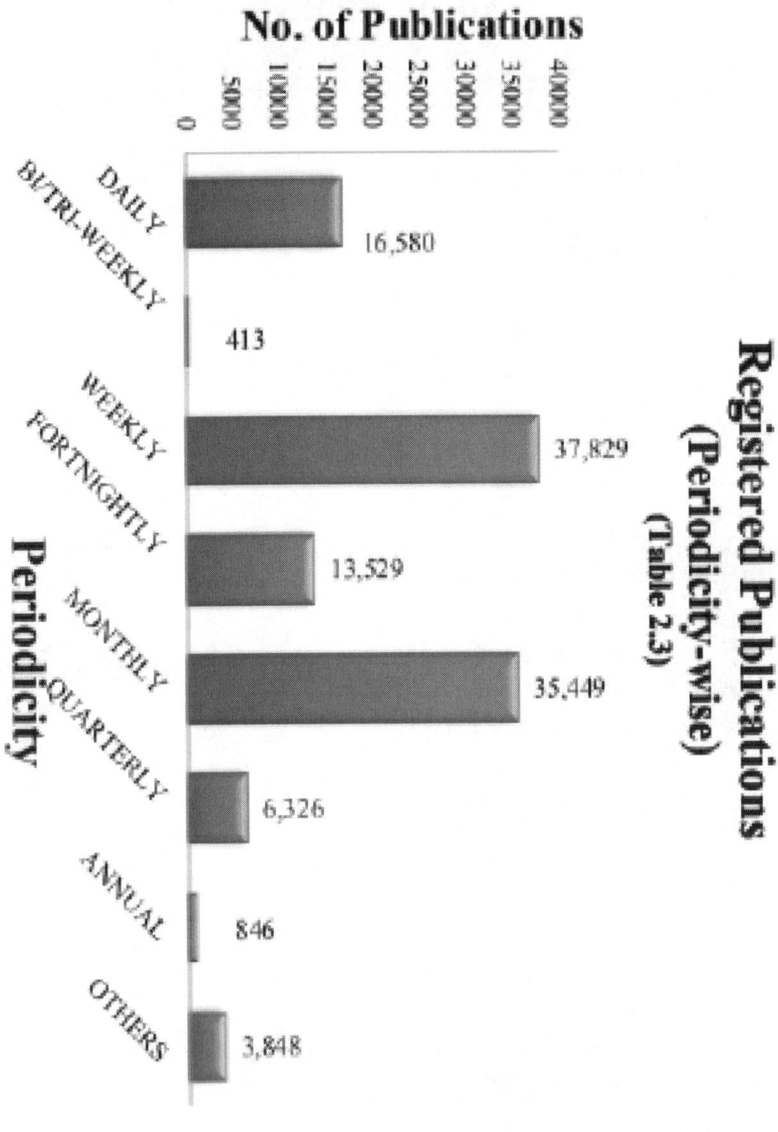
Registered Publications
(Periodicity-wise)
(Table 2.3)
No. of Publications
0
5000
10000
15000
20000
25000
30000
35000
40000
Periodicity
DAILY
BI/TRI-WEEKLY
WEEKLY
FORTNIGHTLY
MONTHLY
QUARTERLY
ANNUAL
OTHERS
16,580
413
37,829
13,529
35,449
6,326
846
3,848

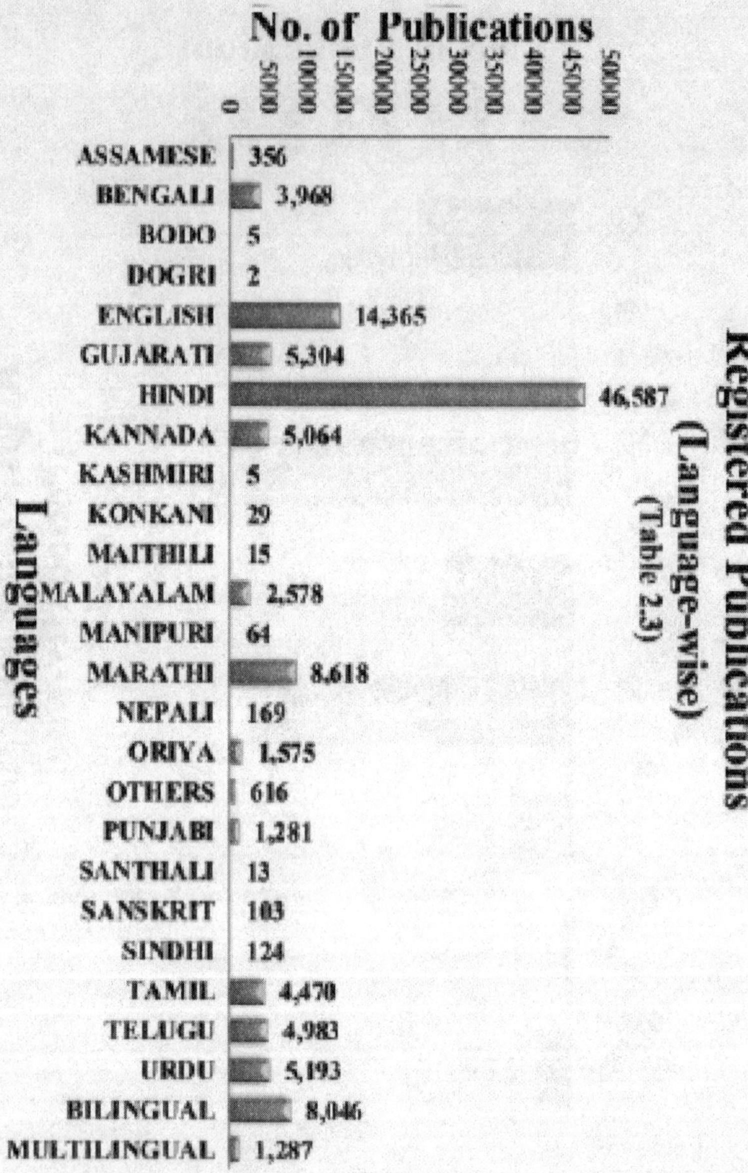
Registered Publications
(Language-wise)
(Table 2.3)
No. of Publications
0
5000
10000
15000
20000
25000
30000
35000
40000
45000
50000
Languages
ASSAMESE 356
BENGALI 3,968
BODO 5
DOGRI 2
ENGLISH 14,365
GUJARATI 5,304
HINDI 46,587
KANNADA 5,064
KASHMIRI 5
KONKANI 29
MAITHILI 15
MALAYALAM 2,578
MANIPURI 64
MARATHI 8,618
NEPALI 169
ORIYA 1,575
OTHERS 616
PUNJABI 1,281
SANTHALI 13
SANSKRIT 103
SINDHI 124
TAMIL 4,470
TELUGU 4,983
URDU 5,193
BILINGUAL 8,046
MULTILINGUAL 1,287

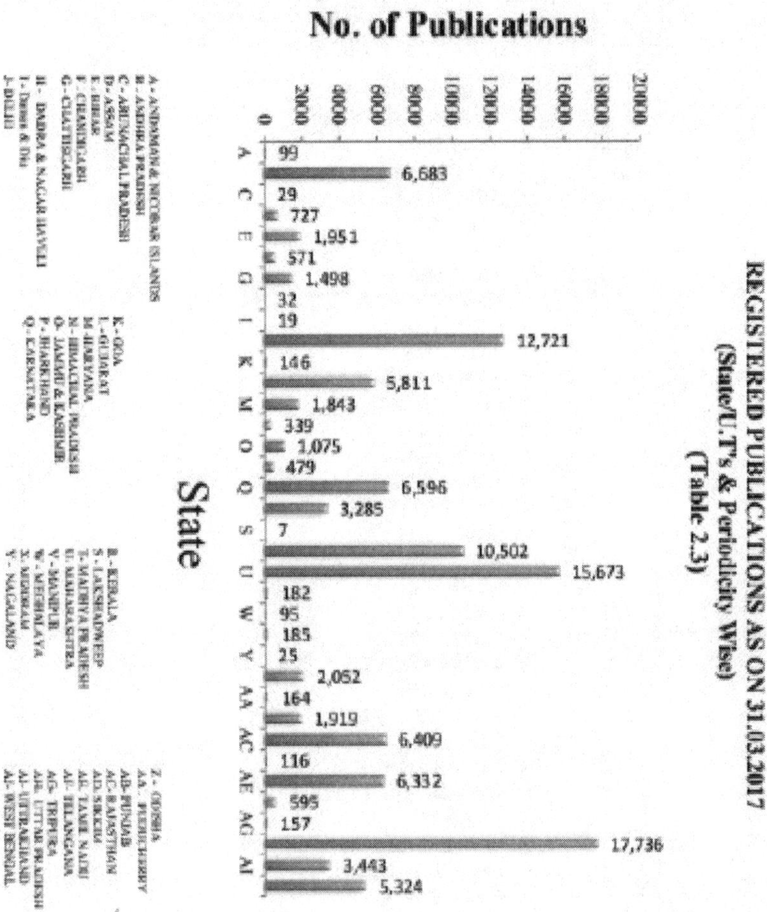
REGISTERED PUBLICATIONS AS ON 31.03.2017
(State/U.T's & Periodicity Wise)
(Table 2.3)
No. of Publications
State
99
6,683
29
727
1,951
571
1,498
32
19
12,721
146
5,811
1,843
339
1,075
479
6,596
3,285
7
10,502
15,673
182
95
185
25
2,052
164
1,919
6,409
116
6,332
595
157
17,736
3,443
5,324

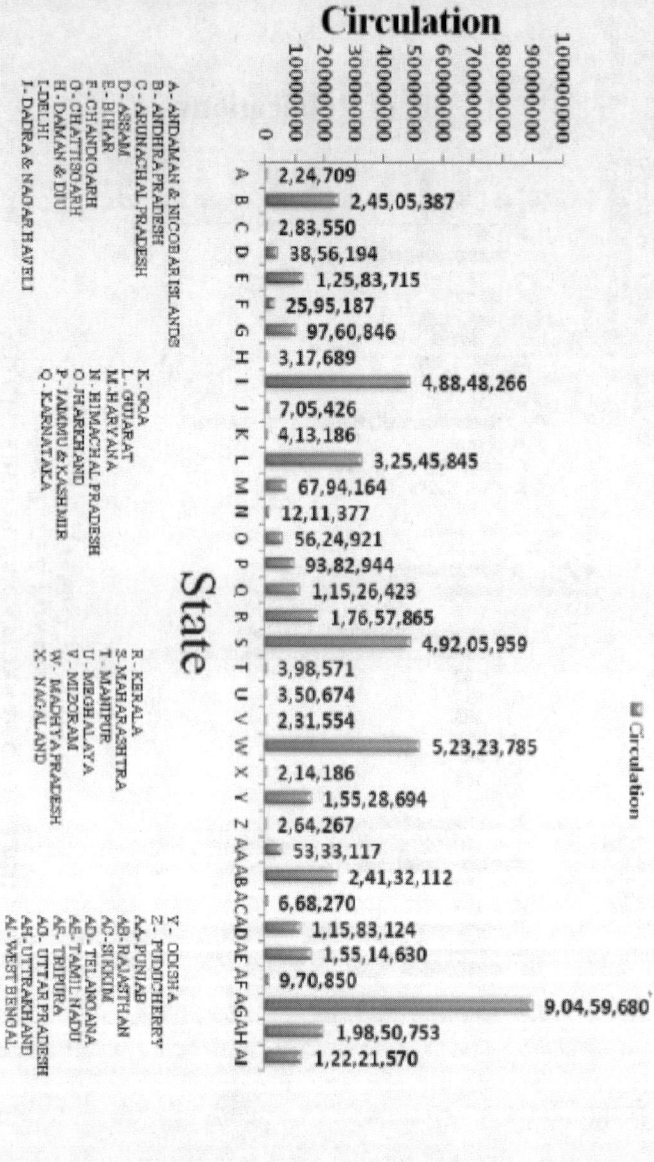
State/UT –Wise Circulation During 2016-17
Circulation
Circulation
0
10000000
20000000
30000000
40000000
50000000
60000000
70000000
80000000
90000000
100000000
State
A 2,24,709
B 2,45,05,387
C 2,83,550
D 38,56,194
E 1,25,83,715
F 25,95,187
G 97,60,846
H 3,17,689
I 4,88,48,266
J 7,05,426
K 4,13,186
L 3,25,45,845
M 67,94,164
N 12,11,377
O 56,24,921
P 93,82,944
Q 1,15,26,423
R 1,76,57,865
S 4,92,05,959
T 3,98,571
U 3,50,674
V 2,31,554
W 5,23,23,785
X 2,14,186
Y 1,55,28,694
Z 2,64,267
AA 53,33,117
AB 2,41,32,112
AC 6,68,270
AD 1,15,83,124
AE 1,55,14,630
AF 9,70,850
AG 9,04,59,680
AH 1,98,50,753
AI 1,22,21,570
A- ANDAMAN & NICOBAR ISLANDS
B - ANDHRA PRADESH
C - ARUNACHAL PRADESH
D- ASSAM
E - BIHAR
F - CHANDIGARH
G - CHATTISGARH
H - DAMAN & DIU
I-DELHI
J - DADRA & NAGAR HAVELI
K - GOA
L - GUJARAT
M - HARYANA
N - HIMACHAL PRADESH
O - JHARKHAND
P - JAMMU & KASHMIR
Q - KARNATAKA
R - KERALA
S - MAHARASHTRA
T - MANIPUR
U - MEGHALAYA
V - MIZORAM
W - MADHYA PRADESH
X - NAGALAND
Y - ODISHA
Z - PUDUCHERRY
AA- PUNJAB
AB- RAJASTHAN
AC- SIKKIM
AD - TELANGANA
AE- TAMIL NADU
AF- TRIPURA
AG- UTTAR PRADESH
AH- UTTRAKHAND
AI- WEST BENGAL

विगत कुछ वर्षों में शासकीय नीतियों और अन्य कारणों से अनेक समाचार-पत्रों का प्रकाशन बंद या अवरुद्ध हो गया है, परंतु अभी भी बड़ी संख्या में समाचार-पत्रों का प्रकाशन किया जा रहा है तथा नित नए-नवीन समाचार-पत्रों का भी बड़ी संख्या में पत्रकारिता के क्षेत्र में प्रवेश हो रहा है।

पत्रकारिता के क्षेत्र में निरंतर नवप्रवेशित समाचार-पत्र और पत्रिकाओं के कारण एक भयावह प्रतिस्पर्धा व्याप्त हो चुकी है। इस व्यापक प्रतिस्पर्धा के महत्त्वपूर्ण कारणों को मुख्य रूप से दो भागों में विभाजित किया जा सकता है।

1. **पाठक संख्या और प्रतिस्पर्धा**—पाठक संख्या प्रतिस्पर्धा का एक प्रमुख कारक है। समाज में राष्ट्रीय, प्रादेशिक एवं स्थानीय स्तर पर नागरिकों का एक बड़ा वर्ग पाठक के रूप में समाज में विद्यमान होता है। यह वर्ग अपनी पसंद या रुचि के अनुरूप ही समाचार-पत्र और पत्रिकाओं का पाठक होता है। अर्थात् विभिन्न समाचार-पत्र और पत्रिकाओं के अपने-अपने पाठक होते हैं। पत्रकारिता जगत् में राष्ट्रीय, प्रादेशिक या स्थानीय स्तर पर जब कोई नवीन समाचार-पत्र या पत्रिका का प्रवेश होता है तो उसका पहला प्रमुख उद्देश्य अपने प्रकाशन के लिए अधिकाधिक पाठक जुटाना होता है। अतः वह प्रकाशन समूह विभिन्न प्रयासों के माध्यम से पाठकों को अपनी ओर आकर्षित करने का प्रयास करती हैं। यदि समाचार-पत्र अपने इस प्रयास में सफल हो जाते हैं तो स्पष्ट है कि अन्य समाचार-पत्रों के पाठक ही टूटकर इस नवीन समाचार-पत्र के पाठक बनते हैं। इस प्रकार यह पाठक जिन पुराने समाचार-पत्रों को छोड़कर नवीन समाचार-पत्रों के पाठक बनते हैं, उन समाचार माध्यमों को अपने पाठकों का नुकसान हो जाता है।

सार रूप में यही कहा जा सकता है कि नवीन समाचार-पत्रों/पत्रिकाओं के प्रवेश का सीधा प्रभाव पूर्व से मौजूद समाचार-पत्रों और पत्रिकाओं पर नकारात्मक रूप से पड़ता है। अतः समाचार माध्यमों के समक्ष अपने पाठकों को बनाए रखना एवं पाठकों की संख्या में निरंतर वृद्धि करना एक अनिवार्य चुनौती होता है। इस चुनौती का सामना करने के लिए समाचार माध्यमों को अपने प्रतिस्पर्धी से निरंतर प्रतिस्पर्धा करनी होती है। वर्तमान में विभिन्न समाचार-पत्र अपने मूल्य में कमी करके, पृष्ठ संख्या में वृद्धि कर, अपने स्वरूप को आकर्षक बनाकर या पाठकों के लिए विभिन्न लाभकारी योजनाओं का क्रियान्वयन करके अपनी पाठक संख्या में निरंतर वृद्धि करने हेतु प्रयास कर रहे हैं।

2. **व्यावसायिक प्रतिस्पर्धा**—समाचार माध्यम द्वारा अपनी पाठक संख्या बढ़ाने की प्रतिस्पर्धा के अलावा पत्रकारिता के वर्तमान परिदृश्य में व्यावसायिक प्रतिस्पर्धा भी अपने चरम पर दिखाई दे रही है। प्रत्येक समाचार माध्यम आर्थिक एवं व्यावसायिक लाभ हेतु परस्पर संघर्षरत हैं। व्यावसायिक लाभ के रूप में विभिन्न समाचार माध्यमों में विज्ञापन प्राप्ति की होड़ लगी हुई है। अधिक-से-अधिक विज्ञापन प्राप्त करने की लालसा

में विभिन्न समाचार माध्यम ने जहाँ अपनी विज्ञापन दरों में अत्यधिक कमी कर दी है, वहीं अपने विज्ञापनदाताओं को आकर्षित करने के लिए अनेक लाभकारी योजनाओं का संचालन भी कर रहे हैं। इसका कारण यह है कि समाचार माध्यमों में विज्ञापन देनेवाले विज्ञापनदाताओं की संख्या सीमित होती है। अत: प्रत्येक समाचार माध्यमों का प्रयास अधिक-से-अधिक विज्ञापनदाताओं को अपनी ओर आकर्षित करना होता है। विज्ञापनदाताओं को अपनी ओर आकर्षित करने का यही प्रयास व्यापक स्तर पर समाचार माध्यमों में प्रतिस्पर्धा को जन्म देता है।

यहाँ एक उल्लेखनीय तथ्य यह है कि विज्ञापन का एकमात्र उद्देश्य समुचित प्रचार व प्रसार होता है। अत: प्रत्येक विज्ञापनदाताओं का यह प्रयास होता है कि उनका विज्ञापन अधिक-से-अधिक जनसामान्य तक पहुँचे। इसी कारण प्रत्येक विज्ञापनदाता विज्ञापन देने के लिए उन समाचार-पत्रों को प्राथमिकता देते हैं, जिनकी पाठक संख्या एवं प्रसार संख्या अधिक हो। साथ ही उसका विस्तार भी दूरस्थ क्षेत्रों तक हो। अत: विज्ञापनदाताओं के इस दृष्टिकोण के कारण अनेक समाचार-पत्र अपनी पाठक संख्या और अपने विस्तार जैसे आधारों पर परस्पर प्रतिस्पर्धारत रहते हैं। प्रिंट मीडिया के अलावा यह बात इलेक्ट्रॉनिक मीडिया पर भी शत-प्रतिशत लागू होती है, क्योंकि इलेक्ट्रॉनिक मीडिया की आय का भी सबसे प्रमुख स्रोत विज्ञापन ही है।

उक्त विवेचन से स्पष्ट है कि पत्रकारिता के क्षेत्र में विद्यमान सभी समाचार माध्यमों द्वारा अपनी वर्तमान स्थिति को बनाए रखने एवं निरंतर विकास करने के भरसक प्रयास किए जा रहे हैं, जिसका परिणाम व्यापक प्रतिस्पर्धा के रूप में दिखाई दे रहा है। समय के साथ-साथ यह प्रतिस्पर्धा भीषण स्वरूप लेती जा रही है।

5. जनमानस की बदलती अभिरुचियाँ

मानवजीवन परिवर्तनशील है, अत: मानव जीवन में समय और परिस्थितियों के अनुरूप परिवर्तन आते रहते हैं, इन्हीं परिवर्तनों का सीधा प्रभाव मानव की सोच और उसके स्वभाव पर भी पड़ता है। अपनी सोच व स्वभाव के आधार पर ही मानव की अभिरुचियाँ भी विकसित होती है। जैसे यदि किसी व्यक्ति की सोच सकारात्मक है तो उसकी अभिरुचियाँ भी सकारात्मक कार्यों के प्रति होती है। इस आधार पर यह कहा जा सकता है कि प्रत्येक मानव अपनी अभिरुचियों से संबंधित विषयों की ओर आकृष्ट होता है तथा अपनी अभिरुचियों से ही संबंधित विषय के बारे में जानना उसकी सहज प्रवृत्ति होती है।

मानव प्रकृति के समान ही विश्व भी निरंतर परिवर्तनशील होता है। अत:

वैश्विक स्तर तक विभिन्न गतिविधियाँ और घटनाएँ आकार लेती रहती हैं। इनमें से कई गतिविधियाँ और घटनाएँ ऐसी होती हैं, जो संपूर्ण विश्व का ध्यान अपनी ओर आकर्षित करती हैं। इसी प्रकार कई गतिविधियाँ एवं घटनाएँ राष्ट्रीय, प्रादेशिक और स्थानीय स्तर पर जनसामान्य का ध्यानाकर्षण करती हैं।

अर्थात् वैश्विक स्तर से स्थानीय स्तर तक की गतिविधियों और घटनाओं को जानने की सहज जिज्ञासा मानव में होती है। इसके अलावा कई घटनाक्रम ऐसे होते हैं, जो तात्कालिक रूप से या समय विशेष पर ही जनसामान्य का ध्यान अपनी ओर आकृष्ट करते हैं। उदाहरण के रूप में विश्व कप क्रिकेट मैच को लिया जा सकता है। विश्व कप मैच एक समय विशेष पर आयोजित होनेवाली गतिविधि है, जो अपने आयोजन तक ही जनसामान्य का ध्यान अपनी ओर आकर्षित करती हैं। इसके विपरीत कुछ सामान्य गतिविधियाँ ऐसी होती हैं, जिनके संपर्क में जनमानस सतत रहना चाहता है। जैसे प्रतिदिन घटित घटनाओं पर आधारित समाचार और सूचनाओं को जानना, जनसामान्य की प्रमुख आवश्यकता होती है। अत: जनसामान्य इन्हें जानने के लिए समाचार माध्यमों के सतत संपर्क में बना रहता है। अर्थात् अंतरराष्ट्रीय स्तर से स्थानीय स्तर तक के सामान्य घटनाक्रमों से अवगत रहना मनुष्य की एक सामान्य प्रक्रिया का अंग है।

पत्रकारिता के संदर्भ में जनसामान्य की बदलती अभिरुचियों के विषय में चर्चा करने पर यह स्पष्ट होगा कि आमतौर पर जनसामान्य की रुचि और जिज्ञासा तात्कालिक घटनाक्रमों को जानने के प्रति अधिक होती है। यह घटनाक्रम अंतरराष्ट्रीय स्तर से स्थानीय स्तर तक के हो सकते हैं। मानव इन घटनाक्रमों को जानने की जिज्ञासा की पूर्ति विभिन्न माध्यमों के द्वारा करता है, परंतु जिज्ञासा की पूर्ति के लिए मानव सामान्य रूप से समाचार माध्यमों पर ही सबसे अधिक निर्भर होता है। अत: समाचार माध्यमों का प्रमुख दायित्व जनसामान्य की विभिन्न घटनाक्रमों को जानने की बदलती अभिरुचियों के अनुरूप समाचार और सूचनाओं का संप्रेषण करना एवं उनकी जिज्ञासाओं को शांत करना होता है।

इस विषय में सारगर्भित रूप से यही कहा जा सकता है कि प्रत्येक महत्त्वपूर्ण घटनाक्रमों और गतिविधियों के संदर्भ में जनमानस की तात्कालिक अभिरुचियाँ एवं आकांक्षाएँ उस विषय के बारे में अधिकतम जानकारी प्राप्त करने की हो जाती है। जनसामान्य की यही बदलती अभिरुचि उन्हें समाचार माध्यमों के अत्यंत नजदीक ले जाती है। अत: जनमानस की इसी जिज्ञासा की पूर्ति करना समाचार माध्यमों के लिए अत्यंत आवश्यक हो जाता है। एक सामान्य आकलन के अनुसार जो समाचार माध्यम जन अपेक्षाओं के अनुरूप समाचार और सूचनाओं के संप्रेषण में प्राय: असफल रहते हैं, जनसामान्य उनसे दूरी बनाने लगते हैं। अत: प्रत्येक समाचार माध्यम अपने-अपने

स्तर पर जनअभिरुचियों के अनुरूप अधिकतम सामग्री के संप्रेषण हेतु प्रयासरत रहते हैं।

यहाँ एक बात और महत्त्वपूर्ण है कि प्रत्येक मनुष्य की अपनी पृथक् अभिरुचियाँ होती हैं, जो उसके पसंददीदा विषय को लेकर होती हैं। अत: वह अपनी पसंद के अनुरूप ही समाचार और सूचनाओं को जानने में ही अधिक रुचि लेता है तथा उस विषय के बारे में अधिकतम जानने को उत्सुक रहता है। अत: समाचार माध्यमों को सभी वर्गों की अभिरुचियों से संबंधित समाचार और सूचनाओं का संकलन कर उसका संपेषण करना होता है। वर्तमान में तकनीकी क्रांति के परिणामस्वरूप जनसामान्य की जागरूकता में अत्यधिक वृद्धि हुई है। अत: उनकी अभिरुचियों का भी विस्तार हुआ है। इस आधार पर समाचार माध्यमों द्वारा इन्हीं अभिरुचियों और जिज्ञासाओं की पूर्ति करने का प्रयास करना वर्तमान पत्रकारिता का नया आयाम है।

6. निम्नस्तरीय सामग्री की बढ़ती माँग

परिवर्तन प्रकृति का नियम है। समय के साथ-साथ प्रकृति में भी परिवर्तन होता रहता है। प्रकृति के परिवर्तन का यह नियम मानव के स्वभाव, व्यवहार, आचार-विचार एवं कार्य प्रणाली पर भी लागू होता है। यही कारण है कि समय में परिवर्तन के अनुरूप मानव की सोच और अभिरुचियों में भी परिवर्तन आ जाता है।

मानवीय स्वभाव में परिवर्तन मुख्य रूप से देश, काल, आवश्यकता एवं विभिन्न परिस्थितियों पर आधारित होता है। पत्रकारिता मानवजीवन से गहरे तक संबद्ध है। अत: मानव स्वभाव एवं उसकी अभिरुचियों का पत्रकारिता के क्षेत्र पर विशेष प्रभाव दिखाई देता है। मानवीय स्वभाव में निरंतर बदलाव और उसकी परिवर्तित अभिरुचियों का पत्रकारिता के संदर्भ में विश्लेषण किया जाए तो यह सार निकलेगा कि वर्तमान समय में और परिस्थितियों के परिवर्तन में मानव की सोच एवं उसकी अभिरुचियों का पत्रकारिता के क्षेत्र में विशेष प्रभाव दिखाई देता है।

जैसे आजादी के संघर्षकाल में आजादी विषयक समाचार एवं सूचनाएँ जनमानस की प्रमुख आवश्यकता थीं। अत: उस काल में जनमानस की अभिरुचियों के अनुरूप ही आजादी विषयक समाचारों के प्रकाशन को ही प्रमुखता दी जाती थी, परंतु इस विषय का यदि वर्तमान संदर्भों में विश्लेषण किया जाए तो यह अनुभव होगा कि देश की वर्तमान संस्कृति पर पाश्चात्य संस्कृति का अत्यधिक प्रभाव दिखाई दे रहा है। पाश्चात्य देशों की इस संस्कृति का फिल्म और विशेषकर टी.वी. चैनलों के माध्यम से देश में बेधड़क प्रवेश हो रहा है। देश की परंपरागत संस्कृति, रहन-सहन, खान-पान और अन्य रीति-रिवाजों को पाश्चात्य संस्कृति ने पूर्णतया परिवर्तित कर दिया है। पाश्चात्य संस्कृति

से भारतीय युवा पीढ़ी सर्वाधिक प्रभावित है। अतः पाश्चात्य संस्कृति पर आधारित अश्लीलता, फूहड़ता और निम्न स्तरीय प्रकाशन सामग्री का प्रकाशन मुख्य रूप से युवाओं की पहली पसंद बन चुकी है।

समाचार माध्यमों के विषय में यह कहा जा सकता है कि इन माध्यमों की लोकप्रियता और अस्तित्व पाठकों की अभिरुचियों पर आधारित होता है। अतः पाठकों की इन अभिरुचियों के अनुरूप स्वयं में भी बदलाव लाना समाचार माध्यमों की अपनी मजबूरी होती है, क्योंकि जो समाचार माध्यम जनअभिरुचियों के अनुरूप बदलाव लाने में असफल या असमर्थ होते हैं, वे आम पाठकों या दर्शकों से दूर होते जाते हैं। अतः इस विषय में यह कहना भी अनुचित नहीं होगा कि पाठकों की पाश्चात्य संस्कृति पर आधारित अभिरुचियों के अनुरूप ही कई समाचार माध्यमों को अश्लील, फूहड़ और निम्न स्तरीय सामग्री परोसने को बाध्य होना पड़ रहा है। यही कारण है कि पाठकों की माँग के अनुसार समाचार माध्यमों का कुछ सीमा तक नतमस्तक हो जाने के कारण पत्रकारिता के वर्तमान स्वरूप में अश्लील, फूहड़ और निम्न स्तरीय सामग्री के प्रस्तुतीकरण का चलन निरंतर बढ़ रहा है।

वर्तमान पत्रकारिता पूर्णतया अश्लीलता पर अभिकेंद्रित हो गई हो, ऐसा भी नहीं है, क्योंकि पाठकों का एक बड़ा वर्ग ऐसा भी है, जिसे अश्लीलता, फूहड़ता और निम्न स्तरीय सामग्री से परहेज है। अतः समाचार माध्यमों को इस वर्ग की अभिरुचियों के अनुरूप भी उच्चस्तरीय समाचार और सूचनाओं को समुचित स्थान देना आवश्यक होता है।

पत्रकारिता के वर्तमान दौर में अनेक समाचार माध्यमों द्वारा उच्चस्तरीय एवं निम्न स्तरीय सामग्री को पसंद करनेवाले दोनों वर्गों के हित में एक संतुलनवादी नीति अपनाई जा रही है। इस नीति के अंतर्गत समाचार माध्यमों द्वारा दोनों वर्गों की पृथक् अभिरुचियों के अनुरूप सामग्री का प्रस्तुतीकरण किया जा रहा है।

वर्तमान संदर्भ में यदि हम विभिन्न समाचार-पत्रों की तुलना पाठकों की अभिरुचियों के आधार पर करें तो यह निष्कर्ष सामने आता है कि समय और मानवीय सोच में परिवर्तन के कारण विभिन्न समाचार माध्यम भी स्वयं में पाठकों की रुचियों के अनुरूप आमूलचूल परिवर्तन लाने की दिशा में प्रयासरत हैं। इसी आधार पर यह कहा जा सकता है कि कुछ समाचार माध्यमों ने परिवर्तन के अनुरूप अश्लील, फूहड़ और निम्न स्तरीय प्रकाशन सामग्री का प्रकाशन प्रारंभ कर दिए हैं, तो कुछ समाचार माध्यम यथास्थिति को अपनाए हुए हैं। बहरहाल अश्लील, फूहड़ और निम्न स्तरीय सामग्री का प्रस्तुतीकरण अभी मर्यादित और सीमित प्रतिशत में ही है, फिर भी यह प्रतिशत वर्तमान में निरंतर वृद्धि कर रहा है। इसके विपरीत उच्च स्तरीय सामग्री की माँग में कोई कमी तो नहीं आई है, पर कोई उल्लेखनीय वृद्धि भी दृष्टिगोचर नहीं हो रही है। इस विषय में इतना अवश्य है

कि समय के साथ नागरिकों की जागरूकता में भी वृद्धि अवश्य हुई है। अत: समय-समय पर घटित होनेवाले राष्ट्रीय, अंतरराष्ट्रीय एवं प्रादेशिक घटनाक्रमों पर तीक्ष्ण नजर रखकर उनका पाठकों की रुचियों के अनुरूप प्रस्तुतीकरण करना भी समाचार माध्यमों की पहली आवश्यकता बन गई है।

7. बढ़ता राजनीतिक हस्तक्षेप

पत्रकारिता के वर्तमान परिदृश्य के विवेचन में राजनीति के विषय में चर्चा न करना किसी भी दृष्टिकोण से न्यायसंगत नहीं होगा; क्योंकि वर्तमान में पत्रकारिता पर राजनीति का गहरा प्रभाव है। अत: विभिन्न समाचार माध्यम भी राजनीतिक घटनाक्रमों से ओतप्रोत रहते हैं। पत्रकारिता के विषय में यह बात सत्य है कि राजनीति का किसी-न-किसी रूप में पत्रकारिता के क्षेत्र में सदैव से प्रवेश अवश्य होता रहा है। वैसे तो सामान्य रूप से पत्रकारिता और राजनीति एक-दूसरे के अभिन्न अंग हैं, क्योंकि देश की संचालन व्यवस्था राजनीति पर आधारित होती है, जिसके कारण राजनीतिक घटनाक्रमों का स्पष्ट प्रभाव समाचार माध्यमों पर दिखाई पड़ता है यही कारण है कि शासन एवं जनसामान्य विषयक समाचार, समाचार माध्यमों में प्रमुखता से स्थान पाते हैं।

परंतु सामान्य प्रक्रिया से हटकर प्रस्तुत पुस्तक का उद्‌देश्य इस बात की भी विवेचना करना है कि वर्तमान में पत्रकारिता को राजनीतिक हस्तक्षेप किस सीमा तक प्रभावित कर रहा है। इस विषय में सामान्य तौर पर यही कहा जा सकता है कि पत्रकारिता का क्षेत्र राजनीतिक हस्तक्षेप से कभी भी पूर्णतया मुक्त नहीं रहा है। वर्तमान में पत्रकारिता के क्षेत्र में राजनीतिक हस्तक्षेप का सबसे स्पष्ट प्रभाव समाचार माध्यम और उनकी राजनीतिक दलों से संबद्धता के रूप में देखा जा सकता है, क्योंकि अधिकांश समाचार माध्यम अपनी विचारधारा के आधार पर विभिन्न राजनीतिक दलों से संबद्ध हैं। वर्तमान में विभिन्न समाचार-पत्र कांग्रेस, भाजपा या अन्य राजनीतिक दलों की विचारधाराओं से प्रेरित हैं। इसके अलावा कई बार समाचार-पत्र किसी राजनेता विशेष से भी प्रभावित होते हैं। अत: विभिन्न राजनीतिक दलों से संबद्ध राजनीतिज्ञों का प्रभाव संबद्ध समाचार माध्यमों पर देखा जा सकता है। विभिन्न राजनीतिक दलों का राजनीतिज्ञों से प्रभावित समाचार माध्यम अपने पसंदीदा राजनीतिक दलों या राजनीतिज्ञों को अपने समाचार माध्यमों में प्रमुखता से स्थान देकर उन्हें प्रत्यक्ष या अप्रत्यक्ष रूप से लाभान्वित करते हैं।

विज्ञापन समाचार-पत्रों की आय का एक प्रमुख स्रोत होता है। भारत में शासकीय विज्ञापनों के लिए स्वीकृत समाचार-पत्रों को केंद्र व राज्य शासन के द्वारा समय-समय पर जनहित विषयक विज्ञापन भी जारी किए जाते हैं। अत: शासकीय विज्ञापन भी

समाचार माध्यमों की निष्पक्षता को कुछ सीमा तक प्रभावित करने में सहायक होते हैं।

राजनीति अन्य रूप में भी पत्रकारिता को प्रभावित करती है। यह रूप व्यावसायिक संबंधों या आर्थिक लाभ पर आधारित होता है। इस विषय में प्राय: यह आरोप लगाए जाते हैं कि सत्तारूढ़ दल द्वारा अपने समर्थक समाचार-पत्रों को शासकीय विज्ञापन के रूप में अप्रत्यक्ष रूप से लाभान्वित करते हैं तथा अन्य विरोधी समाचार-पत्रों के प्रति उनकी कार्यप्रणाली अत्यंत भेदभावपूर्ण होती है। सत्तारूढ़ दलों की यह भेदभावपूर्ण नीति समाचार-पत्रों में पारस्परिक विद्वेष उत्पन्न करने के अलावा समाचार-पत्रों की निष्पक्षता पर भी प्रतिकूल प्रभाव डालती है।

सत्तारूढ़ दल के अलावा विभिन्न राजनीतिक दल या राजनीतिज्ञ भी स्वतंत्र रूप से समय-समय पर समाचार-पत्रों को विज्ञापन प्रदान करते रहते हैं। वर्तमान में विभिन्न समाचार-पत्रों के द्वारा अवसर विशेष पर व्यावसायिक संस्करण भी प्रकाशित किए जाने लगे हैं। इन व्यावसायिक संस्करणों में विभिन्न राजनीतिक दलों या राजनेताओं द्वारा स्वयं के हित में विभिन्न जानकारियाँ विज्ञापन के रूप में प्रकाशित कराई जाती है। इस प्रकार विभिन्न राजनीतिक दल या राजनीतिज्ञ विज्ञापन या संस्करण विशेष के माध्यम से समाचार-पत्रों को लाभान्वित कर समाचारों में प्रमुखता से स्थान पा लेते हैं। प्रिंट मीडिया के विपरीत इलेक्ट्रॉनिक मीडिया प्रारंभ से ही शासकीय नियंत्रण में रहे हैं। अत: सत्तारूढ़ दलों पर इलेक्ट्रॉनिक मीडिया के अपने हित में दोहन के आरोप सदैव से लगाए जाते रहे हैं। पत्रकारिता के क्षेत्र में यह विडंबना भी है कि अनेक अवसरों पर राजनीतिक दल या प्रभावी राजनीतिज्ञ दबाव, भय या अन्य अनुचित साधनों के द्वारा भी समाचार माध्यमों को प्रभावित करने का प्रयास करते हैं।

वर्तमान विवेचन का यह आशय नहीं है कि पत्रकारिता के क्षेत्र में विद्यमान सभी समाचार माध्यम ही राजनीति प्रभाव से प्रभावित होकर अपने कर्तव्य से विमुख हो चुके हैं, क्योंकि वर्तमान में अभी बड़ी संख्या में ऐसे समाचार माध्यम भी मौजूद है जो राजनीतिक प्रभाव से मुक्त रहकर अपनी स्वतंत्र व निष्पक्ष पहचान बनाए हुए हैं, परंतु फिर भी यह कहना अनुचित नहीं होगा कि वर्तमान में पत्रकारिता के क्षेत्र में प्रत्यक्ष या अप्रत्यक्ष रूप से राजनीतिक हस्तक्षेप अवश्य विद्यमान है, जो किसी-न-किसी रूप में पत्रकारिता के क्षेत्र को प्रभावित कर रहा है।

8. अपराधीकरण की ओर उन्मुखता

पत्रकारिता के वर्तमान दौर में सबसे पीड़ादायक तत्त्व पत्रकारिता के क्षेत्र में आपराधिक तत्त्वों पर निरंतर बढ़ रहा प्रभाव है। वर्तमान में पत्रकारिता के क्षेत्र में बड़ी

संख्या में आपराधिक तत्त्वों का प्रवेश हो चुका है। यह तत्त्व अपने निहित स्वार्थ के कारण पत्रकारिता के धवल स्वरूप को दूषित करने में अपनी पृथक् भूमिका का निर्वाह कर रहे हैं। हालाँकि ये तत्त्व वर्तमान पत्रकारिता पर पूर्णतया हावी तो नहीं हैं, पर फिर भी इनकी आंशिक उपस्थिति से इनकार नहीं किया जा सकता।

पत्रकारिता जैसे संघर्षपूर्ण क्षेत्र में इन तत्त्वों का प्रवेश क्यों और कैसे होता है इस विषय पर भी विचार करना अत्यंत प्रासंगिक और आवश्यक होगा। यदि इस विषय पर गहराई से मनन करें तो यह स्पष्ट होगा कि समाचार माध्यम देश व समाज में संवादों के संप्रेषण का एक प्रभावी माध्यम है। अत: पत्रकारिता को प्रजातंत्र का चौथा स्तंभ माना गया है। प्रजातंत्र का चौथा स्तंभ होने के कारण समाचार माध्यमों को समाज में एक विशिष्ट स्थान दिया गया है। समाचार माध्यम देश समाज, शासन, प्रशासन व जनसामान्य के लिए एक दर्पण का भी कार्य करते हैं, क्योंकि इनकी गतिविधियों और कार्यप्रणाली का स्पष्ट प्रतिबिंब इस दर्पण में स्पष्ट दिखाई देता है।

पत्रकारिता के इसी प्रभावी स्वरूप का अनुचित लाभ लेने के लिए कई आपराधिक तत्त्व इस माध्यम की छत्रच्छाया में शरण लेते हैं एवं पत्रकारिता को स्वहित के लिए एक रक्षा कवच के रूप में उपयोग में लाने का प्रयास करते हैं। इस विषय में स्पष्ट तौर पर यह कहा जा सकता है कि यह वर्ग शासकीय, प्रशासकीय, कानूनी या सामाजिक विषम परिस्थितियों से स्वयं के बचाव हेतु पत्रकारिता को एक ढाल के रूप में इस्तेमाल करने का प्रयास करते हैं। प्रतिकूल परिस्थितियों एवं उससे बचाव की मंशा असामाजिक तत्त्वों को पत्रकारिता के क्षेत्र में प्रवेश लेने हेतु प्रेरित करती है।

यहाँ दूसरा महत्त्वपूर्ण प्रश्न यह है कि ये असामाजिक या आपराधिक तत्त्व इस गौरवमयी कार्यक्षेत्र में प्रवेश करने हेतु कौन सा माध्यम अपनाते हैं? इस प्रश्न का सबसे सीधा व आसान हल यह है कि यदि यह तत्त्व आर्थिक दृष्टि से संपन्न या सामाजिक दृष्टि से विशिष्ट है तो ये वर्ग या तो स्वयं प्रकाशक एवं संपादक बन जाते हैं या फिर अन्य किसी प्रकाशन में आर्थिक भागीदारी करके पत्रकारिता के क्षेत्र में प्रवेश का भरसक प्रयास करते हैं।

आर्थिक या सामाजिक रूप से सशक्त वर्ग के अलावा एक अन्य दूसरा वर्ग भी होता है, जो आर्थिक दृष्टि से संपन्न या सामाजिक रूप से प्रभावशाली नहीं होता है। अत: यह वर्ग समाचार माध्यमों में प्रवेश करने के लिए स्वयं किसी समाचार माध्यम से जुड़ जाता है। अर्थात् ये वर्ग समाचार माध्यम में एक स्टॉफ के रूप में अपना स्थान बनाकर पत्रकारिता के क्षेत्र से संबद्ध होने में सफल हो जाते हैं।

हालाँकि यह आवश्यक नहीं है कि ये वर्ग अपने प्रयासों में सदैव ही सफल हो जाते हों, क्योंकि सामान्यत: कोई भी प्रकाशन समूह अपनी प्रतिष्ठा को दरकिनार कर इन्हें

अपने समूह का अंग बना लेने में रुचि नहीं ले सकता, परंतु इतना अवश्य है कि ये तत्त्व येन-केन-प्रकारेण पत्रकारिता के क्षेत्र में प्रवेश लेने में आंशिक रूप से सफल हो जाते हैं।

इस विषय में इस बात पर भी गौर करना आवश्यक है कि ये वर्ग अपने उद्‌देश्यों के लिए इस माध्यम का ही चयन क्यों करते हैं। इस बात का सैद्धांतिक और व्यावहारिक तथ्य यह है कि संवाद माध्यम अपने आप में एक सशक्त एवं प्रबल माध्यम है, क्योंकि ये माध्यम जनता के हितों से सीधे संबद्ध होते हैं। अत: इन माध्यमों का शासन एवं प्रशासन पर एक अप्रत्यक्ष दवाब होता है। इसके अलावा भारत में शासन व प्रशासन द्वारा समाचार माध्यमों को विशेष सुरक्षा, सुविधा एवं अधिकार भी प्रदान किए गए हैं। समाचार माध्यमों को प्राप्त इसी सुरक्षा व सुविधा का अनुचित लाभ इस वर्ग द्वारा उठाने का भरपूर प्रयास किया जाता है। दूसरे अर्थों में समाचार माध्यमों की सशक्तता और सबलता ही इसके दुरुपयोग का प्रमुख कारण होता है। इस माध्यम की आड़ में ये वर्ग पत्रकारिता से जुड़े अन्य लाभों का भी खुलकर दोहन करने का प्रयास करते हैं। यह लाभ स्वयं को कानून से बचाने, गैर-कानूनी व्यापार में सुविधा आदि जैसे उद्‌देश्यों को लेकर भी हो सकता है।

पत्रकारिता के माध्यम से अनुचित लाभ प्राप्त करने के उद्‌देश्यों में यह असामाजिक वर्ग सफल होता है या नहीं, यह एक-एक अलग प्रश्न है, पर इतना अवश्य है कि पत्रकारिता के वर्तमान परिदृश्य में इस वर्ग का अस्तित्व कुछ सीमा तक विद्यमान है।

9. पत्रकारिता के कार्यक्षेत्र में वृद्धि

पत्रकारिता का कार्यक्षेत्र अत्यधिक विस्तृत है। परंतु समुचित तकनीकी विकास के अभाव में पूर्व में पत्रकारिता अपने कार्यक्षेत्र में सिमटी हुई थी। अत: इसके विस्तार और विकास की आवश्यकता सदैव से महसूस की जाती रही है। वर्तमान में यह तकनीकी विकास के नवीन आयामों का स्पर्श कर लिया है। अत: तकनीक के इसी विकास ने पत्रकारिता के कार्यक्षेत्र में भी निरंतर वृद्धि की है तथा साथ-ही-साथ पत्रकारिता के कार्यक्षेत्र को भी अत्यधिक विस्तृत कर दिया है। इसी का सुखद परिणाम यह है कि वर्तमान में पत्रकारिता का स्वरूप अत्यंत विस्तृत हो चुका है।

पत्रकारिता के क्षेत्र में अत्यधिक विकास का एक अहम कारण यह भी है कि तकनीकी क्रांति के परिणामस्वरूप संपूर्ण विश्व सिमट कर एक परिवार का रूप ले चुका है। संचार के उन्नत साधनों ने भी संपूर्ण विश्व को संयोजित करने में महत्त्वपूर्ण भूमिका का निर्वाह किया है।

वर्तमान में पत्रकारिता का कार्यक्षेत्र स्थानीय स्तर से अंतरराष्ट्रीय स्तर तक अत्यंत

विस्तारित हो गया है। अतः स्थानीय स्तर से प्रादेशिक स्तर, प्रादेशिक स्तर से राष्ट्रीय स्तर एवं राष्ट्रीय स्तर से अंतरराष्ट्रीय स्तर तक समाचार, सूचनाओं का संप्रेषण समाचार माध्यमों के एक महत्त्वपूर्ण दायित्व के रूप में शामिल हो गया है। स्थानीय स्तर से लेकर अंतरराष्ट्रीय स्तर तक घटित घटनाक्रमों पर तीक्ष्ण दृष्टि रखकर उनसे जनसामान्य को अवगत करना भी समाचार माध्यमों के विस्तारित कार्यक्षेत्र का ही एक उदाहरण है। यह आवश्यक भी हैं, क्योंकि तकनीकी विकास के कारण जनमानस की अभिरुचियों और जिज्ञासाओं में अत्यधिक वृद्धि हुई है। अतः वर्तमान में अधिकांश पाठक वर्ग स्थानीय स्तर से अंतरराष्ट्रीय स्तर तक के घटनाक्रमों के संपर्क में रहना चाहते हैं। इसके अलावा प्रत्येक पाठक वर्ग की समाचार माध्यमों से उनके रुचिकर क्षेत्रों के विषय में अपेक्षित सामग्री उपलब्ध कराए जाने की अपेक्षा होती है और पाठकों की इसी अपेक्षा पर खरा उतरना प्रत्येक समाचार माध्यमों का प्रमुख दायित्व होता है। जैसाकि पूर्व में भी स्पष्ट किया जा चुका है कि तकनीकी क्रांति के परिणामस्वरूप हमारे सामाजिक जीवन में अनेक नवीन क्षेत्रों का समावेश हुआ है। अतः इन नवीन क्षेत्रों के संदर्भ में समाचार और सूचनाओं का संकलन कर जनसामान्य तक उनका संप्रेषण करना समाचार माध्यमों के लिए भी एक नया व दायित्वपूर्ण अनुभव है। इसके अलावा स्थानीय स्तर से अंतरराष्ट्रीय स्तर तक ही सामाजिक, राजनैतिक, आर्थिक, धार्मिक एवं अन्य विषयों की नवीनतम जानकारियों का जनमानस तक संप्रेषण पत्रकारिता के लिए एक जटिल चुनौती भी है।

पत्रकारिता के कार्यक्षेत्र में हुई यह वृद्धि मात्र प्रिंट मीडिया तक ही सीमित नहीं है, बल्कि इसका सर्वाधिक प्रभाव इलेक्ट्रॉनिक मीडिया पर परिलक्षित हो रहा है, क्योंकि प्रिंट मीडिया का दायित्व मात्र समाचारों और सूचनाओं के प्रकाशन तक ही सीमित होता है, परंतु इलेक्ट्रॉनिक मीडिया का कार्य आवश्यकतानुसार घटना से संबंधित महत्त्वपूर्ण स्थलों या व्यक्तियों तक पहुँच कर उनका फिल्मांकन दृश्य रूप में दर्शकों तक पहुँचाना भी होता है। अनेक अवसरों पर अपने इस उद्देश्य से जुड़े इलेक्ट्रॉनिक मीडिया के संवाददाताओं को विषम व प्रतिकूल परिस्थितियों का भी सामना करने को बाध्य होना पड़ता है।

पत्रकारिता के कार्यक्षेत्र में हुई वृद्धि का एक अन्य प्रमुख कारण पत्रकारिता के क्षेत्र में उन्नत तकनीकों का प्रवेश भी है, क्योंकि विगत कुछ वर्षों पूर्व उन्नत तकनीकी उपकरणों व समुचित संचार सुविधाओं के अभाव में समाचार माध्यमों को कार्य करने में अत्यंत परेशानी का सामना करना पड़ता था। परंतु तकनीक क्रांति के परिणामस्वरूप वर्तमान में समाचार माध्यमों के लिए उन्नत तकनीकों उपलब्ध है। आमजनमानस भी समाचार माध्यमों के लिए आविष्कृत विभिन्न तकनीकी से भली-भाँति अवगत हैं। अतः उनकी समाचार माध्यमों से यह अपेक्षा होती है कि वह इन उन्नत तकनीकों का उपयोग कर विभिन्न क्षेत्रों व विषयों की सूचनाओं का संप्रेषण करे। इन जन अपेक्षाओं की पूर्ति

करना प्रत्येक समाचार माध्यमों का प्रमुख दायित्व होता है। क्योंकि समाचार माध्यमों का अस्तित्व जनमानस पर ही आधारित होता है। यही कारण है कि पत्रकारिता के क्षेत्र में विद्यमान विभिन्न समाचार माध्यमों को दूरस्थ-से-दूरस्थ क्षेत्रों व विविध विषयों से संबंधित समाचार और सूचनाओं के संकलन के लिए तत्पर रहना अनिवार्य हो गया है।

संक्षेप में इस विषय में यही कहा जा सकता है कि तकनीक के विकास के कारण पत्रकारिता का कार्यक्षेत्र चारों दिशाओं तक अत्यंत विस्तृत हो गया है। विकास के विभिन्न चरणों के साथ-साथ पत्रकारिता का कार्यक्षेत्र एवं उसका दायित्व भी जनसामान्य की रुचियों और अपेक्षाओं के साथ-साथ निरंतर बढ़ रहा है।

10. सुविधाजनक प्रकाशन तकनीक

वर्तमान युग तकनीकी क्रांति का युग है। हमारे सामाजिक जीवन के प्रत्येक क्षेत्र में तकनीकी क्रांति का स्पष्ट प्रभाव दिखाई दे रहा है। तकनीकी विकास के कारण मानवीय जीवन में सुविधाओं की वृद्धि हुई है एवं विभिन्न कार्य आधुनिकतम यांत्रिकीय तकनीक पर आधारित होकर अत्यधिक सुगम हुए हैं।

यदि पत्रकारिता के क्षेत्र में तकनीकी विकास की चर्चा की जाए तो यह कहना उचित होगा कि वर्तमान में पत्राकरिता का क्षेत्र भी अत्यंत आधुनिकतम तकनीक से परिपूर्ण है। संचार के क्षेत्र में तो वर्तमान में सबसे अधिक आधुनिकतम उपकरणों का उपयोग किया जाने लगा है। पत्रकारिता के क्षेत्र में उन्नत तकनीकी उपकरणों के उपयोग से जहाँ प्रकाशन विषयक तकनीकी सुविधाओं में वृद्धि हुई है, वहीं संवादों के प्रेषण को भी नई दिशा मिली है।

इस विषय का सूक्ष्मता से विश्लेषण करने पर स्पष्ट होगा कि पूर्व की अपेक्षा अब प्रकाशन तकनीक अत्यंत सुविधाजनक है। आजादी के संघर्षकाल में प्रकाशन प्रणाली का अत्यधिक विकास नहीं हुआ था। अत: क्रांतिकारियों को कई अवसरों पर प्रकाशन का कार्य हाथों से लिखकर भी संपन्न करने को बाध्य होना पड़ता था। यह विधि अत्यंत कष्टप्रद व समय लेने वाली विधि थी। इस काल में छपाई के लिए प्रिंटिंग मशीन का अस्तित्व तो अवश्य था, परंतु गुलामी के कारण स्वतंत्रतापूर्वक इस माध्यम का उपयोग करना आसान नहीं था।

आजादी के उपरांत प्रकाशन तकनीक के विकल्प के रूप में प्रिंटिंग या छपाई मशीन का प्रचलन बढ़ा। अधिकांश समाचार-पत्रों और पत्रिकाओं का प्रकाशन इसी माध्यम से किया जाने लगा। प्रिंटिंग मशीन द्वारा प्रिंटिंग का कार्य करना कुछ सीमा तक तो सामान था, परंतु इस प्रकार तकनीक की प्रक्रिया अत्यंत जटिल व समय लेने वाली

थी, प्रिंटिंग की दृष्टि से इस प्रणाली की अपनी कुछ खामियाँ थीं, जैसे प्रिंटिंग करने के लिए धातुओं के बने अक्षरों को एक फ्रेम में जमाना तथा प्रिंटिंग के उपरांत उन्हें फिर से यथा स्थान पर रखना अत्यधिक जटिल व अधिक समय लेने वाली प्रक्रिया थी। इसके अलावा इस प्रणाली में विभिन्न डिजाइन व आकारवाले अक्षरों का संग्रह करना एवं चित्रों के प्रकाशन के लिए ब्लॉक का निर्माण कराना भी एक खर्चीला कार्य था।

वर्तमान में प्रिंटिंग मीडिया के क्षेत्र में इस तकनीक के विकल्प के रूप में ऑफसेट मशीन द्वारा प्रकाशन का चलन निरंतर बढ़ रहा है। कंप्यूटर द्वारा प्रकाशन सामग्री को अत्यधिक सरलता से विभिन्न आकार व डिजाइनों द्वारा न सिर्फ संयोजित किया जा सकता है, बल्कि प्रकाशन सामग्री को मनचाहा आकर्षक रूप भी दिया जा सकता है। इस प्रणाली की सबसे महत्त्वपूर्ण विशेषता यह है कि यह तकनीक कम खर्चीला एवं समय की बचत पर आधारित है। प्रकाशित सामग्री के संग्रहण एवं समाचार व सूचनाओं के परस्पर संप्रेषण की दृष्टि से भी यह प्रणाली अत्यंत सुविधाजनक है।

प्रकाशन की इस उन्नत व सुविधाजनक प्रणाली के कारण वर्तमान में यह तकनीक अत्यंत लोकप्रिय हो चुकी है। इस विषय में यदि यह भी कहा जाए तो अतिश्योक्तिपूर्ण नहीं होगा कि प्रतिस्पर्धा के युग में यह प्रणाली वर्तमान की एक प्रमुख आवश्यकता के रूप में स्थापित हो गई है।

अर्थात् प्रकाशन की दृष्टि से पत्रकारिता का वर्तमान स्वरूप आधुनिकतम व सुविधाजनक है। प्रकाशन की इस आधुनिकतम प्रणाली ने पुरानी प्रकाशन प्रणाली की समस्त खामियों से मुक्ति दिलाने में महत्त्वपूर्ण भूमिका का निर्वाह किया है, साथ ही मानवीय श्रम में भी इस नवीनतम नकनीक के उपयोग के कारण काफी हद तक कमी आई है। पत्रकारिता के क्षेत्र में उपलब्ध प्रकाशन की विभिन्न तकनीक का पूर्व के खंडों में विस्तार से उल्लेख किया जा चुका है। अत: इस विषय में साररूप में यही कहा जा सकता है कि पूर्व की अपेक्षा वर्तमान में प्रकाशन प्रणाली कंप्यूटर, स्केनर, आधुनिकतम प्रिंटर एवं ऑफसेट मशीन जैसी आधुनिकतम तकनीकों पर आधारित होकर परिपूर्ण बन गई है। इसके अलावा इंटरनेट व इ-मेल जैसी संप्रेषण की सुविधाएँ भी दूरस्थ-से-दूरस्थ क्षेत्रों तक समाचार और सूचनाओं के सुलभ संप्रेषण में सहायक हो रही है। आधुनिक, सरल एवं उन्नत तकनीक का निरंतर बढ़ता उपयोग पत्रकारिता के वर्तमान दौर की एक महत्त्वपूर्ण उपलब्धि है।

11. उन्नत संचार प्रणाली

आजादी के बाद से ही देश को तकनीकी दृष्टि से संपन्न बनाने के प्रयास किए जा रहे हैं। भारत के पूर्व प्रधानमंत्री स्व. राजीव गांधी ने तकनीकी दृष्टि से संपन्न आधुनिक

भारत की कल्पना करके भारत को 21वीं शताब्दी में पहुँचाने का स्वप्न देखा था। उनकी इस विषय में स्पष्ट सोच थी कि देश का सही मायने में तभी विकास होगा, जब देश तकनीक के क्षेत्र में आत्मनिर्भर होगा। स्व. श्री राजीव गांधी की यह सोच वास्तव में एक दूरगामी सोच ही थी, क्योंकि वर्तमान में तकनीकी विकास ने एक ओर जहाँ देश को विकसित राष्ट्र बनाने की दिशा में कार्य किया है, वहीं मानवजीवन से जुड़े विभिन्न क्षेत्रों को भी सुविधाजनक बनाया है।

बीसवीं शताब्दी का युग तकनीकी क्रांति का चरम काल रहा है। इस काल में विभिन्न क्षेत्रों में तकनीकी विकास की असीम बुलंदियों को स्पर्श किया है। तकनीकी विकास को आगामी समय में अभी और कई नवीन आयामों को स्पर्श करना है, जिनका आकलन भविष्य में ही किया जा सकेगा। वर्तमान संदर्भों में इस विषय पर यही कहा जा सकता है कि तकनीकी विकास का जीवन से जुड़े विविध क्षेत्रों पर अत्यधिक प्रभाव पड़ा है। इसके अलावा तकनीकी क्रांति के इस जादुई विकास ने संवाद प्रणाली पर भी अपना विशिष्ट सकारात्मक प्रभाव छोड़ा है। यही कारण है कि वर्तमान में संचार व संवाद प्रणाली आधुनिकतम उपकरणों पर आधारित होकर अत्यंत उन्नत व सुविधाजनक हो गई है।

पत्रकारिता संवादों के प्रेषण का ही एक महत्त्वपूर्ण विकल्प है। अत: उनका संवाद प्रणाली पत्रकारिता का एक अहम हिस्सा बन गई है। यदि अतीत के आधार पर वर्तमान संवाद प्रणाली का विश्लेषण किया जाए तो हम यह पाते हैं कि पूर्व में संवादों के प्रेषण में दूरभाष जैसे परंपरागत माध्यमों का उपयोग किया जाता था। इन माध्यमों में से अधिकांश माध्यमों में संवादों के प्रेषण में अधिक समय लगता था। वर्तमान में संचार रूपी संवाद प्रणाली अत्यंत विकसित हो चुकी है। यह विकास इस सीमा तक हो चुका है कि इसने संपूर्ण विश्व को एकसूत्रा में बाँध दिया है। वर्तमान में उन्नत संवाद प्रणाली के माध्यम से अंतरराष्ट्रीय, राष्ट्रीय, प्रादेशिक एवं स्थानीय स्तर की सूचनाओं का कुछ ही सेकेंडों में संपूर्ण विश्व में संप्रेषण किया जा सकता है, अर्थात् आधुनिक संचार प्रणाली के कारण देश के दूरस्थ-से-दूरस्थ क्षेत्र में निवास करनेवाले व्यक्ति भी स्वयं को हर पल संपूर्ण विश्व से जुड़ा हुआ अनुभव करते हैं।

संचार के क्षेत्र में सर्वाधिक उन्नति कंप्यूटर के विकास और उसके हर क्षेत्र में प्रवेश के कारण संभव हुई। कंप्यूटर और उससे संबद्ध इंटरनेट प्रणाली के माध्यम से कुछ ही पलों में विश्व में घटित घटनाओं से अवगत हो सकते। इंटरनेट इ-मेल प्रणाली के माध्यम से विश्व में कहीं भी संवादों का आदान-प्रदान किया जा सकता है।

फोटो व चित्रों के संप्रेषण में भी यह प्रणाली अत्यंत कारगर है। समाचार और सूचनाओं के संप्रेषण के लिए पूर्व में लिपिबद्ध प्रेषण के लिए टेलीप्रिंटर का अत्यधिक उपयोग किया जाता था। वर्तमान में भी यह प्रणाली चलन में है, परंतु अब यह कार्य

इंटरनेट के माध्यम से किया जाने लगा है। संवादों के व्यक्तिगत संप्रेषण में वर्तमान में बेतार प्रणाली पर आधारित मोबाइल सेवा अत्यधिक लोकप्रिय हो चुकी है। इस माध्यम के द्वारा संवादों का संप्रेषण ध्वनि के रूप में किया जा सकता है। संवादों के प्रेषण के लिए उपयोगी माध्यम के रूप में फोन एवं फैक्स भी अपनी महती भूमिका का निर्वाह कर रहे हैं।

पत्रकारिता के वर्तमान दौर में अधिकांश समाचार माध्यम, चाहे वह प्रिंट मीडिया के रूप में हो या इलेक्ट्रॉनिक मीडिया के रूप में, वह तात्कालिक समाचारों की प्राप्ति के लिए इंटरनेट प्रणाली पर ही आधारित है। समाचार माध्यमों की सुविधा के लिए इंटरनेट के माध्यम से ही अनेक संवाद एजेंसियाँ भी विभिन्न समाचार और सूचनाओं का प्रेषण कर रही है।

संवादों के प्रेषण में अब आवागमन के साधनों का भी कुछ कम योगदान नहीं है। पूर्व की अपेक्षा अब आवागमन के अनेक साधनों का भी विकास हुआ है। आवागमन के इन साधनों के द्वारा संवादों का प्रेषण व वितरण आसान हुआ है।

संक्षेप में पत्रकारिता के वर्तमान परिदृश्य में उपलब्ध आधुनिकत संवाद प्रणाली की भूमिका के विषय में यही कहा जा सकता है कि इन माध्यमों के अत्यधिक विकास के कारण पत्रकारिता का क्षेत्र और अधिक विकसित एवं संपन्न हुआ है। अतः इन माध्यमों के उपयोग से पत्रकारिता सत्य व निष्पक्ष समाचारों के अत्यधिक करीब पहुँच चुकी है। धन एवं समय के दृष्टिकोण से भी यह प्रणाली अत्यंत मददगार सिद्ध हो रही है।

12. छोटे समाचार-पत्रों का अनिश्चित भविष्य

पत्रकारिता का वर्तमान दौर छोटे समाचार-पत्रों के लिए अत्यंत संकट का दौर सिद्ध हो रहा है। यही कारण है कि वर्तमान में छोटे समाचार-पत्रों के लिए अपने अस्तित्व को बचाना ही सबसे बड़ी चुनौती बन चुकी है।

छोटे समाचार-पत्रों पर व्याप्त विकट एवं विषम परिस्थितियों का पूर्व में उल्लेख किया जा चुका है। अतः यहाँ छोटे समाचार-पत्रों की वर्तमान स्थिति की समीक्षा की जाए तो यह ज्ञात होगा कि वर्तमान में छोटे समाचार-पत्र अपने अस्तित्व के लिए संघर्षरत है। शासन की प्रतिकूल नीतियों, बड़े समाचार-पत्रों के विस्तार एवं इलेक्ट्रॉनिक मीडिया के व्यापक प्रभाव के कारण यह समाचार-पत्र अत्यंत विषम परिस्थितियों का सामना करने को बाध्य हो रहे हैं। यह परिस्थितियाँ इतनी विषम हो चुकी है कि अनेक समाचार-पत्रों का प्रकाशन बंद हो चुका है एवं कई समाचार-पत्र अपने अस्तित्व की अंतिम साँसें गिन रहे हैं।

वर्तमान संदर्भ में यदि समाचार-पत्रों के प्रकाशन के पुराने आँकड़ों की तुलना

नवीन आँकड़ों से की जाए तो यह बात अपने आप ही स्पष्ट हो जाएगी कि विगत कुछ वर्षों में अनेक छोटे दैनिक एवं विशेषकर साप्ताहिक समाचार-पत्रों का प्रकाशन अवरुद्ध या बंद हो चुका है। यहाँ यह बात विचारणीय है कि जब दैनिक समाचार-पत्रों की ही यह हालत है तो फिर साप्ताहिक, पाक्षिक व मासिक समाचार-पत्रों की क्या स्थिति होगी, यह स्वत: ही स्पष्ट है। वर्तमान परिप्रेक्ष्य में छोटे समाचार-पत्रों की स्थिति का वास्तविक अध्ययन करने पर जो परिदृश्य उत्पन्न होता है, उसके अनुसार छोटे समाचार-पत्रों में से वह समाचार-पत्र, जो दैनिक रूप से सुबह के समाचार-पत्र हैं, सर्वाधिक संकट में है। अधिकांश बड़े समाचार-पत्रों का प्रकाशनकाल सुबह ही होता है। एक प्रकार से कहा जा सकता है कि सुबह के समय पर बड़े समाचार-पत्रों का ही साम्राज्य ही स्थापित हो गया है तो यह कहना अनुचित नहीं होगा। वर्तमान में इन प्रात:कालीन बड़े समाचार-पत्रों का सर्वाधिक विक्रय होता है। इससे इनकी लोकप्रियता व विस्तार का अंदाजा लगाया जा सकता है। इतना अवश्य है कि कुछ पुराने व लोकप्रिय प्रात:कालीन छोटे समाचार-पत्र अभी भी जनसामान्य में अपनी गहरी पैठ बनाए हुए हैं, परंतु फिर भी छोटे समाचार-पत्रों के लिए बड़े समाचार-पत्रों की तुलना में स्वयं को रखना या स्थापित करना अत्यंत कठिन सिद्ध हो रहा है।

प्रात:कालीन समाचार-पत्र सामान्यत: देर रात्रि तक के समाचारों को समाहित किए हुए होते हैं। अत: प्रात:काल के अलावा दोपहर एवं सायंकालीन समाचारों को भी जनमानस तक प्रचारित करने जैसे उद्देश्यों को लेकर दोपहरकालीन एवं सायंकालीन समाचार-पत्र अस्तित्व में आए। वर्तमान में इन समाचार-पत्रों का भी बड़ी संख्या में प्रकाशन हो रहा है। यह समाचार-पत्र जनसामान्य में काफी लोकप्रियता भी अर्जित कर रहे हैं, परंतु इस विषय में भी महत्त्वपूर्ण तथ्य यह है कि सायंकालीन छोटे समाचार-पत्रों की लोकप्रियता को देखते हुए बड़े समाचार-पत्रों द्वारा भी अपने सायंकालीन संस्करण प्रारंभ कर दिए गए हैं। इनमें से अधिकांश बड़े समाचार-पत्र अपने विस्तृत आकार, बहुरंगीय कलेवर एवं विस्तृत समाचारों की कवरेज के कारण पाठकों को अपनी ओर आकर्षित करने में सफल हो रहे हैं। यह स्थिति छोटे समाचार-पत्रों पर प्रतिकूल प्रभाव डाल रही है। अत: अपने अस्तित्व के विषय में छोटे समाचार-पत्रों की चिंता निरर्थक प्रतीत नहीं होती है।

साप्ताहिक, पाक्षिक एवं मासिक समाचार-पत्रों की स्थिति की भी यदि समीक्षा की जाए तो यही निष्कर्ष सामने आता है कि शासकीय नीतियों से पीड़ित होकर कई समाचार-पत्रों का प्रकाशन लगभग बंद हो गया है एवं कई समाचार-पत्र भी विभिन्न विषम परिस्थितियों के कारण दम तोड़ते प्रतीत हो रहे हैं। हालाँकि इस विषय में सुखद पहलू यह है कि कई दैनिक, साप्ताहिक, पाक्षिक और मासिक वर्ग के कई समाचार-पत्रों

ने शासन पर अपनी निर्भरता का त्याग करके स्वयं को आत्मनिर्भर बना लिया है एवं जनमानस में अपनी विशिष्ट पहचान बना ली है।

सार रूप में छोटे समाचार-पत्रों की वर्तमान स्थिति की समीक्षा की जाए तो यह दृष्टिगोचर होता है कि वर्तमान स्थितियाँ छोटे समाचार-पत्रों के लिए प्रतिकूल परिस्थितियों का निर्माण करती जा रही है, जो छोटे समाचार-पत्रों के लिए अत्यंत घातक है। इन विषम परिस्थितियों के बीच स्वयं के अस्तित्व को बनाए रखने के लिए छोटे व मध्यम स्तर के समाचार-पत्रों को वर्तमान में जारी व्यापक प्रतिस्पर्धा के अनुरूप स्वयं में बदलाव लाने को विवश होना पड़ रहा है। परंतु यह बदलाव लाना सभी समाचार-पत्रों के लिए संभव नहीं हो पा रहा है। अत: वह दिन-प्रतिदिन प्रतिस्पर्धा की दौड़ में पिछड़ते जा रहे हैं। इसी प्रकार शासकीय निर्भरता से परे हटकर अपने आपको स्थापित करना भी अत्यंत आसान कार्य नहीं है। अर्थात् वर्तमान छोटे व मध्यम वर्ग के समाचार-पत्रों के लिए संक्रमण का काल सिद्ध हो रहा है।

13. समाचार-पत्रिकाओं का बढ़ता प्रकाशन

आजादी के उपरांत देश में समाचार माध्यमों का अत्यधिक विकास हुआ है। समाचार माध्यमों के विकास के इस क्रम में जहाँ प्रिंट मीडिया के रूप में अनेक समाचार-पत्र अस्तित्व में आए, वहीं इलेक्ट्रॉनिक मीडिया के रूप में समाचारों पर आधारित कई समाचार चैनलों का भी प्रवेश हुआ। वर्तमान में प्रिंट मीडिया के क्षेत्र में समाचार और सूचनाओं पर आधारित समाचार-पत्रिकाओं का भी प्रकाशन निरंतर बढ़ रहा है।

आजादी के उपरांत प्रारंभिककाल में समाचार-पत्रिकाओं की संख्या अत्यंत कम थी, परंतु पत्रकारिता के वर्तमान दौर में विभिन्न क्षेत्रों से संबंधित समाचार और सूचनाओं के व्यवस्थित संकलन के रूप में समाचार-पत्रिकाओं का प्रकाशन बड़े पैमाने पर किया जाने लगा है।

विगत कुछ वर्षों में तकनीकी क्रांति के परिणामस्वरूप स्थानीय स्तर से अंतरराष्ट्रीय स्तर तक घटित घटनाओं से संबंधित समाचारों का संकलन एवं उनका संप्रेषण अत्यंत आसान हो गया है। अत: पत्रकारिता के वर्तमान दौर में विभिन्न क्षेत्रों पर आधारित समाचार-पत्रिकाओं की आवश्यकता महसूस की जाने लगी है। विगत वर्षों में जनजागरूकता में वृद्धि के परिणामस्वरूप जनसामान्य की विभिन्न घटनाक्रमों को जानने की जिज्ञासाओं में अत्यधिक वृद्धि देखी जा रही है, इस आवश्यकता ने भी समाचार-पत्रिकाओं के प्रकाशन को अत्यधिक प्रोत्साहित किया है।

वैसे तो जनसामान्य को विभिन्न घटनाक्रमों के संबंध में आवश्यक जानकारी समाचार-पत्र और टी.वी. पर आधारित विभिन्न समाचार चैनलों के माध्यम से प्राप्त हो जाती है, पर समाचार और सूचनाओं का क्षेत्र इतना विस्तृत है कि विविध क्षेत्रों के संपूर्ण समाचार एवं सूचनाओं का दूरदर्शन या समाचार-पत्रों में समावेश होना संभव नहीं हो पाता है। यही कारण है कि जनसामान्य विभिन्न स्रोतों के माध्यम से समाचार और सूचनाओं को प्राप्त करना चाहते हैं। समाचार-पत्रिका भी इसी रूप में जनमानस की विविध घटनाक्रमों को जानने की आवश्यकता और जिज्ञासा पूर्ति का एक माध्यम होती है।

सामान्य रूप से समाचार-पत्रिकाओं का कार्य अत्यंत चुनौतीपूर्ण होता है। समाचार-पत्रिकाएँ समय विशेष तक घटित घटनाओं या समाचार एवं सूचनाओं का संकलन प्रस्तुत करती हैं, परंतु इन घटनाक्रमों व समाचारों से जनमानस समाचार-पत्रों या टी.वी. के माध्यम से पूर्व में ही अवगत हो चुका होता है। अत: वह समाचार-पत्रिकाओं में इन माध्यमों से प्राप्त समाचार और सूचनाओं के विषय में अतिरिक्त या कुछ हटकर सामग्री चाहता है। अत: समाचार-पत्रिकाओं को समाचार-पत्रों और टी.वी. माध्यम द्वारा प्रस्तुत समाचार एवं सूचनाओं से भी आगे जाकर सामग्री के संकलन की दिशा में प्रयासरत रहना पड़ता है, जो अपने आप में एक चुनौतीपूर्ण कार्य है।

वर्तमान में पत्रकारिता के क्षेत्र में साप्ताहिक, पाक्षिक एवं मासिक समाचार-पत्रिकाएँ अस्तित्व में हैं। यह समाचार-पत्रिकाएँ निर्धारित अवधि तक में घटित प्रमुख घटनाक्रमों का संकलन कर उसे जनमानस तक संप्रेषित करती है। अर्थात् समाचार और सूचनाओं के व्यवस्थित संकलन के रूप में समाचार-पत्रिकाओं की अपनी एक विशिष्ट भूमिका होती है।

अपने सामग्री संकलन के आधार पर समाचार-पत्रिकाएँ विविध प्रकार की होती हैं। जैसे कई पत्रिकाएँ मात्र राजनीतिक घटनाक्रमों पर आधारित होती हैं, तो कोई पत्रिका खेल विषयक समाचारों पर। इसी प्रकार धर्म, समाज, चिकित्सा या व्यवसाय आदि अनेक विषयों पर आधारित समाचार-पत्रिकाओं का प्रकाशन किया जाता है। इसके अलावा समाचार संकलन के क्षेत्र के आधार पर भी समाचार-पत्रिकाओं के अनेक प्रकार होते हैं, जैसे कुछ समाचार-पत्रिकाएँ राष्ट्रीय स्तर के समाचार और सूचनाओं पर आधारित होती हैं, वहीं कुछ पत्रिकाएँ मात्र प्रदेश स्तर या स्थानीय स्तर तक की ही समाचार सामग्री तक सीमित होती हैं।

तकनीकी क्रांति के फलस्वरूप वर्तमान में समाचार और सूचनाओं पर आधारित विडियो एवं पत्रिका का भी तेजी से चलन बढ़ा है। विडियो एवं मैगजीन दृश्य व श्रवण पर आधारित होती हैं, जिसमें सामान्यत: तत्कालीन घटनाक्रमों पर आधारित समाचार एवं सूचनाओं का समावेश होता है। अत: वीडियो एवं पत्रिका में जनसाधारण को अपनी और

आकर्षित करने की असीम क्षमता होती है। वर्तमान में वीडियो एवं पत्रिका सभी वर्गों में अत्यधिक लोकप्रिय हो रही हैं।

पत्रकारिता के वर्तमान स्वरूप के आधार पर यह कहा जा सकता है कि प्रिंट मीडिया के क्षेत्र में समाचार-पत्रिकाओं की लोकप्रियता निरंतर बढ़ रही है। अत: बड़े पैमाने पर समाचार-पत्रिकाओं का प्रकाशन किया जाने लगा है। समाचार-पत्रिकाओं के माध्यम से विविध क्षेत्रों से संबंधित समाचार व सूचनाओं से अवगत होना एवं उनका संग्रहण करना जनसामान्य के लिए अत्यंत आसान हो गया है। अर्थात् जनसामान्य तक विविध सूचनाओं के संप्रेषण में समाचार-पत्रिकाएँ अत्यंत महत्त्वपूर्ण योगदान प्रदान कर रही हैं।

14. गुणवत्ता और प्रामाणिकता की माँग

आजादी के उपरांत से ही शासन द्वारा समाज में व्याप्त अशिक्षा एवं निरक्षरता को दूर करने के लिए विभिन्न प्रयास किए जा रहे हैं। शासन के इन विभिन्न प्रयासों का ही परिणाम है कि देश में साक्षरता का प्रतिशत निरंतर बढ़ता जा रहा है। इसके अलावा नागरिकों में जनजागरूकता को भी विकसित करने के प्रयास विभिन्न माध्यमों द्वारा किए जा रहे हैं। नागरिकों की जागरूकता में वृद्धि करने के लिए संचार साधन सबसे महत्त्वपूर्ण भूमिका का निर्वाह करते हैं, क्योंकि जनसामान्य संचार साधनों से अत्यंत करीब से जुड़े होते हैं।

जागरूकता से आशय सभी विषयों के प्रति नागरिकों की संचेतना से लिया जा सकता है। अर्थात् जीवन के विविध विषयों के प्रति शारीरिक और मानसिक रूप से सजग व सचेत रहकर उसका अपने स्तर पर विश्लेषण करना एवं किसी निष्कर्ष तक पहुँचना ही जागरूकता की श्रेणी में शामिल किया जा सकता है।

वर्तमान में बढ़ी इसी जागरूकता ने जनमानस की सोच और अभिरुचियों को अत्यधिक विकसित कर दिया है। इसके अलावा जनजागरूकता ने जीवन के विभिन्न क्षेत्रों में गुणवत्ता और प्रामाणिक तत्त्वों को भी प्रासंगिक बना दिया है। समाचार माध्यम और जनमानस घनिष्ठता से परस्पर संबंधित होते हैं। यही कारण है कि समाचार माध्यमों के स्तर एवं उनकी गुणवत्ता और प्रामाणिकता के प्रति भी जनमानस में विशिष्ट सोच विकसित हुई है। पाठकों की इसी सकारात्मक सोच के परिणामस्वरूप समाचार-पत्रों द्वारा भी अपने स्वरूप में आमूलचूल परिवर्तन लाने के प्रयास किए जा रहे हैं।

सामान्य अर्थों में समाचार माध्यमों की गुणवत्ता से आशय इसके द्वारा प्रस्तुत की जा रही सामग्री के स्तर से है। वर्तमान में समाचार माध्यमों से जुड़े युवा वर्ग तेजी से पाश्चात्य संस्कृति की ओर आकर्षित हो रहे हैं। अत: युवा वर्ग पाश्चात्य संस्कृति पर

ही आधारित सामग्री समाचार माध्यमों से प्राप्त करना चाहते हैं, परंतु इसके विपरीत अधिकांश उच्च आयु वर्ग समाचार माध्यमों में उच्च स्तरीय सामग्री के पक्षधर हैं। ये पाठक वर्ग प्रिंट मीडिया के क्षेत्र में अच्छे स्तर के समाचार एवं उच्च स्तरीय लेखन से परिपूर्ण, शालीनता से ओतप्रोत, ज्ञानवर्द्धक या मनोरंजनात्मक सामग्री समाचार-पत्रों में चाहते हैं। अतः विभिन्न वर्गों की अपेक्षाओं के अनुरूप समाचार माध्यमों को सभी स्तर की सामग्री का संकलन व प्रेषण कर एक संतुलन बनाना होता है। समाचार-पत्रों का स्तर उसके संकलन पर निर्भर होता है।

वर्तमान में पाठक वर्ग प्रिंट मिडिया के क्षेत्र में आधुनिकतम तकनीक पर आधारित समाचार-पत्र एवं पत्रिकाओं की ओर आकृष्ट होते प्रतीत हो रहे हैं। वर्तमान पाठक वर्ग समाचार-पत्रों के आकार, उसकी पृष्ठ संख्या, विस्तृत कवरेज, प्रिंटिंग, कलेवर एवं मूल्य आदि जैसे विषयों के आधार पर समाचार-पत्रों का चयन करते हैं। इसका कारण भी स्पष्ट है कि प्रत्येक पाठक अपनी समस्त अपेक्षाओं की पूर्ति विभिन्न स्रोतों से करने के स्थान पर एक ही समाचार-पत्र से करना चाहता है। इसी आधार पर वह सभी विशेषताओं से परिपूर्ण समाचार-पत्र को पसंद करता है। वर्तमान में इन सभी विशेषताओं से परिपूर्ण समाचार-पत्र पाठकों में अति लोकप्रियता अर्जित कर दृष्टिगोचर हो रहे हैं। समाचार-पत्रों की गुणवत्ता भी इस बात पर ही निर्भर करती है कि वह पाठकों की अपेक्षाओं की पूर्ति में किस सीमा तक सफल हो रहे हैं।

समाचार माध्यम जनमानस से अत्यंत करीब से जुड़े होते हैं। अतः समाचार माध्यमों की गुणवत्ता और प्रामाणिकता के प्रति जनमानस की अपेक्षाओं में वृद्धि होना स्वाभाविक भी है। गुणवत्ता के रूप में पाठक वर्ग का रूझान पूर्वग्रह-रहित, निष्पक्ष, सटीक एवं सत्यता पर आधारित समाचार माध्यमों के प्रति अधिक बढ़ा है। यही कारण है कि पीत-पत्रकारिता एवं भ्रामक समाचार और सूचनाओं पर आधारित समाचार-पत्र/पत्रिकाओं को पाठक वर्गों द्वारा नकारा जा रहा है। इसके विपरीत गुणवत्ता पर आधारित समाचार-पत्र/पत्रिकाएँ पाठकों की पहली पसंद बन रही है।

समाचार माध्यमों की प्रामाणिकता पर भी जनजागरूकता का विशेष प्रभाव पड़ा है। अर्थात् जनसामान्य प्रेषित समाचार और सूचनाओं की प्रामाणिकता जानने की ओर भी आकृष्ट हुआ है। यही कारण है कि जनसामान्य समाचार माध्यमों द्वारा प्राप्त समाचार और सूचनाओं की प्रामाणिकता की पुष्टि विभिन्न स्रोतों से अपने स्तर पर करने का प्रयास करते हैं। वर्तमान में जनमानस प्रामाणिकता विहीन समाचार माध्यमों के प्रति विमुख होते दिखाई दे रहे हैं। अतः जनसामान्य में बढ़ी जागरूकता और प्रामाणिकता की अपेक्षाओं के कारण ही प्रिंट मीडिया और इलेक्ट्रॉनिक मीडिया को प्राप्त समाचार और सूचनाओं को सप्रमाण प्रस्तुत करने के लिए तत्पर रहना होता है।

भारत जैसे प्रजातांत्रिक देश में जनजागरूकता में वृद्धि होना, वास्तव में प्रजातंत्र की सफलता के लिए शुभ संकेत है। नागरिकों की जनजागरूकता में वृद्धि, समाचार माध्यमों के अथक प्रयास की लघु परिणति है।

अर्थात् पत्रकारिता के वर्तमान दौर में जनसामान्य की समाचार माध्यमों के प्रति अपेक्षाओं में अत्यधिक वृद्धि हुई है, जो उनमें बढ़ रही जागरूकता का द्योतक है। आज पत्रकारिता के क्षेत्र में कार्यरत विभिन्न समाचार माध्यमों को जनमानस में अपनी गहरी पैठ बनाने व लोकप्रियता अर्जित करने के उद्‌देश्य से जन अपेक्षाओं के अनुरूप गुणवत्ता और प्रामाणिकता जैसे विषयों पर अत्यधिक ध्यान देना आवश्यक हो गया है।

15. समाचार समितियों की आवश्यकता में वृद्धि

सृष्टि समाचार और सूचनाओं का असीम भण्डॉर है। यही कारण है कि समाचार और सूचनाओं का क्षेत्र अत्यंत विस्तृत है। समाचार और सूचनाओं की इसी विस्तृत एवं सर्वव्यापी प्रकृति के आधार पर कहा जाता है कि सृष्टि के प्रत्येक अंश में समाचार व सूचनाएँ विद्यमान हैं। यह बात सही भी है, क्योंकि सृष्टि का प्रत्येक क्षेत्र विविध समाचार और सूचनाओं से परिपूर्ण होता है।

यहाँ प्रश्न उठता है कि आखिर समाचार क्या है? समाचारों के संबंध में विभिन्न विद्वानों ने अपने-अपने मतों का प्रतिपादन भी किया है। समाचार के संबंध में सामान्य रूप से यही कहा जा सकता है कि –

समाचार किसी अनोखी या असाधारण घटना की सूचना है, जिसके बारे में लोग न जानते हों, पर उनकी उसे जानने में रुचि हो।

मेसफील्ड के अनुसार, 'घटना समाचार नहीं है, बल्कि वह घटना का विवरण है, जो उनके लिए प्रस्तुत किया जाता है, जिन्होंने उसे देखा नहीं है।'

विविध क्षेत्रों से संबद्ध समाचार और सूचनाएँ विभिन्न माध्यमों के द्वारा परस्पर संप्रेषित होती हैं। परंतु समाचार माध्यम ही मुख्य रूप से इन विविध समाचार और सूचनाओं के वाहक होते हैं। अधिकांश समाचार और सूचनाएँ इन्हीं के माध्यम से संप्रेषित होती है। पत्रकारिता के क्षेत्र में यह कहा जाता है कि कोई भी समाचार माध्यम, चाहे वह कितना भी विस्तृत और उन्नत क्यों न हो, सभी समाचारों के संकलन एवं प्रेषण में सफल नहीं हो पाता। समाचारों का क्षेत्र अत्यंत विस्तृत होता है, अतः प्रत्येक समाचार माध्यम प्रायः विभिन्न क्षेत्रों से संबंधित महत्त्वपूर्ण घटनाक्रमों या समाचारों के ही संकलन का प्रयास करते हैं।

इस आधार पर यह कहा जा सकता है कि पत्रकारिता के क्षेत्र में उपस्थित प्रत्येक

समाचार माध्यम की अपनी एक सीमा होती है। उसी सीमा के अंतर्गत समाचार माध्यम समाचार और सूचनाओं का संकलन एवं संप्रेषण करने में समर्थ होते हैं।

समाचार और सूचनाओं के संकलन एवं संप्रेषण के आधार पर समाचार माध्यम कई प्रकार के होते हैं, जैसे कुछ समाचार माध्यम जहाँ मात्र स्थानीय स्तर तक के समाचारों का संप्रेषण करते हैं, वहीं कुछ समाचार माध्यम अपनी विस्तृत कवरेज के आधार पर अंतरराष्ट्रीय स्तर तक समाचारों का संकलन और संप्रेषण करते हैं। इसी प्रकार कई समाचार-पत्र अपनी कवरेज क्षमता के आधार पर मात्र प्रादेशिक या राष्ट्रीय स्तर तक के समाचारों का संकलन एवं प्रेषण करते हैं।

प्रिंट मीडिया के क्षेत्र में समाचार और सूचनाओं के संकलन के विषय में भी समाचार-पत्रों की प्रकृति में अंतर पाया जाता है, जैसे कुछ समाचार-पत्र जहाँ मात्र सामाजिक विषय पर आधारित होती है, वहीं कुछ समाचार-पत्र धर्म या व्यवसाय जैसे विषयों को लेकर प्रकाशित होते हैं। इसी प्रकार मनोरंजन, खेल, रोजगार, तंत्र-मंत्र आदि जैसे कई पृथक् विषय पर आधारित समाचार माध्यम भी अस्तित्व में होते हैं। प्रिंट मीडिया के समान ही इलेक्ट्रॉनिक मीडिया में भी विविध चैनल अपनी प्रकृति के आधार पर अलग-अलग क्षेत्रों की सूचनाओं पर आधारित होते हैं। जैसे कुछ चैनल मात्र समाचारों का प्रसारण करते हैं तो कुछ मनोरंजन या धर्म पर आधारित समाचारों और सूचनाओं का प्रेषण करते हैं।

प्रिंट मीडिया पर आधारित विभिन्न समाचार-पत्र अपनी प्रकृति के आधार पर विभिन्न क्षेत्रों से संबंधित समाचार और सूचनाओं के संकलन व प्रेषण का कार्य करते हैं। वैसे तो सामान्यत: प्रत्येक समाचार-पत्र अपने स्तर पर ही समाचार और सूचनाओं का संकलन कर लेते हैं। इसके अलावा अन्य विभिन्न स्रोतों से भी इन्हें समाचार और सूचनाओं की प्राप्ति हो जाती है, परंतु फिर भी प्रत्येक समाचार-पत्र का प्रयास विविध विषयों से संबंधित अधिकतम समाचारों एवं सूचनाओं का संकलन करना होता है। अत: समाचार-पत्र और पत्रिकाओं की इसी महती आवश्यकता ने समाचार एजेंसियों की स्थापना को प्रोत्साहित किया है। वर्तमान में अनेक समाचार एजेंसियाँ अस्तित्व में हैं। यह समाचार एजेंसियाँ समाचार माध्यमों को विविध क्षेत्रों से संबंधित समाचार और सूचनाएँ प्रदान करने में सहायक होती हैं।

वर्तमान में समाचार-पत्र विविध क्षेत्र के समाचार और सूचनाओं की प्राप्ति के लिए इन्हीं एजेंसियों पर निर्भर होते जा रहे हैं। यहाँ एक अन्य महत्त्वपूर्ण तथ्य यह है कि बड़े समाचार-पत्र अपनी सुदृढ आर्थिक व्यवस्था के कारण आधुनिकतम संचार तकनीक से परिपूर्ण होते हैं। इसके अलावा विभिन्न क्षेत्रों की सूचनाओं की प्राप्ति के लिए इन माध्यमों के पास स्वयं का एक बड़ा स्टॉफ वर्ग भी होते हैं। अत: यह समाचार-पत्र विभिन्न क्षेत्रों

और विषयों से संबंधित समाचार एवं सूचनाओं के संकलन में सफल हो जाते हैं, परंतु इसके विपरीत आर्थिक रूप से कमजोर छोटे व मध्यम समाचार-पत्रों के लिए विभिन्न क्षेत्रों एवं विषयों से संबंधित सूचनाओं का संकलन करना संभव नहीं होता है। अत: इस वर्ग के समाचार-पत्रों के लिए समाचार एजेंसियों पर निर्भर रहना अत्यंत आवश्यक हो जाता है।

पत्रकारिता के वर्तमान दौर में समाचार एजेंसियाँ समाचार माध्यमों की एक अनिवार्य आवश्यकता बन गई है। अत: सभी वर्गों के अधिकतर समाचार-पत्र, समाचार और सूचनाओं की प्राप्ति के लिए इन एजेंसियों का सहयोग ले रहे हैं।

पत्रकारिता के क्षेत्र में कार्यरत यह समाचार एजेंसियाँ समाचार माध्यमों के लिए विभिन्न क्षेत्रों व विषयों से संबंधित समाचार और सूचनाओं का प्रेषण कर महत्त्वपूर्ण भूमिका का निर्वाह कर रही हैं। पत्रकारिता के क्षेत्र में इन प्रमुख समाचार एजेंसियों के अलावा अन्य कई समाचार एजेंसियाँ भी कार्यरत हैं। ये समाचार एजेंसियाँ निजी रूप से कार्यरत हैं। ये समाचार एजेंसियाँ समाचार माध्यमों से निर्धारित शुल्क लेकर समाचार माध्यमों को विभिन्न विषयों पर आधारित समाचार और सूचनाएँ उपलब्ध कराती हैं। इसके अलावा इन एजेंसियों के माध्यम से समाचार-पत्रों को विविध क्षेत्र व विषयों से संबंधित समाचारों के अलावा लेख, व्यंग्य, कहानी, कविता, साक्षात्कार, कार्टून, विज्ञापन आदि सामग्री भी उपलब्ध कराई जाती है। समाचार-पत्रों में प्रकाशन की सुविधा से इन समाचार एजेंसियों के माध्यम के कारण ट्रेस पेपर का भी प्रकाशन सामग्री की तरह प्रेषण किया जाता है।

वर्तमान में पत्रकारिता के क्षेत्र में नित नई ऐसी समाचार एजेंसियों का भी प्रवेश हो रहा है, जो आधुनिकतम तकनीक पर आधारित हैं। अत: ये एजेंसियाँ इंटरनेट व इ-मेल के माध्यम से सीधे ही समाचार माध्यमों को समाचार एवं सूचनाओं का संप्रेषण कर रही हैं।

पत्रकारिता के क्षेत्र में कार्यरत समाचार एजेंसियों के वर्तमान दायित्वों के आधार पर यह कहा जा सकता है कि पत्रकारिता के क्षेत्र में विद्यमान विभिन्न समाचार एजेंसियाँ, समाचार माध्यमों के लिए समाचार और सूचनाओं का एक महत्त्वपूर्ण स्रोत बन गई हैं, जो समाचारों के संकलन में समाचार-पत्रों को महत्त्वपूर्ण सहयोग प्रदान कर रही हैं। अत: समाचार माध्यमों की भी इन एजेंसियों के प्रति निर्भरता में अत्यधिक वृद्धि हुई है।

16. इलेक्ट्रॉनिक मीडिया पर बढ़ती निर्भरता

पत्रकारिता के क्षेत्र में इलेक्ट्रॉनिक मीडिया का दिन-प्रतिदिन बढ़ता प्रभाव संवादों के संप्रेषण का एक नया आयाम है। इलेक्ट्रॉनिक मीडिया ने अपने विकास के बाद कुछ

ही वर्षों में जनमानस में अपनी विशिष्ट पहचान और पकड़ बनाई है। यही कारण है कि इलेक्ट्रॉनिक मीडिया वर्तमान में एक प्रमुख आवश्यकता के रूप में स्थापित हो चुका है।

इलेक्ट्रॉनिक मीडिया तकनीकी क्रांति का ही एक अद्‌भुत और अनुपम परिणाम के इस माध्यम ने संपूर्ण दुनिया के सूचनाओं को घर-घर तक पहुँचाने में अपनी अहम भूमिका का निर्वाह किया है। आजादी के संघर्षकाल में इलेक्ट्रॉनिक मीडिया प्रचलन में नहीं आया था, परंतु आजादी के पश्चात् से वर्तमान तक यह माध्यम निरंतर विकसित होकर जनमानस में लोकप्रिय बना हुआ है। हालाँकि इस विषय में इतना अवश्य है कि तकनीकी क्रांति के पश्चात् इलेक्ट्रॉनिक मीडिया के रूप में टी.वी. के व्यापक रूप से प्रवेश ने रेडियो की व्यापकता और लोकप्रियता पर कुछ सीमा तक प्रतिकूल प्रभाव डाला है। अत: वर्तमान में इस माध्यम का उपयोग निरंतर कम होता जा रहा है। वर्तमान में यह माध्यम अभी भी जनमानस की आवश्यकता तो है, परंतु इसका चलन अत्यंत कम हो गया है। फिर भी दूर-दराज के क्षेत्रों में रहनेवाला एक बड़ा वर्ग संवादों के माध्यम के रूप में रेडियो पर ही आश्रित हैं। इसी प्रकार इलेक्ट्रॉनिक मीडिया के निरंतर बढ़ते प्रभाव ने कुछ सीमा तक प्रिंट मीडिया को भी प्रतिकूल रूप में प्रभावित किया है, परंतु फिर भी विभिन्न क्षेत्रों और विषयों से संबंधित सामग्री के स्रोत एवं समाचार व सूचनाओं के संप्रेषण के एक माध्यम के रूप में समाचार-पत्रों का अपना एक पृथक् स्थान है।

आजादी के संघर्षकाल में टी.वी. माध्यम प्रचलन में नहीं आया था। आजाद भारत के काफी समय पश्चात् तक यह माध्यम देश के मात्र बड़े महानगरों तक ही समिति था। अत: बड़े महानगरों को छोड़कर शेष स्थानों पर यह माध्यम अनुपलब्ध था। अत: अपने विकास और विस्तार के अभाव में टी.वी. माध्यम आम नागरिकों के लिए लंबे समय तक एक स्वप्न के समान ही रहा था। भारत की पूर्व प्रधानमंत्री स्व. श्रीमती इंदिरा गांधी ने अपने प्रधानमंत्रीत्व काल में टी.वी. माध्यम के विस्तार को अत्यधिक गति दी एवं इस माध्यम को घर-घर तक पहुँचा कर नागरिकों के स्वप्न को हकीकत में बदलने जैसा साहसिक और सराहनीय कार्य किया।

हाल ही के कुछ वर्षों पूर्व तक भी दूरदर्शन मात्र राष्ट्रीय प्रसारण पर ही आधारित था। इस रूप में इस माध्यम की उपयोगिता मात्र मनोरंजन तक ही सीमित था, पर इतना आवश्यक था कि इस माध्यम पर दर्शकों की रुचि के अनुरूप मनोरंजक कार्यक्रमों के अलावा अंतरराष्ट्रीय, राष्ट्रीय एवं अति महत्त्वपूर्ण होने पर प्रादेशिक व स्थानीय समाचारों का भी दूरदर्शन के समाचारों में प्रवेश हो जाता था। समय के साथ-साथ दूरदर्शन का विकास हुआ और अनेक विदेशी व राष्ट्रीय चैनलों का भी टी.वी. माध्यम में प्रवेश हुआ।

टी.वी. में विभिन्न विदेशी व राष्ट्रीय चैनलों के प्रवेश के पश्चात् प्रादेशिक क्षेत्रों का प्रतिनिधित्व करनेवाले प्रादेशिक चैनलों की आवश्यकता महसूस की जाने लगी। इसी

आवश्यकता के परिणामस्वरूप अनेक प्रादेशिक चैनलों का उदय हुआ। ये प्रादेशिक चैनल प्रदेश स्तरीय सूचनाओं के संप्रेषण का कार्य कर रहे हैं। इलेक्ट्रॉनिक मीडिया के वर्तमान दौर की सबसे महत्त्वपूर्ण विशेषता यह है कि राष्ट्रीय व प्रादेशिक चैनलों के अभ्युदय के पश्चात् स्थानीय स्तर पर भी स्थानीय समाचार और सूचनाओं को प्रमुखता से महत्त्व देने वाले स्थानीय चैनलों की माँग भी बढ़ने लगी है। इसी आवश्यकता ने स्थानीय स्तर पर स्थानीय चैनल की स्थापना को प्रोत्साहित किया। वर्तमान में अधिकांश शहरों में निजी स्थानीय चैनलों स्थापित हो गए हैं, जो स्थानीय स्तर के घटनाक्रमों से नागरिकों को अवगत कराने जैसे दायित्व की पूर्ति करने में अपना विशिष्ट योगदान दे रहे हैं।

इलेक्ट्रॉनिक मीडिया के रूप में अस्तित्व में आए विभिन्न चैनलों के संबंध में एक अन्य महत्त्वपूर्ण तथ्य का भी यहाँ उल्लेख करना प्रासंगिक होगा कि टी.वी. के माध्यम से आमदर्शकों का मनोरंजन करनेवाले विभिन्न कार्यक्रमों के अलावा समाचारों को भी स्थान दिया जाता है, परंतु यह स्थान सीमित ही होता है। अत: जनसामान्य द्वारा ऐसे चैनलों की आश्यकता महसूस की जाने लगी, जो मात्र समाचारों तक ही सीमित हो। आमदर्शकों और नागरिकों की इसी भावना एवं आवश्यकता ने मात्र समाचारों पर ही आधारित चैनलों को जन्म दिया। वर्तमान में आजतक, 'जी न्यूज', 'स्टार न्यूज', 'सहारा न्यूज' आदि जैसे कई चैनल अस्तित्व में हैं, जो मात्रा समाचारों के प्रसारण तक ही सीमित है। वर्तमान में इलेक्ट्रॉनिक मीडिया अपना वृहद् आकार ग्रहण कर चुका है। अत: वर्तमान में विभिन्न चैनल टी.वी. के माध्यम से अंतरराष्ट्रीय, राष्ट्रीय, प्रादेशिक और स्थानीय समाचार एवं सूचनाओं के प्रेषण में अपनी महती भूमिका का निर्वाह कर रहे हैं।

इलेक्ट्रॉनिक मीडिया के विकास की यह यात्रा यह संकेत देती है कि पत्रकारिता के वर्तमान परिदृश्य में इलेक्ट्रॉनिक मीडिया आम नागरिकों की एक प्रमुख आवश्यकता बन चुकी है। दृश्य व श्रवण पर आधारित यह माध्यम इतना सशक्त है कि इस माध्यम पर आरोप लगाए जाने लगे हैं कि इस माध्यम ने नागरिकों को अपने घरों में कैद कर दिया है। वास्तव में यह माध्यम इतना सशक्त है कि समाज का प्रत्येक वर्ग इसके प्रभाव से अछूता नहीं रहा है। देश के दूरस्थ-से-दूरस्थ क्षेत्र में निवास करनेवाला व्यक्ति भी इस माध्यम के द्वारा अंतरराष्ट्रीय, राष्ट्रीय, प्रादेशिक व स्थानीय स्तर तक के घटनाक्रमों के सतत संपर्क में रह सकता है।

अर्थात् वर्तमान युग इलेक्ट्रॉनिक मीडिया का युग है। यही कारण है कि यह माध्यम वर्तमान में अत्यधिक लोकप्रिय व जनआकांक्षाओं की पूर्ति के लिए सर्वाधिक सुलभ साधन बन चुका है।

न्यू मीडिया—परंपरागत प्रिंट मीडिया, टी.वी. व रेडियो जिसे 'मीडिया' के नाम से जाना जाता है वैसे ही ब्लॉग्स, वेब साइट्स और सोशल वेब साइट्स को 'न्यू मीडिया' के

नाम से जाना जाता है। हालाँकि 'न्यू मीडिया' पारंपरिक मीडिया की तरह संगठित नहीं है फिर भी 'न्यू मीडिया' ने हाल ही में विश्व में हुए बड़े-बड़े आंदोलनों में प्रमुख भूमिका निभाकर अपनी महत्त्वपूर्ण उपस्थिति दर्ज कराई है। न्यू मीडिया की सबसे बड़ी खासियत यह है कि इसका हर उपभोगकर्ता स्वयं एक पत्रकार है, स्वयं संपादक एवं प्रकाशक भी है। इसमें दी गई सूचना एक क्लिक में ही पूरे विश्व में पहुँच जाती है। 'न्यू मीडिया' के किसी भी तरह के बंधन से मुक्त होने, त्वरित गति होने एवं वैश्विक पहुँच होने जैसी विशेषताओं के चलते आनेवाले समय में इसकी उपयोगिता व महत्त्व बढ़ना तय है।

17. न्यू मीडिया : स्वरूप और आकार

न्यू मीडिया अपने स्वरूप, आकार और संयोजन में मीडिया के पारंपरिक रूपों से भिन्न एवं उनकी तुलना में काफी व्यापक है। पारंपरिक रूप से मीडिया या मास मीडिया शब्दों का इस्तेमाल किसी एक माध्यम पर आश्रित मीडिया के लिए किया जाता है, जैसे कागज पर मुद्रित विषय-वस्तु का प्रतिनिधित्व करनेवाला प्रिंट मीडिया। न्यू मीडिया इस सीमा से काफी हद तक मुक्त तो है ही, साथ में पारंपरिक मीडिया की तुलना में अधिक व्यापक भी है।

प्रिंट मीडिया के मुख्य स्वरूप अखबार या पत्रिकाएँ ही हैं। परंतु न्यू मीडिया के तमाम स्वरूप समाचारों, लेखों, सृजनात्मक लेखन या पत्रकारिता तक सीमित नहीं है। वास्तव में न्यू मीडिया की परिभाषा पारंपरिक मीडिया की तर्ज पर नहीं दी जा सकती है। न सिर्फ समाचार-पत्रों की वेबसाइट्स और पोर्टल ही न्यू मीडिया के दायरे में आते हैं, बल्कि नौकरी ढूँढ़नेवाली वेबसाइट्स, रिश्ते तलाशनेवाले पोर्टल, ब्लॉग, स्ट्रीमिंग ऑडियो-वीडियो, इ-मेल, चैटिंग, फोन, इंटरनेट पर होनेवाली खरीददारी, नीलामी, फिल्मों की सीडी, डीवीडी, डिजीटल कैमरे से लिए फोटोग्राफ, इंटरनेट सर्वेक्षण, इंटरनेट आधारित चर्चा के मंच, दोस्त बनानेवाली वेबसाइटें और सॉफ्टवेयर तक इसके अंतर्गत है। न्यू मीडिया को पत्रकारिता का एक स्वरूप भर समझनेवाले को अचंभित करने के लिए शायद इतना काफी है। लेकिन न्यू मीडिया इन तक ही सीमित नहीं है। यह तो उसके अनुप्रयोगों की एक छोटी सी सूची भर है और ये अनुप्रयोग निरंतर बढ़ रहे हैं।

इनसान की भाषायी अथवा कलात्मक अभिव्यक्ति को एक से अधिक व्यक्तियों तथा स्थानों तक पहुँचाने की व्यवस्था को ही मीडिया का नाम दिया गया है। पिछली कई सदियों से प्रिंट मीडिया इस मायने में अपनी महत्त्वपूर्ण भूमिका निभाता जा रहा है। जहाँ हमारी लिखित अभिव्यक्ति होती रही है तथा बाद में छायाचित्रों को शामिल करने पर दृश्य अभिव्यक्ति भी प्रिंट मीडिया के द्वारा संभव हो सकी है। यह मीडिया बहुरंगी

कलेवर में और भी प्रभावी हुई है। बाद में इलेक्ट्रॉनिक मीडिया ने भी साथ-साथ अपनी जगह बनाई, जहाँ पहले तो श्रव्य अभिव्यक्ति को रेडियो के माध्यम से प्रसारित करना संभव हुआ तथा बाद में टेलीविजन के माध्यम से श्रव्य व दृश्य, दोनों ही अभिव्यक्तियों का प्रसारण संभव हो सका है। बीसवीं सदी में कंप्यूटर के विकास के साथ एक नए माध्यम ने जन्म लिया, जो डिजिटल था। शुरुआती दौर में डाटा के सुविधाजनक आदान-प्रदान के लिए शुरू की गई कंप्यूटर आधारित सीमित इंटरनेट सेवा ने आज विश्वव्यापी रूप अख्तियार कर लिया है। इंटरनेट के प्रचार-प्रसार और लगातार तकनीकी विकास ने एक ऐसी वेब मीडिया को जन्म दिया, जहाँ अभिव्यक्ति की आजादी है। तथा हर कोई अपनी बातें 'मास' के पास पहुँचा सकता है। यह वेब मीडिया ही न्यू मीडिया है, जो एक कंपोजिट मीडिया है, जहाँ तत्काल अभिव्यक्ति संभव है। तथा एक शीर्षक अथवा विषय पर उपलब्ध सभी अभिव्यक्तियों की एकसाथ जानकारी प्राप्त करना संभव है। यहाँ किसी अभिव्यक्ति पर तत्काल प्रतिक्रिया देना ही संभव नहीं, बल्कि उस अभिव्यक्ति को प्राप्त सभी प्रतिक्रियाओं के साथ एक जगह साथ-साथ देख पाना भी संभव है। इतना ही नहीं, यह मीडिया लोकतंत्र में नागरिकों के वोट के अधिकार के समान ही हरेक व्यक्ति की भागीदारी के लिए हर समय उपलब्ध और खुली हुई है।

हालाँकि करीब ढाई दशक की जीवनयात्रा के बाद शायद न्यू मीडिया का नाम न्यू मीडिया नहीं रह जाना चाहिए, क्योंकि यह सुप्रचलित और परिपक्व सेक्टर का रूप ले चुका है, लेकिन शायद यह हमेशा न्यू मीडिया ही बना रहे, क्योंकि पुरानापन उसकी फितरत में ही नहीं है। यह तेजी से विकसित और बदल रहा है तथा साथ ही नए पहलुओं, नए स्वरूपों, नए माध्यमों, नए प्रयोगों और नई अभिव्यक्तियों से संपन्न भी होता जा रहा है। नवीनता और सृजनात्मकता इस नए मीडिया की स्वाभाविक प्रवृत्तियाँ हैं। यह कल्पनाओं की गति से बढ़नेवाला मीडिया है, जो निरंतर बदलाव और नएपन से गुजरता रहेगा और नया बना रहेगा।

न्यू मीडिया सुपरफिशियल

मीडिया विद्वान् नोम चामस्की ने न्यू मीडिया को 'सुपरफिशियल' माध्यम कहा है। हालाँकि, वह खुद ट्वीटर आदि पर विभिन्न गंभीर विषयों से संबंधित नियमित 'कमेंट' डालते रहते हैं। विकीलिक्स के माध्यम से दुनिया भर में तहलका मचाने वाले जुलियन अंसाजे ने तो न्यू सोशल मीडिया को आनेवाली सभ्यताओं के लिए एक खतरनाक माध्यम बताया है। वह समाज को सोशल मीडिया के 'कपलशन' से बचे रहने के लिए आगाह कर रहे हैं। मार्शल मैक्लुहान ने कार को 'यांत्रिक दुलहन' रेडियो को 'जनजातीय

ढोल', फोटो को बिना दीवारों का 'वेश्यालय' और टी.वी. को 'इडियट बॉक्स' व 'डरपोक राक्षस' कहा था। यदि माध्यमों को परिभाषित करने की उनकी शैली को आगे बढ़ाया जाए तो न्यू मीडिया जैसे नवीन माध्यम को 'शरारती बच्चा' कहना ठीक रहेगा। सोशल मीडिया नियंत्रणरहित माध्यम है।

प्रिंट मीडिया के चरित्र की चर्चा करनी हो तो उसके लिए एक शानदार उदाहरण है, अमरीका के तीसरे राष्ट्रपति थॉमस जेफरसन ने कहा था, "यदि मुझे कभी यह निश्चित करने के लिए कहा गया कि अखबार और सरकार में से किसी एक को चुनना है तो मैं बिना हिचक यही कहूँगा कि सरकार चाहे न हो, लेकिन अखबारों का अस्तित्व अवश्य रहे।" एक दौर था, जब अखबार को समाज का दर्पण कहा जाता था। समाज में जागरूकता लाने में अखबारों ने महत्त्वपूर्ण भूमिका निभाई है। यह भूमिका किसी एक देश अथवा क्षेत्र तक सीमित नहीं है, विश्व के तमाम प्रगतिशील विचारोंवाले देशों में समाचार-पत्रों की महती भूमिका से कोई इनकार नहीं कर सकता।

मीडिया में और विशेष तौर पर प्रिंट मीडिया में जनमत बनाने की अद्‍भुत शक्ति होती है। नीति निर्धारण में जनता की राय जानने में और नीति निर्धारकों तक जनता की बात पहुँचाने में समाचार-पत्र एक सेतु की तरह काम करते हैं। समाज पर समाचार-पत्रों का प्रभाव जानने के लिए हमें एक दृष्टि अपने इतिहास पर डालनी चाहिए। लोकमान्य तिलक, महात्मा गांधी और पं. नेहरू जैसे स्वतंत्रता सेनानियों ने अखबारों को अपनी लड़ाई का एक महत्त्वपूर्ण हथियार बनाया। आजादी के संघर्ष के समय भारतीय समाज को एकजुट करने में समाचार-पत्रों की विशेष भूमिका थी। यह भूमिका इतनी प्रभावशाली हो गई थी कि अंग्रेजों ने प्रेस के दमन के लिए हरसंभव कदम उठाए। स्वतंत्रता के बाद लोकतांत्रिक मूल्यों की रक्षा और वकालत करने में अखबार सबसे आगे रहे हैं। आज मीडिया अखबारों तक सीमित नहीं है, लेकिन वेब मीडिया की तुलना में प्रिंट मीडिया की पहुँच और विश्वसनीयता कहीं अधिक है।

प्रिंट मीडिया का महत्त्व इस बात से और बढ़ जाता है कि आप छपी हुई बातों को संदर्भ के रूप में इस्तेमाल कर सकते हैं तथा उसका अध्ययन भी कर सकते हैं। ऐसे में प्रिंट मीडिया की जिम्मेदारी भी निश्चित रूप से बढ़ जाती है। मशहूर शायर अकबर इलाहाबादी के शेर से ज्यादातर लोग वाकिफ होंगे 'न खेचों कमान, न तलवार निकालो। अगर तोप मुकाबिल हो, तो अखबार निकालो।'

प्रिंट के मुकाबले 'फ्री फ्लो मीडियम' है न्यू मीडिया

सोशल मीडिया 'फ्री फ्लो मीडियम' है। इसका प्रयोग करनेवाला प्रत्येक व्यक्ति

'प्रोड्यूसर' भी है और 'कंज्यूमर' भी। मुख्यधारा मीडिया और सोशल मीडिया में अंतरनिर्भरता भी देखने को मिलती है। किसी घटना से संबंधित कोई खबर मुख्य धारा मीडिया में आती है तो सोशल मीडिया में उसके प्रभाव को देखा जा सकता है। वहीं यदि सोशल मीडिया में कोई 'ट्रेंड' चल रहा है तो उसके प्रभाव को समाचार चैनलों में देखा जा सकता है। राजनेताओं या अभिनेताओं द्वारा फेसबुक, ट्विटर या ब्लॉग पर डाला गया पोस्ट भी कभी-कभी मुख्य धारा मीडिया के लिए बड़ी खबर बन जाते हैं।

सूचनाओं को सीमाओं से मुक्त करनेवाले हस्तक्षेप का नाम ही 'न्यू मीडिया' है। वह विभिन्न माध्यमों को साथ लाने, उनके बीच अंतरसंबंध विकसित करने, उन्हें परिवर्धित-समृद्ध करने और नई संभावनाओं से जोड़नेवाला माध्यम है। उसका कलेवर इतना विशाल है कि वह एक ही स्थान पर अनेक पारंपरिक मीडिया को साथ आने तथा अपनी पहचान बनाए रखते हुए अभिव्यक्ति को व्यापक बनाने का अवसर देता है। एक ही वेब पेज पर खबर, उससे जुड़े वीडियो, ऑडियो, तसवीरें, पुरानी खबरों की कड़ियों, पाठकीय टिप्पणियों तथा चर्चाओं आदि को रखने की उसकी क्षमता सिद्ध करती है कि वह वैकल्पिक माध्यम से कहीं बड़ी चीज है। यह क्षमता पुराने मीडिया में नहीं थी, क्योंकि प्रिंट, रेडियो और टेलीविजन की विषयवस्तु अलग-अलग माध्यमों से ही प्रसारित होती थीं।

एक खुला और काफी हद तक नियंत्रण मुक्त माध्यम होने के नाते न्यू मीडिया की विषयवस्तु में गुणवत्ता, वजन, साख, प्रामाणिकता आदि के मामले में कुछ सीमाएँ हैं, लेकिन फिर उसने मीडिया में सदियों से प्रचलित इस अवधारणा को भी पहली बार खंडित करने का दुस्साहस किया है कि कंटेंट ही सबकुछ है। वह सिर्फ खबरों तक सीमित नहीं है, बल्कि इ-मेल से लेकर सर्च इंजन, सॉफ्टवेयर डाउनलोड, विडियों साइट, समाचार पोर्टल, इ-कॉमर्स, फोटो-शेयरिंग वेबसाइटों तथा चैट तक और सामाजिक मेलजोल के पोर्टलों से लेकर ब्लॉग तक न्यू मीडिया के दायरे में आते हैं।

प्रिंट मीडिया अभिव्यक्ति की आजादी के मसले पर बात करें तो तमाम ऐसे पहलू हैं, जिन पर चर्चा की जानी चाहिए। प्रिंट मीडिया यानी किस अखबार या पत्रिका में संपादकों के रूप 'गेटकिपरों' की एक पूरी फौज होती है। किसी खबर को प्रकाशन से पूर्व तमाम संपादकीय कसौटियों से होकर गुजरना पड़ता है। ऐसे हालातों में कभी-कभी अभिव्यक्ति की आजादी प्रभावित होती है, लेकिन गंभीरता के मामले में प्रिंट मीडिया, न्यू मीडिया के साथ ही इलेक्ट्रॉनिक मीडिया से भी कहीं आगे है। प्रिंट मीडिया ऐसा मंच है, जहाँ रफ्तार से इतर ठहर कर गंभीर विषयों पर बहस की जा सकती है।

साथ ही न्यू मीडिया ने प्रिंट मीडिया और पारंपरिक मीडिया के लिए एक बड़ी चुनौती भी पेश की है। शेन बोमैन और क्रिस विलिस के शब्दों में कहें तो खबरों के

चौकीदार के रूप में पारंपरिक मीडिया की भूमिका को सिर्फ तकनीक या प्रतिद्वंद्वियों से ही खतरा नहीं है, बल्कि उसके अपने उपयोगकर्ताओं से भी है, क्योंकि न्यू मीडिया ने उपयोगकर्ता को सप्लायर भी बना दिया है। पारंपरिक मीडिया के लिए इस अजीबोगरीब युगांतरकारी संक्रमण के माहौल में आम आदमी से जुड़ना और अपना स्वरूप बदलना शायद एक विकल्प नहीं, बल्कि अनिवार्यता हो गया है।

तभी तो 'इंडियन एक्सप्रेस' से लेकर 'टाइम्स समूह' और सी.एन.एन. से लेकर डी.एन.ए. तक ने अपने पाठकों को बेखौफ टिप्पणियाँ करने के लिए ब्लॉगिंग का मंच मुहैया करा दिया है। तभी तो 'सी.एन.एन.', 'आइ.बी.एन.' से लेकर 'एन.डी.टी.वी.' और 'टाइम्स नाऊ' तक आम लोगों को सिटीजन रिपोर्टर बनाने में जुटे हैं। तभी तो गूगल लाखों-लाख पुस्तकों को डाउनलोड करने और सर्व करने लायक बनाने के लिए उनके डिजिटलाइजेशन में जुटा है।

कभी जो विदेशी अखबर, पत्र-पत्रिकाएँ हमारे देश में बहुत महँगी होने के कारण जिनके दर्शन भी नहीं हो पाते थे, वे आज दुनिया भर की पत्र-पत्रिकाएँ हमारे कंप्यूटर के परदे पर हाजिर हो जाती है, वो भी मुफ्त में। इसके लिए केवल हमारे पास इंटरनेट कनेक्शन होना चाहिए।

खासियतों के कारण आगे है न्यू मीडिया

न्यू मीडिया में पारंपरिक मीडिया के मुकाबले तमाम खासियते हैं। यह सीमाओं के विरुद्ध कार्य करनेवाली शक्ति के रूप में उभरा है। इसे न समय की सीमा प्रभावित करती है और न भौगोलिक सीमा। खबर के वेबसाइट पर डाले जाने तक की देर है और वह पाठक तक भी पहुँच जाती है, भले ही वह विश्व के किसी भी कोने में क्यों न रहता हो। इसके लिए न प्रिंट मीडिया की तरह सुबह तक का इंतजार और न टेलीविजन की तरह अपने उपग्रह के फुटप्रिंट (कवरेज क्षेत्र) तक सिमटे रहने की सीमा है। उसकी विषयवस्तु चूँकि आंकिक (डिजिटल) है, इसलिए स्थायी भी है। वर्षों तक सहेज कर रखिए, वह न खराब होगी, न उसकी गुणवत्ता में कोई फर्क आएगा। टेलीविजन चैनलों में बीटा और यूमैटिक टेपों का प्रयोग कर चुके पत्रकारों को याद होगा कि किस तरह वीडियो को एक टेप से दूसरी टेप में ट्रांसफर करने पर जेनरेशन लॉस आ जाता था। अगर किसी वीडियो को चार-पाँच बार एक से दूसरी टेप में ट्रांसफर किया जा चुका है तो लिपसिंक की समस्या (वीडियों में बोले जा रहे शब्दों का उनके उच्चारण के कुछ क्षण बाद सुनाई देना) आ जाती थी। जैसे ही टेलीविजन चैनलों ने डिजिटल माध्यमों को अपनाया तो पुरानी पीढ़ी की समस्याएँ खुद दूर हो गईं।

लेकिन अकेली सीमा नहीं है, जिन्हें न्यू मीडिया ने ध्वस्त किया है। उसने अलग-अलग किस्म की सूचनाओं के संप्रेषण के लिए अलग-अलग माध्यम के इस्तेमाल की अनिवार्यता को समाप्त कर दिया है। अखबारी खबरें पढ़ने के लिए मुद्रित पन्नों, आकाशवाणी की खबरें सुनने के लिए रेडियो और टी.वी. चैनलों की खबरें देखने के लिए टेलीविजन सैट जैसे माध्यम अब परिहार्य नहीं रहे। कंप्यूटर, स्मार्टफोन और न्यू मीडिया के अन्य डिजिटल माध्यमों ने सूचनाओं के भिन्न-भिन्न स्वरूपों (मुद्रित पाठ, ध्वनि, वीडियो, चित्र आदि) को एक साथ आने के लिए मंच उपलब्ध कराया है। सूचनाओं के ये सभी स्वरूप एक ही वेब पेज पर सौहार्द के साथ रह सकते हैं और एक-दूसरे की विषयवस्तु को समृद्ध करते हैं। डिजिटल माध्यम होने के कारण पाठक चाहे तो उन्हें अपने कंप्यूटर या अन्य डिजिटल युक्ति में सहेजकर भी रख सकता है। वह चाहे तो अपने कंप्यूटर में उसे संपादित भी कर सकता है।

न्यू मीडिया यानी भविष्य का मीडिया सीमाओं के बारे में नहीं, बल्कि सीमाएँ खत्म करने के बारे में है। जहाँ न्यू मीडिया रफ्तार और दोनों ओर से संवाद है। वहीं प्रिंट मीडिया गंभीर व प्रामाणिकता का प्रतीक है। दोनों ही माध्यमों की कुछ सीमाएँ व आजादियाँ हैं। न्यू मीडिया ने हर व्यक्ति को आवाज दी है। वह इसके जरिए अपने को अभिव्यक्त कर रहा है। जहाँ प्रिंट मीडिया के जरिए घटनाओं का इतिहास तैयार हो रहा है, वहीं न्यू घटनाओं के साथ व्यक्तियों का भी इतिहास तैयार कर रहा है।

वास्तविकता यही है कि हम समय के उस दौर हैं, जहाँ खबरों और सूचनाओं के केंद्रीकृत नियंत्रण की व्यवस्था ज्यादा प्रभावी नहीं है। न्यू मीडिया ने सूचनाओं पर सबका अधिकार की कल्पना को हकीकत में बदलने में सहयोग किया है। पारंपरिक मीडिया, जिसमें प्रिंट मीडिया भी शामिल है, ने लोगों को विचार और अधिकारों की जानकारी दी है।

यह कंटेंट के स्वरूप, प्रस्तुति तथा सूचनाओं के डिलीवरी-मेकैनिज्म को ही नहीं, बल्कि मीडिया की बुनियादी अवधारणा को भी बदलने की क्षमता रखता है, क्योंकि न्यू मीडिया की मूल प्रकृति इंटरएक्टिव है। पाठक के साथ सीधा संपर्क इसकी बुनियादी विशेषता है। पारंपरिक मीडिया के एक प्रकाशक, अनेक पाठकवाले एकाधिकारवादी स्वरूप को न्यू मीडिया के अनेक प्रकाशक, अनेक पाठकवाले अपेक्षाकृत लोकतांत्रिक स्वरूप से बड़ी चुनौती, मिल रही है। ऐसी चुनौती जो न रेडियो ने दी थी, न टेलीविजन ने और यह मीडिया को आमूलचूल बदल सकती है। लेकिन सिर्फ चुनौती ही क्यों, मीडिया के लिए यह एक बहुमूल्य अवसर भी तो है अपना विकास व विस्तार करने का, तकनीक के अधिक करीब आने का, पाठकों से सीधे संवाद का और अपने आर्थिक साम्राज्य को फैलाने का भी।

हिंदी समाचार-पत्रों की वेबसाइट

हिंदी समाचार-पत्रों की वेबसाइट सूची—

- Ṭ 'अमर उजाला' Opslaan भारतीय समाचारों की दैनिक समाचार पत्रिका http://www.amarujala.com
- Ṭ 'अमरीका की आवाज' Opslaan अमरीका की आवाज (वॉइस ऑफ अमेरिका) का हिंदी वेबसाइट समाचार इत्यादि। http://www.voa.gov/hindi.com
- Ṭ 'आज' Opslaan वाराणसी के दैनिक का वेब संस्करण। http://www.ajsamachar.com
- Ṭ 'आज तक' Opslaan हिंदी में खबरें देखें और सुने—निःशुल्क। http://www.aajtak.com
- Ṭ 'आपके सांसद आपके द्वार' Opslaan लोकसभा के सदस्यों के बारे में खासमखास जानकारी प्रदान करनेवाला स्थल। सांसदों की तसवीरों के साथ उनसे संबंधित ताजी खबरें उपलब्ध हैं। http://www.saansadji.com
- Ṭ 'इरान समाचार' Opslaan इरान के समाचार इस वेबसाइट पर उपलब्ध हैं। स्थल पर प्रयुक्त अर्जुन मुद्रलिपि वहीं से उतारी जा सकती है। http://www.hindi.irib.ir/
- Ṭ 'ई.एम.एस. इंडिया' Opslaan समाचार-पत्रों को बहुभाषीय समाचार सेवा प्रदान करनेवाला स्थल। यह सेटैलाइट आधारित समाचार संस्था है। देखने के लिए विशेष मुद्रलिपि की आवश्यकता है। http://emsindia.com/
- Ṭ 'उत्तरांचल टाइम्स' Opslaan उत्तरांचल का समाचार देनेवाला वेबसाइट http://uttaranchaltimes.com
- Ṭ 'एक्सप्रेस न्यूज' Opslaan जबलपुर से प्रकाशित 'जबलपुर एक्सप्रेस' और भोपाल से प्रकाशित 'एक्सप्रेस न्यूज' का वेबसाइट। http://www.expressnewsindia.com
- Ṭ 'खास खबर' Opslaan जयपुर, राजस्थान से प्रकाशित समाचारों का वेबसाइट। देखने के लिए जागरण मुद्रलिपि की आवश्यकता है, जो इस वेबसाइट पर ही उपलब्ध है। http://www.khaskhabar.com
- Ṭ 'ग्रब्लाइन' Opslaan हिंदी की खबरों की फीडों का सइकलन http://grabline.com/news/hindi.php
- Ṭ 'जनसमाचार' Opslaan भारतीय एवं भारतीय ग्रामीण मुद्दों से संबंधित समाचार-

पत्र http://www.jansamachar.net/index/php3...

Ṭ 'ड्रियूश वेल्ल' Opslaan जर्मन रेडियो द्वारा प्रसारित हिंदी कार्यक्रम http://www.dw-world.de/hindi

Ṭ 'डेटलाइन इंडिया' Opslaan भारत से संबंधित समाचार। यह वेबसाइट अनयूनिकोड है। http://www.datelineindia.com

Ṭ 'डेली हिंदी मिलाप' Opslaan हैदराबाद से प्रकाशित दैनिक हिंदी समाचार पत्रिका http://www.hindimilap.com

Ṭ 'देसी न्यूज' Opslaan हिंदी में समाचारों का संकलन। कठिन स्थलों से एकत्रित समाचार एक ही जगह पर http://www.desi-news.com/index.asps

Ṭ 'दैनिक जागरण' Opslaan बड़ा वेबसाइट। उत्तर भारत का बहुपठित अखबार http://www.jagran.com

Ṭ 'दैनिक जागरण इ-पेपर' Opslaan दैनिक जागरण का इ-पेपर संस्करण http://epaper.jagran.com

Ṭ 'दैनिक भास्कर' Opslaan दैनिक समाचार पत्रिका http://www.bhaskar.com

Ṭ 'द गुजरात' Opslaan गुजरात और महाराष्ट्र का हिंदी समाचार-पत्र http://www.thegujarat.com

Ṭ 'नई दुनिया' Opslaan समाचार और मनोरंजन का बड़ा वेबसाइट http://www.naidunia.com

Ṭ 'नवभारत टाइम्स' Opslaan दैनिक समाचार-पत्र का वेब संस्करण http://navbharattimes.indiatimes.com/ ?

Ṭ 'नवभारत' अखबार Opslaan मध्यप्रदेश से छपने वाला एक अखबार http://www.navabharat.com

Ṭ 'न्यूज विडग' Opslaan द्विभाषीय समाचार वेबसाइड जो खासतौर पर झारखंड की खबरें प्रकाशित करता है। http://www.newswing.com

Ṭ 'पंजाब केसरी' दिल्ली से प्रकाशित हिंदी समाचार-पत्र वेबसाइट और कड़े रोचक नुक्कड़ है—ज्योतिष, खान-पान, योगासन इत्यादि वेबसाइट http://www.punjabkesari.com

Ṭ 'प्रतिवाद' Opslaan हिंदी व अंग्रेजी में समाचार। हिंदी समाचार यूनिकोड में नहीं है। http://www.prativad.com

Ṭ 'प्रभात खबर' Opslaan बिहार और झारखंड के एक प्रमुख समाचार-पत्र का वेबसाइट http://www.prabhatkhabar.com

- Ṭ 'प्रभा साक्षी' Opslaan वेबसाइट प्रकाशित एक हिंदी समाचार-पत्र http://www.prabhasakshi.com/unicode.htm
- Ṭ 'बी.बी.सी. हिंदी खबरें' Opslaan बी.बी.सी. हिंदी खबरों का विशाल वेबसाइट http://www.bbc.co.uk/hindi
- Ṭ 'भारतीय पक्ष' Opslaan भारत के समसामयिक विषयों पर मासिक वेब पत्रिका। कुछ अंश साहित्य भी है। http://www.bhartiyapaksha.com
- Ṭ 'यूनीवार्ता' Opslaan समाचार एजेंसी यू.एन.आई. का समाचार, फीचर्स, शेयर भाव व अंग्रेजी वेबसाइट की कड़ी यहाँ उपलब्ध है। http://www.univarta.com
- Ṭ 'राजस्थान पत्रिका' Opslaan राजस्थान से प्रकाशित दैनिक अखबार http://www.rajasthanpatrika.com
- Ṭ 'राष्ट्रीय सहारा' Opslaan बड़ा वेबसाइट। खबरें विपत्र (इ-मेल) सेवा इत्यादि। http://www.rasthriyasahara.com
- Ṭ 'रेडिफ कॉम' Opslaan खबरों का महा जाल स्थल। http://www.rediff.com/hindi
- Ṭ 'रेडियो चाइना' ऑनलाइन Opslaan अधिकारिक पृष्ठ चीनी रेडियो की हिंदी सेवा की समय सारिणी संम्पर्क सूचना। http://www.chinabroadcast.com/
- Ṭ 'लोकतेज' Opslaan हिंदी समाचार-पत्र साथ में अन्य स्थलों की कड़ियाँ भी हैं। http://www.loktej.com
- Ṭ 'लोकवार्ता समाचार' Opslaan लोकवार्त्ता राष्ट्रीय एवं अंतरराष्ट्रीय समाचार का वेबसाइट। http://www.lokwarta.com
- Ṭ 'लोकसभा चुनाव' Opslaan लोकसभा चुनावों के बारे में जानकारी। देखने के लिए विशेष मुद्रालिपि की आवश्यकता है। http://www.loksabhachunav.com
- Ṭ 'वाह मीडिया' Opslaan सनसनी पैदा करनेवाले भारतीय मीडिया पर हलका-फुलका चुटकी लेने के लिए बनाया गया। वेबसाइट। http://www.wahmedia.blogspot.com/
- Ṭ 'विजय द्वार' Opslaan मध्य प्रदेश से प्रकाशित साप्ताहिक समाचार-पत्र। http://www.vijadwar.com
- Ṭ 'वेबदुनिया' Opslaan हिंदी में समाचार, मनोरंजन और वार्त्तालाप। http://www.webdunia.com

- Ṭ 'समाचार ब्यूरो' Opslaan गुजरात और महाराष्ट्र में समाचार विस्तृत करने वाली एक एजेंसी। यहाँ समाचार पढ़े जा सकते हैं। http://www.samacharbureau.com.com
- Ṭ 'सरस्वती पत्र, Opslaan कनाडा का हिंदी समाचार-पत्र। कहानियाँ, कविताएँ, चुटकुले, रसोई, समाचार तथा अन्य कई जानकारियाँ। http://www.saraswatipatra.com
- Ṭ 'सहारा समय' Opslaan सहारा समूह का समाचारों का स्थल। यह अंग्रेजी में भी उपलब्ध है। http://www.saharas.com/samay/hindi/
- Ṭ 'सिफी हिंदी' Opslaan खबरों का बड़ा वेबसाइट। http://www.sify.com/hindi
- Ṭ 'सुमनसा' Opslaan कई स्रोतों से एकत्रित हिंदी समाचारों के शीर्षक। स्थल छवि प्रारूप में है। http://www.sumanasa.com/hindi-news/
- Ṭ 'हरिभूमि' Opslaan दिल्ली व रोहतक से एक साथ प्रकाशित हरियाणा का हिंदी दैनिक अखबार। http://www.haribhoomi.com/
- Ṭ 'हिंदी टाइम्स' Opslaan टोरंटो, कनाडा से प्रकाशित हिंदी व साप्ताहिक समाचार-पत्र। http://www.thehinditimes.com
- Ṭ 'दस्तक न्यूज कॉम', उज्जैन (म.प्र.) का अपना न्यूज पोर्टल। इसमें महाकाल की नगरी उज्जैनी के समाचार प्रमुखता से प्रसारित होते हैं। http://www.dastaknews.com

18. समाचार-पत्रों में प्रतिस्पर्धात्मक बदलाव

वर्तमान युग व्यावसायिक प्रतिस्पर्धा का युग है। अतः इस व्यावसायिक युग में स्वयं के अस्तित्व को बनाए रखना एवं निरंतर विकास करना एक अत्यंत जटिल चुनौती बन चुका है। वर्तमान में पत्रकारिता भी व्यावसायिकता की ओर उन्मुख होती जा रही है; अतः पत्रकारिता के क्षेत्र में भी प्रतिस्पर्धा की पराकाष्ठा दिखाई दे रही है। आजादी के पूर्व एवं आजादी के काफी समय पश्चात् तक भी अत्यंत कम संख्या में समाचार-पत्रों का प्रकाशन होता था, परंतु वर्तमान में पत्रकारिता के क्षेत्र में अनेक समाचार-पत्रों का प्रवेश हो चुका है एवं निज नए समाचार-पत्रों के प्रकाशन का क्रम भी निर्बाध रूप से जारी है। पत्रकारिता के क्षेत्र में इन समाचार-पत्रों की संख्या में अत्यधिक वृद्धि हो जाने के कारण प्रत्येक समाचार-पत्रों को अस्तित्व व विकास के लिए संघर्ष करना आवश्यक हो गया है।

प्रतिस्पर्धा के इस भीषण दौर में विभिन्न समाचार-पत्रों द्वारा अपनी लोकप्रियता में वृद्धि और अपने विकास के लिए नित नए प्रयोग किए जा रहे हैं। विभिन्न समाचार-पत्रों

द्वारा किए जा रहे इन प्रयासों का संक्षिप्त विवेचन करना, पत्रकारिता के वर्तमान स्वरूप के अध्ययन में अत्यंत उपयोगी होगा। वर्तमान में विभिन्न समाचार माध्यमों द्वारा अपनी लोकप्रियता में वृद्धि एवं अपने विकास और विस्तार की दृष्टि से मुख्य रूप से निम्न प्रयास किए जा रहे हैं—

1. **पृष्ठ संख्या में वृद्धि**—विभिन्न समाचार-पत्रों द्वारा विभिन्न क्षेत्रों से संबंधित समाचार और सूचनाओं के प्रकाशन की दृष्टि से अपने समाचार-पत्रों की पृष्ठ संख्या बढ़ा दी गई है। इस बढ़ा हुई पृष्ठ संख्या के माध्यम से समाचार-पत्रों में दूरस्थ-से-दूरस्थ क्षेत्रों के समाचार और सूचनाओं को भी पर्याप्त स्थान दिया जा रहा है। विभिन्न क्षेत्रों के समाचार और सूचनाओं को समुचित स्थान देकर समाचार-पत्र अपने पाठकों की संख्या बढ़ाने का प्रयास कर रहे हैं।

2. **मूल्य में कमी**—वर्तमान में विभिन्न समाचार-पत्र प्रकाशन समूहों द्वारा पाठकों की संख्या बढ़ाने के उद्देश्य से आमंत्रण मूल्य के रूप में अपने समाचार-पत्रों का मूल्य अत्यंत कम कर दिया है। वर्तमान में कई बड़े समाचार-पत्र भी अत्यंत कम मूल्य पर विक्रय होते दिखाई दे रहे हैं।

3. **विज्ञापन दरों में कमी**—विज्ञापन समाचार-पत्रों की आय का प्रमुख साधन होते हैं, यही कारण है कि प्रत्येक समाचार-पत्र अधिक-से-अधिक विज्ञापन प्राप्त करने का प्रयास करते हैं। अत: अनेक समाचार-पत्रों द्वारा विज्ञापनदाताओं को अपनी ओर आकर्षित करने के उद्देश्य से अपनी विज्ञापन दरों में अत्यंत कमी कर दी है। विभिन्न समाचार-पत्रों द्वारा अपनी विज्ञापन दर में कमी कर देने की नीति ने समाचार-पत्रों में ही परस्पर व्यावसायिक प्रतिस्पर्धा को जन्म दे दिया है।

4. **आकर्षक कलेवर**—समय के साथ-साथ समाचार-पत्रों के स्वरूप में भी परिवर्तन हुआ है। अत: वर्तमान में अधिकांश समाचार-पत्र आकर्षक कलेवर व साज-सज्जा को अपनाकर नवीन परिवेश में प्रकाशित किए जा रहे हैं। विभिन्न समाचार-पत्रों ने अलग-अलग कलेवर के माध्यम से अपनी पृथक् पहचान स्थापति कर ली है।

5. **बहुरंगीय समाचार-पत्र**—वर्तमान में बहुरंगीय समाचार-पत्रों का चलन निरंतर बढ़ रहा है। विगत कुछ वर्षों में अवसर विशेष पर ही रंगीन समाचार-पत्रों का प्रकाशन किया जाता था, परंतु वर्तमान में नियमित रूप से बहुरंगीय समाचार-पत्रों का प्रकाशन किया जाने लगा है। यहाँ विशेष तथ्य यह है कि पूर्व में मात्र बड़े समाचार-पत्र ही समाचार-पत्रों को रंगीन कलेवर देते थे, परंतु अब छोटे समाचार-पत्र भी रंगीन स्वरूप में दिखाई देने लगे हैं।

6. **संस्करणों में प्रकाशन**—समाचार-पत्रों द्वारा सभी वर्गों के पाठक की अभिरुचियों के अनुरूप विभिन्न क्षेत्रों और विषयों पर आधारित संस्करण विशेष का भी

प्रकाशन नियमित रूप से किया जाने लगा है। इसके अलावा आर्थिक लाभ की दृष्टि से अधिकांश समाचार-पत्रों द्वारा विभिन्न व्यावसायिक उत्पादों का व्यावसायिक संस्थाओं पर आधारित व्यावसायिक संस्करणों का प्रकाशन भी समय-समय पर किया जाने लगा है। पत्रकारिता के वर्तमान दौर में यह चलन तेजी से बढ़ता जा रहा है।

7. विभिन्न योजनाओं का क्रियान्वयन—वर्तमान युग प्रतिस्पर्धा का युग है। अतः समाचार माध्यमों में भी अपने अस्तित्व को बनाए रखने, लोकप्रियता अर्जित करने एवं समुचित विकास और विस्तार करने जैसे उद्‍देश्यों को लेकर व्यापक प्रतिस्पर्धा छिड़ी हुई है। इस प्रतिस्पर्धा के कारण विभिन्न समाचार-पत्रों द्वारा अपने पाठकों की संख्या में वृद्धि करने एवं विज्ञापनदाताओं को अपनी ओर आकर्षित करने के लिए विभिन्न आकर्षक योजनाओं का क्रियान्वयन किया जा रहा है। इनमें पाठकों के लिए कई ईनामी व निःशुल्क समाचार-पत्रों की प्राप्ति जैसी योजनाएँ भी शामिल हैं।

8. इंटरनेट पर समाचार-पत्र—वर्तमान में आर्थिक रूप से संपन्न अनेक समाचार-पत्रों द्वारा इंटरनेट पर अपने समाचार-पत्रों को प्रदर्शित किया जा रहा है। अतः इंटरनेट के माध्यम से पाठकों को विभिन्न समाचार-पत्रों पर आधारित तात्कालिक घटनाओं की जानकारी कंप्यूटर के माध्यम से घर में बैठे आसानी से प्राप्त हो रही है।

9. प्रचार माध्यमों का उपयोग—समाचार माध्यम स्वयं प्रचार-प्रसार के एक प्रभावशाली माध्यम है, परंतु वर्तमान में यही समाचार-पत्र अपनी लोकप्रियता में वृद्धि करने एवं पाठक और विज्ञापनदाताओं को अपनी ओर आकर्षित करने के लिए प्रचार का सहारा ले रहे हैं। पम्पलेट, होर्डिंग्स, बैनर एवं प्रचार के अन्य माध्यमों के द्वारा समाचार-पत्र स्वयं का प्रचार कर रहे हैं।

10. निःशुल्क समाचार-पत्रों का चलन—वर्तमान में विज्ञापन पर आधारित कई निःशुल्क समाचार-पत्रों का भी पत्रकारिता के क्षेत्र में प्रवेश हो चुका है। इस वर्ग के समाचार-पत्र अपने आर्थिक स्रोत के लिए मात्र विज्ञापनों पर ही निर्भर नहीं है पाठकों की संख्या वृद्धि पर भी। अतः इन समाचार-पत्रों को पाठकों में निःशुल्क वितरण किया जा रहा है। वर्तमान में कई निःशुल्क समाचार-पत्र अस्तित्व में आ चुके हैं।

वर्तमान में समय के अनुरूप समाचार-पत्रों में भी अनेक बदलाव आए हैं तथा नित नए प्रयोग भी अपने अस्तित्व के लिए समाचार-पत्र कर रहे हैं। पत्रकारिता का भावी स्वरूप भविष्य में आनेवाले विभिन्न परिवर्तनों पर आधारित होकर कौन सा रूप ग्रहण करेगा, इसका आकलन आनेवाले समय में ही कर पाना संभव होगा। परंतु वर्तमान में समाचार-पत्रों द्वारा अपने प्रचार-प्रसार के लिए किए जा रहे विभिन्न प्रयासों ने व्यापक स्तर पर एक प्रतिस्पर्धा को अवश्य जन्म दे दिया है।

□

5

पत्रकारिता के मार्ग की बाधाएँ

भारत में पत्रकारिता का इतिहास अत्यंत पुराना है, परंतु समय और परिस्थितियों के अनुरूप पत्रकारिता के उद्‌देश्यों एवं स्वरूप में परिवर्तन अवश्य होता रहा है। पत्रकारिता अपने प्रारंभिक काल में साहित्य सेवा का एक माध्यम थी, जो वर्तमान में धनार्जन के एक माध्यम का रूप लेती जा रही है। पत्रकारिता के उद्‌देश्यों में आए इस परिवर्तन का मुख्य कारण पत्रकारिता के क्षेत्र में समय-समय पर आनेवाली विभिन्न चुनौतियाँ और समस्याएँ हैं, जो पत्रकारिता के स्वरूप को प्रभावित कर उसे परिवर्तन हेतु बाध्य कर रही हैं।

भारत में पत्रकारिता को प्रजातंत्र का चौथा स्तंभ भले ही माना गया हो, परंतु पत्रकारिता का मार्ग सदैव से अत्यंत संटकमय रहा है। यही कारण है कि पत्रकारिता के क्षेत्र में मौजूद विभिन्न विषम परिस्थितियों और अन्य कारणों से भारतवर्ष में समाचार माध्यमों को प्रारंभ करना या प्रारंभ हो भी जाए तो उन्हें निरंतर जारी रखना, अत्यंत मुश्किल कार्य है।

भारत में पत्रकारिता प्रारंभ से ही एक कठिन कार्य रहा है। जैसे आजादी के संघर्षकाल में एक मिशन के रूप में पत्रकारिता का उद्‌देश्य आजादी के संघर्ष में योगदान प्रदान करना था। पत्रकारिता के इस मिशन के कारण ही अंग्रेज शासकों द्वारा संवाद माध्यमों को अपने दमनचक्र द्वारा कुचलने की भरसक कोशिश की गई। इस काल में उन्नत तकनीक का उपयोग न के बराबर था, इस कारण प्रकाशन तकनीक भी अत्यंत जटिल थी। अत: इस काल में समाचार माध्यमों की स्थापना और उनका संचालन अपने आप में एक चुनौती थी।

आजादी के उपरांत भारत में समाचार माध्यमों का समुचित विकास हुआ एवं प्रिंट मीडिया के क्षेत्र में अनेक नवीन समाचार-पत्रों/पत्रिकाओं का प्रकाशन प्रारंभ हुआ। आजादी के उपरांत पत्रकारिता के क्षेत्र में सबसे बड़ा परिवर्तन इलेक्ट्रॉनिक मीडिया

के प्रवेश के रूप में सामने आया। कालांतर में तकनीकी क्रांति के परिणामस्वरूप प्रिंट मीडिया और इलेक्ट्रॉनिक मीडिया के क्षेत्र में अनेक उन्नत तकनीकों का उपयोग प्रारंभ हुआ, इससे समाचार माध्यमों को एक नई दिशा मिली। उन्नत तकनीक के कारण जहाँ प्रिंट मीडिया और इलेक्ट्रॉनिक मीडिया की कार्य प्रणाली सुविधाजनक हुई, वहीं उनके विकास एवं विस्तार का मार्ग भी प्रशस्त हुआ, परंतु इन अनुकूल परिस्थितियों के साथ ही अनेक विशेषताओं का भी पत्रकारिता के क्षेत्र में प्रवेश हो गया।

वर्तमान में पत्रकारिता के क्षेत्र में व्याप्त व्यापक प्रतिस्पर्धा, महँगी तकनीक एवं शासकीय नीतियाँ प्रतिकूल रूप से प्रभाव डाल रही हैं, यही कारण है कि वर्तमान में पत्रकारिता का स्वरूप विभिन्न जटिल परिस्थितियों के कारण अपने आदर्श स्वरूप को खोता जा रहा है। महँगाई पर आधारित व्यवस्था में आर्थिक संकट, महँगा श्रम, महँगी प्रकाशन तकनीक, महँगा अखबारी कागज तथा व्यावसायिक प्रतिस्पर्धा समाचार माध्यमों के लिए विकट समस्या बन गई है। इसके अलावा शासकीय नीतियाँ, जिसमें नई विज्ञापन नीति प्रमुख है, ने समाचार माध्यमों की कमर ही तोड़ दी है; यही कारण है कि वर्तमान काल को पत्रकारिता का संक्रमणकाल माना जा रहा है। वर्तमान में हालात यह है कि शासकीय नीतियों और अन्य प्रतिकूल परिस्थितियों के परिणामस्वरूप अनेक समाचार-पत्रों का प्रकाशन बंद हो चुका है एवं कई समाचार-पत्र अपने अस्तित्व की अंतिम साँसें गिन रहे हैं।

पत्रकारिता के क्षेत्र में व्याप्त व्यापक प्रतिस्पर्धा ने भी समाचार-पत्रों के अस्तित्व और विस्तार के लिए भीषण संकट खड़ा कर दिया है। इस व्याप्त प्रतिस्पर्धा में कम पूँजी पर आधारित छोटे समाचार-पत्र स्वयं को पराजित-सा महसूस कर रहे हैं। इसी क्रम में इलेक्ट्रॉनिक मीडिया के रूप में नवप्रवेशित विभिन्न समाचार चैनल प्रिंट मीडिया के लिए प्रतिकूल परिस्थितियों का निर्माण कर रहे हैं।

वर्तमान में विभिन्न प्रतिकूल परिस्थितियों से जूझ रहे समाचार माध्यमों के उद्देश्यों में व्यावसायिकता का प्रवेश होता जा रहा है, क्योंकि आर्थिक संकट से जूझ रहे समाचार माध्यमों की आय का एकमात्र स्रोत पाठक व निजी विज्ञापनदाता ही है, क्योंकि नई शासकीय विज्ञापन नीतियों ने पहले ही समाचार माध्यमों को आर्थिक रूप से संकट की कगार पर खड़ा कर दिया है। यही कारण है कि अधिकांश समाचार समूह की नीतियों पर व्यावसायिक हित प्रभावी होते जा रहे हैं। इसके विपरीत इलेक्ट्रॉनिक मीडिया पर सरकारी नियंत्रण का शिकंजा होने से यह माध्यम मात्र सरकारी तंत्र के रूप में अपनी भूमिका का निर्वाह कर रहे हैं। कुल मिलाकर इस विषय में यही कहा जा सकता है कि वर्तमानकाल में समाचार माध्यम अपने संक्रमणकाल से गुजर रहा है।

पत्रकारिता के क्षेत्र में व्याप्त संकट का गहराई से अध्ययन करने के लिए आवश्यक

है कि उन सभी प्रमुख कारणों व परिस्थितियों का क्रमबद्ध विश्लेषण किया जाए, जो पत्रकारिता के क्षेत्र में मंडरा रहे इस संकट के लिए उत्तरदायी हैं। इन कारणों को इस प्रकार क्रमबद्ध किया जा सकता है—

1. शासकीय नीतियों का दुष्प्रभाव

समाचार माध्यम शासन एवं जनता के मध्य संवादों के प्रेषण का एक महत्त्वपूर्ण व सशक्त माध्यम है, अत: आजादी के उपरांत शासन द्वारा समाचार माध्यमों की उपयोगिता और महत्त्व को देखते हुए इन माध्यमों के विस्तार एवं विकास के लिए विभिन्न प्रयास किए जाते रहे हैं। इस शासकीय सहयोग का प्रमुख कारण यह था कि आजादी के पूर्व अंग्रेज शासकों द्वारा समाचार माध्यमों का हरसंभव दमन किया गया था। अत: आजादी के उपरांत भी देश में समाचार-पत्रों की संख्या आवश्यकता के अनुरूप अत्यंत कम थी। यही कारण था कि समाचार माध्यमों को समुचित प्रोत्साहन देना तथा उनके विकास के लिए आवश्यक परिस्थितियों का निर्माण करना शासन के लिए आवश्यक था।

परंतु पत्रकारिता के वर्तमान दौर में समाचार माध्यमों की संख्या में निरंतर वृद्धि होती जा रही है। यह वृद्धि प्रिंट मीडिया के क्षेत्र में सबसे अधिक देखी जा रही है। प्रिंट मीडिया के क्षेत्र में अनेक नवीन समाचार-पत्रों की इस बढ़ी हुई संख्या ने शासन को समाचार-पत्रों के विषय में कई नवीन नीतियों के क्रियान्वयन को बाध्य किया है। शासन की इन नवीन नीतियों में कई नीतियाँ ऐसी हैं, जो समाचार-पत्रों के लिए प्रतिकूल परिस्थितियों का निर्माण कर रही है। शासन की इन नवीन नीतियों में शासकीय विज्ञापन नीति सर्वाधिक विवादित रही हैं, जो सभी वर्ग के समाचार-पत्रों को अत्यधिक प्रभावित कर रही हैं।

विज्ञापन के संबंध में कहा जा सकता है कि विज्ञापन समाचार-पत्रों की एक अनिवार्य आवश्यकता है, क्योंकि यह समाचार-पत्रों की आय का एक प्रमुख स्रोत होते हैं। विज्ञापन के अलावा वर्तमान आधुनिक युग में आधुनिक तकनीक पर आधारित समाचार-पत्र ही पाठकों द्वारा प्राथमिकता से पसंद किए जा रहे हैं, जबकि पुरानी प्रणाली पर आधारित समाचार-पत्रों से पाठक विमुख होते जा रहे हैं। पाठकों की इस बदलती अभिरुचि के कारण पुराने स्वरूप पर आधारित समाचार-पत्र या तो पाठकों से निरंतर दूर होते जा रहे हैं या फिर उन्हें पाठक की अपेक्षाओं के अनुरूप आधुनिक प्रणाली अपनाने को बाध्य होना पड़ रहा है।

समाचार-पत्रों की आधुनिक प्रकाशन प्रणाली अपने आप में एक खर्चीली प्रणाली है। अत: इस खर्चीली प्रकाशन प्रणाली के व्यय की पूर्ति के लिए समाचार-पत्रों को मुख्य

रूप से विज्ञापनों की ही आवश्यकता होती है समाचार-पत्र अपनी विज्ञापन की पूर्ति के लिए मुख्य रूप से दो व्यवस्थाओं पर निर्भर रहते हैं—

1. शासकीय विज्ञापन
2. अशासकीय या निजी विज्ञापन।

1. शासकीय विज्ञापन : शासकीय विज्ञापन समाचार-पत्रों को शासन द्वारा प्रदान किए जाते हैं। शासन द्वारा यह विज्ञापन उन समाचार-पत्रों को ही प्रदान किए जाते हैं, जो विज्ञापन हेतु शासन से स्वीकृत होते हैं। शासन से विज्ञापन हेतु स्वीकृत होने के लिए समाचार-पत्रों को कुछ शासकीय मापदंडों को पूरा करना होता है। वर्तमान में समाचार-पत्रों के लिए शासन द्वारा जो मापदंड निर्धारित किए गए हैं, वे सभी खर्चीली व्यवस्थाओं पर ही आधारित हैं। अत: इन मापदंडों पर खरा उतरना सभी वर्गों के समाचार-पत्रों के लिए संभव नहीं हो पा रहा है। शासकीय विज्ञापन के अलावा निजी क्षेत्र से भी समाचार-पत्रों को विज्ञापन प्राप्त होते हैं। निजी क्षेत्र से विज्ञापन प्राप्त करने के लिए सभी वर्गों के समाचार-पत्र स्वतंत्र होते हैं। निजी क्षेत्र के विज्ञापन, समाचार-पत्रों को उनके व्यक्तिगत प्रयासों से प्राप्त होते हैं। अत: कई समाचार-पत्र जहाँ अनेक विज्ञापनों से परिपूर्ण होते हैं, वहीं कुछ समाचार-पत्र ऐसे होते हैं जिनमें निजी विज्ञापनों का अभाव दिखाई देता है।

2. अशासकीय या निजी विज्ञापन : निजी क्षेत्र के विज्ञापनों के संदर्भ में यह उल्लेखनीय है कि बड़े व आर्थिक रूप से संपन्न समाचार-पत्रों ने निजी क्षेत्र के विज्ञापनों पर अपना वर्चस्व स्थापित कर लिया है। इसका कारण यह है कि विज्ञापनदाता प्राय: आधुनिकतम तकनीक पर आधारित अधिक प्रसार संख्य एवं विस्तृत कवरेज वाले लोकप्रिय समाचार-पत्रों की ओर अधिक आकर्षित होते हैं। पाठक संख्या के आधार पर भी यह समाचार-पत्र अत्यधिक संपन्न होते हैं। अत: बड़े व आधुनिकतम तकनीक पर आधारित समाचार-पत्र निजी क्षेत्र से पाठकों एवं विज्ञापन के माध्यम से अर्थ लाभ प्राप्त कर लेते हैं, परंतु इसके विपरीत छोटे व मध्यम समाचार-पत्र इन विशेषताओं के अभाव के कारण विज्ञापन की दृष्टि से अत्यंत पिछड़ जाते हैं। छोटे व मध्यम समाचार-पत्रों में विज्ञापन के अभाव ने इस वर्ग के समाचार-पत्रों की अर्थव्यवस्था को पूर्णतया छिन्न-भिन्न कर दिया है। इस स्थिति में छोटे व मध्यम समाचार-पत्र अपनी संचालन व्यवस्था के लिए आर्थिक रूप से शासकीय विज्ञापनों पर ही आश्रित रहते हैं, परंतु वर्तमान में शासन द्वारा घोषित नवीन विज्ञापन नीतियों ने छोटे व मध्यम वर्ग के समाचार-पत्रों की कमर ही तोड़ दी है। इसी प्रकार इस नीति का नकारात्मक प्रभाव बड़े समाचार-पत्रों की अर्थव्यवस्था को भी कुछ हद तक प्रभावित कर रहा है। समाचार माध्यमों के लिए शासकीय विज्ञापन प्राणवायु की तरह कार्य करते हैं, क्योंकि विज्ञापन सभी वर्ग के समाचार-पत्रों के लिए आय का एक प्रमुख स्रोत होते हैं। शासकीय विज्ञापन व्यवस्था को

मुख्य रूप से तीन भागों में बाँटा जा सकता है—

1. केंद्र शासन द्वारा विज्ञापन
2. राज्य शासन द्वारा विज्ञापन
3. स्थानीय विज्ञापन

केंद्र व राज्य शासन द्वारा मात्र उन्हीं समाचार-पत्रों को ही विज्ञापन प्रदान किए जाते हैं, जो विज्ञापन के लिए शासन से स्वीकृत होते हैं। केंद्र व राज्य शासन से विज्ञापन हेतु समाचार-पत्रों को केंद्र व राज्य शासन से अलग-अलग स्वीकृत होना आवश्यक होता है।

वर्तमान में शासन द्वारा समाचार-पत्रों को दिए जानेवाले विज्ञापनों को नियंत्रित करने का प्रयास किया जा रहा है। शासन द्वारा यह प्रयास समाचार-पत्रों को विज्ञापन देने के कारण बढ़ रहे सरकारी खर्च पर अंकुश लगाने के उद्देश्य से किए जा रहे हैं। इसी आधार पर शासन द्वारा समाचार माध्यमों के लिए नवीन विज्ञापन नीति का निर्माण किया गया है। शासन की इस नई विज्ञापन नीति में कुछ ऐसी बातों का समावेश किया गया है, जिनकी पूर्ति करना सभी समाचार-पत्रों के लिए संभव नहीं है। विशेषकर छोटे व मध्यम वर्ग के समाचार-पत्रों के लिए यह नीति अत्यंत घातक सिद्ध हो रही है, क्योंकि इस नीति में उल्लेखित शर्तों के परिपालन के अभाव में कई समाचार-पत्र शासकीय विज्ञापन पाने से वंचित हो रहे हैं। शासकीय विज्ञापनों के अभाव में इन समाचार-पत्रों की आर्थिक स्थिति अत्यंत बदहाल हो चुकी है। अतः आर्थिक परेशानी के कारण कई छोटे व मध्यम समाचार-पत्र बंद हो चुके हैं या बंद होने की कगार पर हैं।

शासन की नवीन विज्ञापन नीति—इसके अलावा शासन की कई अघोषित नीतियाँ भी समाचार माध्यमों के लिए एक संकट का कार्य करती है। जैसे शासन विषयक समाचार और सूचनाओं की प्राप्ति भी समाचार माध्यमों के लिए एक समस्या है, क्योंकि शासन प्रायः स्वयं के हित में लाभदायक समाचार और सूचनाओं को ही समाचार माध्यमों को उपलब्ध कराने का प्रयास करता है। इसके विपरीत प्रतिकूल समाचार एवं सूचनाओं से समाचार माध्यमों को दूर रखने का प्रयास करता है। अतः सत्य व प्रामाणिक शासकीय समाचार और सूचनाओं की प्राप्ति भी समाचार माध्यमों के लिए एक समस्या बन जाती है। अर्थात् शासन की कई घोषित व अघोषित नीतियाँ समाचार माध्यमों के लिए एक जटिल समस्या के रूप में सामने आ रही है, जो समाचार माध्यमों के लिए एक संकटकालीन परिस्थितियों के निर्माण कार्य में सहायक होगा।

2. प्रशासनिक असहयोग

प्रशासन शासन का ही एक प्रमुख अंग होता है। शासन अपने समस्त कार्य प्रशासन

के माध्यम से ही संचालित करता है। शासन द्वारा अलग-अलग कार्यों के संपादन हेतु अलग-अलग विभागों का निर्माण किया जाता है। शासकीय कार्यों का संपादन करनेवाले यह विभाग स्थानीय स्तर पर प्रशासन के रूप में अपने दायित्वों का निर्वहन करते हैं। अर्थात् शासकीय नीतियों और योजनाओं के क्रियान्वयन का स्थानीय स्तर पर प्रशासन द्वारा किया जाता है।

प्रशासन शासन विषयक विभिन्न नीतियों, समाचारों और सूचनाओं का प्रमुख केंद्र होता है। शासन की विभिन्न नीतियों, योजनाओं एवं कार्यप्रणालियों के विषय में आवश्यक सूचनाएँ आम नागरिकों के लिए अति आवश्यक होती है। अत: नागरिक इन बातों के संबंध में विभिन्न माध्यमों के द्वारा जानकारियाँ प्राप्त करने का प्रयास करते हैं। सामान्यत: नागरिक इन सूचनाओं की प्राप्ति के लिए समाचार माध्यमों पर ही अधिक निर्भर होते हैं। यही कारण है कि समाचार माध्यमों को जनहित में शासकीय नीतियों और योजनाओं से संबंधित जानकारी प्राप्त करने के लिए प्रशासन पर ही निर्भर रहना पड़ता है। इसके अलावा नागरिकों की अपेक्षाओं से प्रशासन भी अवगत होना चाहता है। प्रशासन भी इस कार्य के लिए समाचार माध्यमों पर ही निर्भर होते हैं। अर्थात् संवाद माध्यम, प्रशासन एवं नागरिकों के मध्य संवादों के आदान-प्रदान में एक सेतु के रूप में कार्य करता है।

यदि दायित्वों के आधार पर समाचार माध्यमों की स्थिति की विवेचना की जाए तो यह कहा जा सकता है कि समाचार माध्यमों का दायित्व प्रशासन व नागरिकों के मध्य संवादों को जीवंत रखना है। अपने इस दायित्व की पूर्ति के लिए समाचार माध्यमों की प्रशासन पर निर्भरता बढ़ जाती है, क्योंकि समाचार माध्यमों को अधिकांश शासकीय सूचनाओं की प्राप्ति प्रशासन के माध्यम से ही प्राप्त होती है। अत: इस परिप्रेक्ष्य में समाचार माध्यमों को प्रशासन के सहयोग की आवश्यकता होती है, परंतु प्रशासन के विषय में प्राय: यह आरोप लगाए जाते हैं कि प्रशासन मात्र उन समाचार और सूचनाओं के संप्रेषण में ज्यादा रुचि लेता है, जो शासन व प्रशासन के हित में होती है। पर इसके विपरीत कई अवसरों पर प्रशासन व्यावहारिक रूप में उन समाचार और सूचनाओं को प्रदान करने में ज्यादा तत्परता नहीं दिखाता, जो शासन व प्रशासन की दृष्टि से प्रतिकूल सिद्ध होती हो।

प्रशासन की नीतियों के संबंध में यह भी कहा जाता है कि प्रशासन शासन एवं स्वयं की दृष्टि से लाभप्रद सूचनाओं को तो आसानी से समाचार माध्यमों को उपलब्ध करा देता है, परंतु प्रतिकूल समाचार और सूचनाओं को या तो वह प्रकट ही नहीं करता या फिर उनके मूल स्वरूप में छेड़छाड़ करके उसके वास्तविक स्वरूप को ही परिवर्तित कर देता है। प्रशासन की इस असहयोगात्मक कार्यप्रणाली से समाचार माध्यमों को

अनेक परेशानियों का सामना करना पड़ता है, क्योंकि समाचार माध्यम प्रशासन की इस कार्यप्रणाली के कारण शासन एवं प्रशासन से संबंधित समाचार व सूचनाओं को उनके सही स्वरूप में जनमानस तक नहीं पहुँचा पाते, जिसके कारण समाचार माध्यमों की गुणवत्ता और प्रामाणिकता पर प्रतिकूल प्रभाव पड़ता है।

स्थानीय स्तर पर घटित कई घटनाक्रम ऐसे होते हैं, जिनके कारण प्रशासन की छवि धूमिल हो सकती है या उसे नागरिकों के कोप का भाजन बनना पड़ सकता है। अत: इस विषयक समाचार और सूचनाओं के प्रति भी प्रशासन का व्यवहार समाचार माध्यमों के प्रति प्राय: असहयोगात्मक ही होता है एवं प्रशासन समाचार माध्यमों को इन घटनाक्रमों की जानकारियों से दूर रखने का प्रयास करता है। कई अवसरों पर तो समाचार माध्यमों को विभिन्न घटनाओं की जानकारी प्राप्त करने में प्रशासन की सख्ती, ज्यादती या अप्रिय व्यवहार का सामना भी करना पड़ जाता है।

इस प्रकार सत्य व प्रामाणिक जानकारियों को प्राप्त करना समाचार माध्यमों की एक बड़ी समस्या होती है, क्योंकि सही एवं प्रामाणिक जानकारी नागरिकों की प्रमुख माँग होती है, जिसकी पूर्ति करना समाचार माध्यमों का प्रमुख दायित्व होता है। सत्य व प्रामाणिक जानकारी का अभाव जनमानस के सम्मुख समाचार माध्यमों की कार्यप्रणाली और उसकी प्रतिष्ठा पर ही प्रश्न चिह्न लगा देते हैं। अर्थात् सार रूप में कहा जा सकता है कि समाचार माध्यमों के प्रति प्रशासन के असहयोगात्मक रवैए के कारण शासन व प्रशासन के विषय में आवश्यक जानकारी प्राप्त करना समाचार माध्यमों के लिए अत्यंत कठिन होता है। फिर भी समाचार माध्यमों को प्रत्येक परिस्थिति का सामना करके जनअपेक्षाओं के अनुरूप अपने दायित्व का निर्वाह करना ही होता है।

3. प्रिंट मीडिया पर इलेक्ट्रॉनिक मीडिया का बढ़ता दबाव

प्रिंट मीडिया और इलेक्ट्रॉनिक मीडिया पत्रकारिता के दो प्रमुख अंग हैं। वर्तमान में पत्रकारिकता के क्षेत्र में इलेक्ट्रॉनिक मीडिया का प्रभाव निरंतर बढ़ता जा रहा है। पत्राकरिता जगत् में मनोरंजन एवं समाचार माध्यम के रूप में प्रवेश कर चुके इस माध्यम का सीधा प्रतिकूल प्रभाव पिंट मीडिया पर परिलक्षित होता दिखाई दे रहा है। पत्रकारिता के क्षेत्र में वैसे तो प्रिंट मीडिया और इलेक्ट्रॉनिक मीडिया दोनों का समाचार माध्यमों के रूप में अपना-अपना एक पृथक् व विशिष्ट स्थान है, परंतु यह कहा जा सकता है कि इलेक्ट्रॉनिक मीडिया ने प्रिंट मीडिया के समक्ष एक प्रतिस्पर्धात्मक संकट अवश्य खड़ा कर दिया है।

प्रिंट मीडिया और इलेक्ट्रॉनिक मीडिया में व्याप्त इस प्रतिस्पर्धा का सबसे महत्त्वपूर्ण

कारण यह है कि इलेक्ट्रॉनिक मीडिया में प्रिंट मीडिया के विपरीत दूरस्थ-से-दूरस्थ क्षेत्र में भी समाचार और सूचनाओं के संप्रेषण की क्षमता निहित होती है। इसके अलावा इलेक्ट्रॉनिक मीडिया में समाचार और घटनाओं के प्रदर्शन की सुविधा भी होती है। अर्थात् प्रिंट मीडिया समाचारों को मात्र प्रकाशित करके ही पाठकों के सम्मुख प्रस्तुत करने में समर्थ होता है। इसके विपरीत इलेक्ट्रॉनिक मीडिया उन्नत आधुनिकतम तकनीक के द्वारा सुदूर घटित घटनाओं को प्रत्यक्ष रूप से दिखा पाने में सक्षम होता है। ध्वनि और चित्रण पर आधारित इसी विशेषता के कारण जनमानस का रुझान तेजी से इलेक्ट्रॉनिक मीडिया के प्रति बढ़ा है।

प्रिंट मीडिया की अपेक्षा इलेक्ट्रॉनिक मीडिया के प्रति नागरिकों के आकर्षण का एक अन्य कारण यह भी है कि अधिकांश दैनिक समाचार-पत्रों का प्रकाशन दिन में एक बार होता है, यह समाचार-पत्र प्रात:कालीन, दोपहरकालीन या संध्याकालीन होते हैं। वर्तमान में प्रात:कालीन प्रकाशित होनेवाले कुछ समाचार-पत्रों द्वारा दोपहरकालीन या सांध्यकालीन संस्करणों का प्रकाशन भी किया जाने लगा, परंतु फिर भी प्रिंट मीडिया के लिए किसी भी घटित घटना की प्रतिपल की जानकारी लगातार देना संभव नहीं होता, क्योंकि समाचार-पत्र छापने के पूर्व तक की ही जानकारी का अपने समाचारों में समावेश कर पाते हैं। इसके विपरीत इलेक्ट्रॉनिक मीडिया रूपी समाचार चैनल किसी भी घटनाक्रम की प्रतिपल की ताजा जानकारी को संप्रेषित करने में समर्थ होते हैं। इन विशेषताओं के अतिरिक्त इस माध्यम द्वारा कई विशेष अवसरों पर सीधे प्रसारण की सुविधा भी पाठकों को उपलब्ध कराई जाती है।

इलेक्ट्रॉनिक मीडिया के क्षेत्र में वर्तमान में मनोरंजन के विभिन्न चैनल के अलावा पूर्णतया समाचारों पर ही आधारित न्यूज चैनलों का भी तेजी से प्रवेश हो रहा है। समाचारों पर आधारित यह चैनल प्रत्यक्ष या अप्रत्यक्ष रूप से प्रिंट मीडिया की पाठक-संख्या को प्रतिकूल रूप से प्रभावित कर रहे हैं। यहाँ इस बात का भी उल्लेख करना आवश्यक है कि प्रिंट मीडिया के समान ही इलेक्ट्रॉनिक मीडिया रूपी विभिन्न चैनलों की आय का भी एक प्रमुख स्रोत विज्ञापन ही होता है। अत: यह माध्यम भी विज्ञापन के संग्रहण की दिशा में प्रयासरत रहकर प्रिंट मीडिया को व्यावसायिक रूप से भी प्रभावित करता है।

वर्तमान में इलेक्ट्रॉनिक मीडिया के रूप में स्थानीय चैनल भी निरंतर अस्तित्व में आ रहे हैं। हालाँकि अभी ये चैनल मुख्य रूप से मनोरंजन के ही साधन मात्र हैं, परंतु ये स्थानीय चैनल, स्थानीय घटनाओं व स्थानीय समाचारों को भी पर्याप्त महत्त्व देकर समाचार माध्यमों की गिनती में शामिल हो रहे हैं। पत्रकारिता के क्षेत्र में अस्तित्व में आ रहे ये स्थानीय चैनल भी प्रिंट मीडिया के लिए एक चुनौती बनती जा रही है, क्योंकि ये चैनल स्थानीय स्तर के समाचार एवं सूचनाओं का संप्रेषण कर नागरिकों की एक प्रमुख

आवश्यकता बन गए हैं। स्थानीय रूप से संचालित इन चैनलों की आय का भी एक प्रमुख स्रोत विज्ञापन ही है। अतः ये चैनल भी विभिन्न वर्गों से विज्ञापनों की प्राप्ति के लिए प्रयासरत रहते हैं। इस आधार पर विज्ञापनपों की प्राप्ति में भी यह माध्यम प्रिंट मीडिया के प्रमुख प्रतिद्वंद्वी बनते जा रहे हैं।

इलेक्ट्रॉनिक मीडिया के रूप में रेडियो भी प्रिंट मीडिया को किसी-न-किसी रूप में प्रभावित करता है। आजादी के पश्चात् रेडियो समाचार और सूचनाओं का एक प्रमुख स्रोत था, जो आज भी संवादों के प्रेषण का प्रमुख माध्यम बना हुआ है। वर्तमान में भी समाज का एक बड़ा वर्ग समाचार व सूचनाओं की प्राप्ति के लिए इसी माध्यम पर निर्भर है। यह माध्यम भी समाचारों और विज्ञापन के कारण व्यावसायिक प्रतिद्वंद्वी के रूप में प्रिंट मीडिया को कुछ अंश तक प्रभावित करता है।

निष्कर्ष के तौर पर यह कहा जा सकता है कि इलेक्ट्रॉनिक मीडिया, प्रिंट मीडिया का विरोधी तत्त्व तो नहीं है, परंतु इसे एक प्रमुख प्रतिस्पर्धी तो अवश्य माना जा सकता है। वर्तमान में इलेक्ट्रॉनिक मीडिया ने प्रिंट मीडिया के समक्ष एक विशेष प्रतिस्पर्धात्मक संकट उत्पन्न कर दिया है। यही कारण है कि वर्तमान में इलेक्ट्रॉनिक मीडिया के संबंध में यह कहा जा रहा है कि यह माध्मय प्रिंट मीडिया पर एक अदृश्य दबाव की भाँति कार्य कर रहा है।

4. पूँजीवाद का विस्तार

पत्रकारिता के वर्तमान परिदृश्य में पूँजीवाद अपने प्रभावी रूप में दृष्टिगोचर हो रहा है। इस व्यवस्था के पत्रकारिता के क्षेत्र में प्रवेश करने के उपरांत समाचार माध्यमों के स्वरूप और उनकी कार्यप्रणाली में अत्यधिक परिवर्तन दिखाई देने लगा है। इन परिवर्तनों में मुख्य रूप से पूँजीवाद का पत्रकारिता के क्षेत्र में प्रवेश के उपरांत जहाँ उन्नत तकनीक का उपयोग बढ़ा है, वहीं समाचार माध्यमों के कार्य क्षेत्र में वृद्धि हुई है। पूँजीवाद के इस सकारात्मक पहलू के अलावा इसके कुछ नकारात्मक पहलू भी हैं, जो अल्प पूँजी पर आधारित छोटे व मध्यम समाचार-पत्रों पर अपना प्रतिकूल प्रभाव डाल रहे हैं।

पत्रकारिता के क्षेत्र में पूँजीवाद के प्रवेश और विस्तार का सबसे प्रमुख कारण यह है कि वर्तमान में पत्रकारिता एक व्यवसाय का रूप ग्रहण करती जा रही है। अतः विभिन्न व्यावसायिक वर्गों का इस क्षेत्र में प्रवेश होना स्वाभाविक है। यह व्यावसायिक वर्ग पत्रकारिता के क्षेत्र को एक व्यवसाय या उद्योग मानकर इस क्षेत्र में बड़े पैमाने पर पूँजी का निवेश कर रहे हैं।

पत्रकारिता के वर्तमान परिदृश्य में पूँजीवाद के कारण सबसे अहम परिवर्तन पूँजी

पर आधारित समाचार-पत्रों के प्रवेश के कारण दिखाई दे रहा है। जैसे, पूँजी पर आधारित समाचार-पत्रों का पत्रकारिता के क्षेत्र में प्रवेश के कारण दूरस्थ-से-दूरस्थ क्षेत्रों में भी समाचारों का संप्रेषण अधिक सुगम हुआ है। इसके अलावा पूँजी पर आधारित इन समाचार माध्यमों के कारण उन्नत व आधुनिक तकनीकों का भी पत्रकारिता के क्षेत्र में प्रवेश हुआ है। इसका कारण स्पष्ट है कि पूँजी पर आधारित समाचार माध्यमों का अपना एक विस्तृत नेटवर्क होता है। अत: यह दूरस्थ-से-दूरस्थ क्षेत्रों में भी अपनी उपस्थिति के माध्यम से इन क्षेत्रों का समाचार और सूचनाओं के संग्रहण व संप्रेषण में समर्थ होते हैं। इसके अलावा अत्यधिक पूँजी के कारण इन माध्यमों की क्रय क्षमता अपेक्षाकृत अधिक होती है। अत: यह समूह अपने समाचार माध्यमों को आधुनिक तकनीकी उपकरणों व तकनीकों के माध्यम से परिपूर्ण बना पाने में सक्षम होते हैं।

पत्रकारिता के वर्तमान दौर में पूँजी पर आधारित इन समाचार-पत्रों का व्यापक प्रचार-प्रसार ही छोटे व माध्यम समाचार-पत्रों के लिए सबसे जटिल चुनौती बनती जा रही है, क्योंकि ये समाचार-पत्र समूह आधुनिक एवं उन्नत तकनीक से सुसज्जित होते हैं। अत: इस उन्नत तकनीक के माध्यम से ये अपने समाचार-पत्रों को बहुरंगीय व आकर्षक कलेवर देकर पाठकों को अपनी ओर आकृष्ट करने का प्रयास करते हैं। इसके अलावा अपने व्यापक नेटवर्क के कारण यह दूरस्थ-से-दूरस्थ क्षेत्रों के भी समाचारों के संग्रहण व संप्रेषण में सफल रहते हैं। इसी प्रकार यह समाचार-पत्र बड़ी संख्या में प्रकाशित होते हैं तथा इनकी पृष्ठ संख्या भी अधिक होती है। इस कारण इन समाचार-पत्रों में प्रकाशन सामग्री का भी आधिक्य होता है। यहाँ एक अन्य महत्त्वपूर्ण तथ्य यह है कि पूँजी पर आधारित समाचार-पत्रों की अपनी प्रकाशन यूनिट होती है, जो प्रकाशन विषयक कार्य में सहयोगी होती है। इसके विपरीत छोटे व मध्यम समाचार-पत्रों के लिए पूँजी का अधिकतम व्यय संभव नहीं होता, क्योंकि इन माध्यमों के पास सीमित पूँजी होती है। अत: पूँजी पर आधारित समाचार-पत्रों से हर स्तर पर प्रतिस्पर्धा इनके लिए संभव नहीं होती। यही कारण है कि छोटे व मध्यम समाचार-पत्र इस प्रतिस्पर्धा में पिछड़ते चले जाते हैं।

अर्थात् पूँजी पर आधारित समाचार-पत्र छोटे व मध्यम समाचार-पत्रों को पाठक संख्या व अन्य व्यावसायिक स्तर पर प्रतिकूल रूप से प्रभावित करते हैं। हालाँकि पूँजी पर आधारित समाचार-पत्रों की भी अपनी कुछ समस्याएँ हैं, जैसे व्यय की गई पूँजी के अनुरूप समुचित लाभ प्राप्त न होना। इसके अलावा भी अन्य कई समस्याएँ होती हैं, जो पूँजी पर आधारित समाचार-पत्रों को भी प्रभावित करती हैं।

निष्कर्षत: यह कहा जा सकता है कि वर्तमान में पत्रकारिता के क्षेत्र में पूँजीवादी व्यवस्था दिन-प्रति-दिन हावी होती जा रही है। पूँजीवाद के निरंतर बढ़ते इस प्रभाव के कारण लघु व मध्यम समाचार-पत्र स्वयं को असुरक्षित महसूस कर रहे हैं। यही कारण

है कि पत्रकारिता के क्षेत्र में पूँजीधारी व पूँजी की दृष्टि से कमजोर समाचार माध्यमों के मध्य एक अघोषिति प्रतिस्पर्धा दृष्टिगोचर हो रही है। पूँजीवाद का पत्रकारिता के क्षेत्र में प्रवेश छोटे एवं मध्यम समाचार-पत्रों के लिए भले ही घातक न हो, परंतु पूँजीवाद के कारण छोटे व बड़े, दोनों समाचार-पत्रों में जारी यह भीषण प्रतिस्पर्धा सभी वर्गों के समाचार-पत्रों के लिए अत्यंत घातक है, क्योंकि इस प्रतिस्पर्धा का सभी समाचार-पत्रों पर नकारात्मक प्रभाव पड़ रहा है।

5. खर्चीली प्रकाशन तकनीक

समय के साथ-साथ प्रिंट मीडिया के क्षेत्र में प्रकाशन की तकनीक में भी काफी परिवर्तन आया है। वर्तमान में प्रिंट मीडिया के क्षेत्र में अधिकांश समाचार-पत्रों द्वारा आधुनिकतम प्रकाशन प्रणाली का उपयोग किया जाने लगा है। प्रकाशन की यह नवीनतम तकनीक प्रकाशन की पुरानी तकनीक की अपेक्षा अत्यधिक सुविधाजनक व कम समय लेने वाली प्रणाली है।

प्रकाशन की इन नवीनतम तकनीकों के कारण समाचार-पत्रों को प्रकाशन विषयक अनेक सुविधाओं की प्राप्ति तो अवश्य हुई है, परंतु यह नवीनतम प्रकाशन प्रणाली प्रकाशन समूहों के लिए अत्यधिक महँगी सिद्ध हो रही है। अत: सभी प्रकाशन समूहों के लिए इस महँगी प्रकाशन प्रणाली का उपयोग करना संभव नहीं हो पा रहा है।

विगत कुछ वर्षों पूर्व तक प्रकाशन के लिए छपाई मशीन (ट्रेडल मशीन) का उपयोग किया जाता था। पत्रकारिता के वर्तमान दौर में नवीन शासकीय विज्ञापन नीतियों और पाठकों की बदलती अभिरुचियों के कारण अधिकांश समाचार-पत्रों का प्रकाशन ऑफसेट प्रणाली द्वारा किया जाने लगा है। कंप्यूटर पर आधारित इस तकनीक के माध्यम से समाचार-पत्रों की जहाँ आसानी से कंपोजिंग की जा सकती है, वहीं प्रकाशन सामग्री को भी आकर्षक रूप से संयोजित किया जाना संभव हुआ है। बड़ी मात्रा में समाचार-पत्रों का प्रकाशन या विभिन्न रंगों में छपाई के लिए यह तकनीक अत्यंत सुविधाजनक है।

वर्तमान में ऑफसेट प्रणाली का उपयोग तो अवश्य बढ़ा है, परंतु यह प्रणाली अत्यंत खर्चीली है। इस माध्यम द्वारा प्रकाशन के लिए कंप्यूटर यूनिट की आवश्यकता होती है। इस प्रणाली में प्रकाशित की जानेवाली प्रकाशन सामग्री को कंप्यूटर पर संयोजित कर उसके प्राप्त प्रिंटों की पेस्टिंग की जाती है। यह ऑफसेट के पूर्व का प्रथम चरण होता है। प्रिंटिंग के दूसरे चरण में पेस्ट की गई सामग्री को ऑफसेट मशीन पर प्रकाशन हेतु भेजा जाता है, जहाँ प्राप्त पेस्टिंग की प्लेट बना ली जाती है। अब प्लेट के द्वारा सामग्री की छपाई की जाती है।

इस प्रकार देखा जाए तो खर्चों पर आधारित यह श्रृंखला यही समाप्त नहीं हो जाती, क्योंकि वर्तमान में समय के साथ-साथ पाठकों की अभिरुचियों का भी विस्तार हुआ है; अतः समाचारों की विस्तृत संग्रहण हेतु कंप्यूटर पर आधारित इंटरनेट, इ-मेल प्रणाली भी आवश्यक होती है। इंटरने के माध्यम से अंतरराष्ट्रीय स्तर तक के समाचारों का भी तत्काल संग्रहण किया जा सकता है। वर्तमान में इंटरनेट पर आधारित विभिन्न समाचार और सूचनाओं की प्राप्ति भी एक खर्चीला कार्य है, क्योंकि इस कार्य में फोन, मोडम, इंटरनेट कनेक्शन आदि भी आवश्यक होते हैं। अतः इन पर भी व्यय करना समाचार माध्यमों के लिए आवश्यक होता है।

वर्तमान में प्रिंट मीडिया से जुड़ी न्यूज एजेंसियों का भी चलन है। ये एजेंसियाँ, समाचार-पत्रों/पत्रिकाओं को प्रकाशन के लिए नवीनतम जानकारियाँ (समाचार, लेख, कविता, कहानी, कार्टून, व्यंग्य, भेंटवार्त्ता आदि) उपलब्ध कराती है। इन एजेंसियों की सेवा लेने हेतु भी समाचार माध्यमों को इन एजेंसियों को निर्धारित शुल्क देना होता है।

उपरोक्त बातों के अलावा भी प्रकाशन विषयक अनेक व्यय होते हैं जैसे— कार्यालयीन स्टॉफ एवं उनका व्यय, परिवहन व्यय, समाचार-पत्र वितरण व्यय, कार्यालयीन व्यय, प्रचार-प्रसार व्यय आदि। इन विभिन्न व्ययों को वहन करना समाचार-पत्रों के लिए आवश्यक होता है।

सार रूप में यही माना जा सकता है कि वर्तमान में समाचार-पत्र/पत्रिकाओं का प्रकाशन अत्यंत कठिन हो चुका है, क्योंकि प्रकाशन का यह कार्य अत्यंत खर्चीला एवं जटिल होता है। यही कारण है कि वर्तमान में शासकीय नीतियों एवं जनमानस की अभिरुचियों के अनुरूप बदलाव लाने में असमर्थ अनेक समाचार-पत्रों का प्रकाशन बंद हो चुका है एवं कई समाचार-पत्र बंद होने की कगार पर हैं।

6. नित नए समाचार-पत्रों का प्रकाशन

पत्रकारिता के क्षेत्र में विद्यमान समाचार माध्यम प्रजातंत्र की रीढ़ होते हैं। भारत में आजादी के उपरांत समाचार-पत्रों को उनकी आवश्यकता, उपयोगिता और दायित्वों के आधार पर प्रजातंत्र का रक्षक माना गया एवं इसी आधार पर समाचार माध्यमों को कुछ विशेषाधिकार प्रदान किए गए हैं।

समय में परिवर्तन के साथ-साथ पत्रकारिता के उद्देश्य में भी परिवर्तन आया है। इन्हीं परिवर्तनों के अनुसार अन्य क्षेत्रों के अलावा पत्रकारिता के क्षेत्र में भी व्यासायिकता का प्रवेश हुआ है। यही कारण है कि वर्तमान में पत्रकारिता एक उद्योग या व्यवसाय का रूप लेती दिखाई दे रही है।

वर्तमान में पत्रकारिता के व्यावसायीकरण हो जाने के पश्चात् इस क्षेत्र में अनेक नवीन समस्याओं का समावेश हो गया है। यही कारण है कि वर्तमान काल को पत्रकारिता का संक्रमणकाल माना जा रहा है। वैसे तो पत्रकारिता के क्षेत्र में अनेक समस्याएँ विद्यमान हैं, परंतु इन्हीं समस्याओं में से एक महत्त्वपूर्ण समस्या पत्रकारिता के क्षेत्र में नित नए समाचार-पत्रों/पत्रिकाओं के प्रवेश की भी है, क्योंकि वर्तमान में एक बड़ी संख्या में नवीन समाचार-पत्रों का प्रकाशन एवं पत्रकारिता के क्षेत्र में उनका प्रवेश प्रारंभ हो गया है। इसी क्रम में समाचार-पत्रिकाओं की संख्या में भी वृद्धि हुई है।

पत्रकारिता के क्षेत्र में इन नवप्रवेशित समाचार-पत्रों/पत्रिकाओं के प्रवेश पर प्रत्यक्ष या अप्रत्यक्ष रूप से प्रतिकूल प्रभाव पूर्व से ही प्रकाशित हो रहे समाचार-पत्रों पर दिखाई दे रहा है। इसका कारण स्पष्ट है कि पत्रकारिता के क्षेत्र में नए प्रकाशित समाचार-पत्रों के कारण समाचार माध्यमों में पारस्परिक प्रतिस्पर्धा में तेजी से वृद्धि हो रही है। पारस्परिक प्रतिस्पर्धा की यह अंधी दौड़ समाचार-पत्रों के लिए नुकसानदेह सिद्ध हो रही है। यदि मोटे तौर पर इस प्रतिकूल प्रभाव का विश्लेषण किया जाए तो यह बात सामने आती है कि इस प्रतिस्पर्धा का समाचार-पत्रों पर दो प्रकार से नकारात्मक प्रभाव दृष्टिगोचर हो रहा है—

1. **पाठकों की संख्या पर प्रभाव**—पत्रकारिता के क्षेत्र में मौजूद प्रत्येक समाचार-पत्र के अपने कुछ नियमित ग्राहक होते हैं। परंतु जब कोई नया समाचार-पत्र अस्तित्व में आता है तो वह भी अपने लिए पाठक वर्ग निर्मित करने का प्रयास करता है। इन्हीं प्रयासों के कारण अन्य समाचार-पत्रों के कुछ पाठक नवीन समाचार-पत्र के पाठक बन जाते हैं, इस प्रकार जिन समाचार-पत्रों के पाठक नवीन समाचार-पत्र से जुड़कर उसके पाठक बनते हैं, उस समाचार-पत्र को अपनी पाठक संख्या का नुकसान हो जाता है। अत: पाठकों की संख्या में यह कमी समाचार-पत्रों के लिए एक समस्या बन जाती है।

2. **व्यावसायिक प्रभाव**—पत्रकारिता के क्षेत्र में नवप्रवेशित समाचार-पत्र अन्य समाचार-पत्रों के व्यावसायिक हितों को भी प्रतिकूल रूप से प्रभावित करते हैं। इसका कारण यह है कि नवप्रवेशित समाचार-पत्र अपनी आर्थिक स्थिति की सुदृढता के लिए विज्ञापन पर ही आधारित होते हैं। अत: यह नवप्रवेशित समाचार-पत्र भी विज्ञापन की प्राप्ति के लिए विभिन्न प्रयास कर पारस्परिक व्यावसायिक प्रतिस्पर्धा को जन्म दे देते हैं। अर्थात् नवप्रवेशित समाचार-पत्र निजी क्षेत्र से अधिकाधिक विज्ञापन एकत्र करने का प्रयास करते हैं, जिसके कारण विज्ञापनदाताओं का भी विभाजन हो जाता है। इस प्रकार अन्य समाचार-पत्रों को विज्ञापन के रूप में आर्थिक हानि का सामना करना पड़ता है।

इसके अलावा कई बार यह भी देखने में आता है कि नवप्रवेशित समाचार-पत्र

अपनी लोकप्रियता या पाठक संख्या बढ़ाने हेतु जनसामान्य या पाठकों के लिए कोई आकर्षक योजना प्रस्तुत करता है तो उसके प्रमुख प्रतिद्वंद्वी समाचार-पत्र को भी अपनी लोकप्रियता या अस्तित्व को बचाए रखने के लिए मजबूरीवश कोई समानांतर योजना प्रस्तुत करने को बाध्य होना पड़ता है। इस प्रकार यह प्रयास भी अपने आप में एक थोपी हुई समस्या बन जाती है।

पत्रकारिता के क्षेत्र में नवप्रवेशित समाचार माध्यमों की समस्या मात्र प्रिंट मीडिया के क्षेत्र में ही नहीं, बल्कि इलेक्ट्रॉनिक मीडिया के क्षेत्र में भी विद्यमान है। इलेक्ट्रॉनिक मीडिया के क्षेत्र में भी विभिन्न चैनल अपनी लोकप्रियता एवं दर्शक संख्या में वृद्धि को लेकर प्रतिस्पर्धारत हैं।

सार रूप में यही कहा जा सकता है कि वर्तमान में नवप्रवेशित समाचार माध्यमों द्वारा पत्रकारिता के क्षेत्र में एक व्यापक प्रतिस्पर्धा का जन्म हो चुका है, जिसे रोका पाना संभव नहीं है, क्योंकि समाचार माध्यमों को प्रारंभ करने के लिए प्रत्येक व्यक्ति स्वतंत्र है। परंतु यह कहा जा सकता है कि पत्रकारिता के क्षेत्र में नित नए समाचार माध्यमों के प्रवेश का प्रतिकूल प्रभाव पत्रकारिता जगत् में पूर्व से ही मौजूद अन्य समाचार माध्यमों पर पड़ता रहा है।

7. योग्य व अनुभवी व्यक्तियों का अभाव

पत्रकारिता समाजसेवा का एक आदर्श माध्यम है। वर्तमान में पत्रकारिता के क्षेत्र में कुछ सीमा तक व्यावसायिकता का प्रवेश अवश्य हो चुका है, परंतु पत्रकारिता देश व समाजसेवा के उद्‌देश्यों में कोई परिवर्तन नहीं आया है; इसका कारण यह है कि पत्रकारिता समाजसेवा का एक महत्त्वपूर्ण माध्यम है। अत: आर्थिक या अन्य लाभ प्राप्त करना ही इनका उद्‌देश्य नहीं होता है।

पत्रकारिता के क्षेत्र में समाचारों का संप्रेषण विभिन्न समाचार माध्यमों द्वारा होता है। ये समाचार माध्यम विभिन्न समाचार समूहों से जुड़े होते हैं। समाचार समूह प्रिंट मीडिया या इलेक्ट्रॉनिक मीडिया के माध्यम से संवादों के प्रेषण का कार्य करते हैं। प्रत्येक समाचार समूहों को अपने समूह के संचालन के लिए समुचित स्टॉफ की आवश्यकता होती है। अत: प्रिंट मीडिया और इलेक्ट्रॉनिक मीडिया के क्षेत्र में पत्रकारिता के क्षेत्र से संबद्ध योग्य व अनुभवी स्टॉफ की नियुक्ति की जाती है। प्रत्येक समाचार समूह अपनी क्षमता एवं सामर्थ्य के अनुरूप स्टॉफ की नियुक्ति करता है। अत: विभिन्न समाचार समूहों में आवश्यकता के अनुरूप कम या अधिक स्टॉफ होते हैं।

पत्रकारिता के विषय में यह भी कहा जाता है कि यह कार्य अत्यंत श्रम प्रधान व जोखिम युक्त हैं। यह बात सही भी है, क्योंकि समाचार माध्यमों का प्रमुख उद्‌देश्य देश

व समाज की बुराइयों पर कुठाराघात कर दोषी तत्त्वों को बेनकाब करना है। अपने इस दायित्व को अंजाम देने में कई अवसरों पर प्रकाशन समूह और विशेषकर संवाददाताओं को कई विषम परिस्थितियों का सामना भी करना पड़ता है। परंतु इस जोखिमयुक्त एवं श्रम प्रधान कार्य की तुलना में पर्याप्त धन पत्रकारिता से जुड़े वर्गों को प्राप्त नहीं हो पाता, इसका कारण यह है कि पत्रकारिता के क्षेत्र में विद्यमान अधिकांश समाचार-पत्र आर्थिक रूप से अत्यंत कमजोर होते हैं। इसके अलावा वर्तमान में समाचार माध्यमों का संचालन एक अत्यंत महँगा कार्य हो चुका है। अत: धनाभाव के कारण इन समाचार माध्यमों के लिए योग्य व अनुभवी व्यक्तियों को अपने स्टॉफ में समावेश करना संभव नहीं होता योग्य एवं अनुभवी व्यक्ति को समुचित वेतन न मिल पाने के कारण वे आर्थिक रूप से कमजोर समाचार माध्यमों से जुड़ने में रुचि नहीं लेते हैं।

इस विषय में यह भी कहा जाता है कि पत्रकारिता के क्षेत्र में समुचित पारिश्रमिक न मिलने की प्रचलित अवधारणाओं के कारण योग्य व्यक्ति इस क्षेत्र को जीविकोपार्जन का समुचित आधार न मानकर इस क्षेत्र में आने में रुचि नहीं लेते हैं। फलत: पत्रकारिता के क्षेत्र में आवश्यकता के अनुरूप योग्य व अनुभवी व्यक्तियों का अभाव बना हुआ है।

समाचार माध्यमों के आर्थिक व्यवस्थापन के संबंध में यह भी आम धारणा है कि समाचार माध्यमों में उच्च पदों पर पदस्थ वर्गों का वेतनमान तो संतोषजनक है, परंतु समाचार माध्यमों में अन्य पदों पर पदस्थ कर्मचारी आर्थिक रूप से अभी भी स्वयं को काफी पिछड़ा हुआ मान रहे हैं।

हालाँकि इस बात का यह आशय नहीं है कि पत्रकारिता के संपूर्ण क्षेत्र में योग्य व अनुभवी व्यक्तियों का अभाव है, क्योंकि यदि ऐसा होता तो पत्रकारिता का क्षेत्र प्रजातंत्र के चौथे स्तंभ के रूप में गौरवान्वित नहीं होता और न ही समाजसेवा के क्षेत्र में अपनी विशिष्ट पहचान कायम करने में सफल हो पाता। अत: इस संदर्भ में यही कहना उचित होगा कि धनार्जन की इच्छाओं के विपरीत समाजसेवा व पत्रकारिता के क्षेत्र में रुचि रखनेवाले वर्ग ही पत्रकारिता के क्षेत्र की ओर ज्यादा आकृष्ट होते हैं। वर्तमान में पत्रकारिता एक उद्योग के रूप में परिवर्तित होता जा रहा है। अत: अन्य व्यवसायों के समान ही इस क्षेत्र में विभिन्न व्यक्ति रोजगार प्राप्ति के उद्‌देश्य से जुड़ने लगे हैं।

अब यदि इलेक्ट्रॉनिक मीडिया के संदर्भ में चर्चा की जाए तो यह निष्कर्ष निकलता है कि इन माध्यमों में भी विभिन्न पदों पर सेवारत अधिकांश कार्मिक वर्ग अपने वेतनमानों को लेकर संतुष्ट नहीं हैं।

हालाँकि पत्रकारिता के वर्तमान परिदृश्य के संदर्भ में यह एक सुखद अनुभव ही है कि प्रिंट मीडिया और इलेक्ट्रॉनिक मीडिया द्वारा अपने संस्थान में सेवारत कार्मिकों के आर्थिक स्तर में सुधार के निरंतर प्रयास किए जा रहे हैं, जिसके सकारात्मक परिणाम

दिखाई भी देने लगे हैं। पूर्व की अपेक्षा अब समाचार माध्यमों में कार्यरत वर्गों के वेतनमानों में कुछ सीमा तक वृद्धि हुई है। अत: पत्रकारिता के क्षेत्र में भविष्य में योग्य व अनुभवी व्यक्तियों के प्रवेश की संभावना निरंतर बढ़ रही है।

अंत में सार संक्षेप में इस विषय में यही कहा जा सकता है कि वर्तमान में पूँजीवाद के प्रवेश के कारण पूर्व की अपेक्षा अब पत्रकारिता के क्षेत्र से संबद्ध वर्गों की आर्थिक दशा में निरंतर सुधार आता दिखाई दे रहा है, परंतु वर्तमान में समाचार माध्यमों से संबद्ध अधिकांश कर्मिकों की आर्थिक स्थिति अभी भी विचारणीय है। अत: इस दिशा में और सुधार अपेक्षित हैं।

8. अन्य प्रतिकूल कारण

पत्रकारिता का क्षेत्र अपने आप में एक वृहद् क्षेत्र है। अत: पत्रकारिता के क्षेत्र में कई सहायक तत्त्व ऐसे होते हैं, जो पत्रकारिता के लिए प्राणवायु प्रदान कर इस क्षेत्र के विकास और विस्तार में सहायक होते हैं, परंतु इसके विपरीत कुछ तत्त्व ऐसे भी होते हैं, जो पत्रकारिता के मार्ग में एक अवरोध की तरह कार्य करते हैं। इन तत्त्वों की उपस्थिति पत्रकारिता के क्षेत्र में जनहित के इस माध्यम को अत्यंत जटिल बना देती है। पत्रकारिता के क्षेत्र पर नकारात्मक प्रभाव डालनेवाले इन तत्त्वों में प्रमुख रूप से देखा जाए तो ज्ञात होगा कि पत्रकारिता जनमत निर्माण का सर्वाधिक प्रबल माध्यम है। पत्रकारिता के इसी प्रभाव के कारण समाचार माध्यमों पर राजनीतिक हस्तक्षेप सदैव से विद्यमान दिखाई दे रहा है। विभिन्न राजनीतिक वर्गों द्वारा जनतंत्र के इस माध्यम को अपने प्रचार का एक माध्यम बना लिया गया है।

वर्तमान में सत्तारूढ़ दलों का स्वयं के समर्थक समाचार माध्यमों के अतिरिक्त अन्य विपरीत विचारधाराओं के प्रति उनका व्यवहार अत्यंत असहयोगात्मक एवं भेदभावपूर्ण होता है। स्वतंत्र व निष्पक्ष प्रेस के लिए यह परंपरा हर स्तर पर निंदा का कारण बन रही है।

पत्रकारिता शासन के तीन अंगों क्रमशः—व्यवस्थापिका, कार्यपालिका और न्यायपालिका के समकक्ष ही प्रजातंत्र का एक प्रमुख स्तंभ है। अत: समाचार माध्यमों को विभिन्न सुविधाएँ एवं विशेषाधिकार प्रदान किए गए हैं। समाचार माध्यमों को प्राप्त इन विशेष अधिकारों व सुविधाओं का अनुचित लाभ लेने के लिए कई असामाजिक तत्त्वों ने पत्रकारिता के क्षेत्र में प्रवेश कर लिया है। ये तत्त्व समाचार माध्यमों को अपने हित में अनुचित दोहन करने का प्रयास करते हैं। अर्थात् असामाजिक तत्त्व स्वहित पर आधारित अपनी गलत कार्यप्रणालियों के कारण पत्रकारिता की गरिमा पर प्रतिकूल प्रभाव डाल रहे हैं।

समाचार माध्यमों के विषय में यह भी कहा जाता है कि समाचार माध्यम समाचार और सूचनाओं के वाहक होते हैं, स्रोत नहीं। अतः समाचार माध्यमों को कई अवसरों पर समाचार और सूचनाओं की प्राप्ति के लिए जनसामान्य के सहयोग की आवश्यकता होती है, परंतु समाचार माध्यमों को प्रायः अपने कार्यों में जनसामान्य का पर्याप्त सहयोग नहीं मिल पाता, क्योंकि जनसामान्य विभिन्न कारणों से समाचार माध्यमों को सहयोग प्रदन करने में भय व असुरक्षा का अनुभव करते हैं। नागरिकों के इसी असहयोग के कारण समाचार माध्यम कई अवसरों पर अपना कार्य कुशलतापूर्वक संचालित नहीं कर पाते हैं, क्योंकि जनसहयोग के अभाव में संवाददाताओं को समाचार और सूचनाओं की प्राप्ति में भी काफी कठिनाइयों का सामना करना पड़ता है।

इसके अलावा यहाँ यह भी स्पष्ट करना आवश्यक है कि किसी भी व्यक्ति विशेष, संस्था, संगठन या अन्य विषय प्रतिकूल समाचार और सूचनाओं के संग्रहण व संप्रेषण में समाचार माध्यमों को धमकी, दवाब या अन्य विषम परिस्थितियों का सामना करना पड़ सकता है। ये तत्त्व भी समाचार माध्यमों को अपने स्तर पर नकारात्मक रूप से प्रभावित करते हैं।

यदि समाचार-पत्रों की अर्थव्यवस्था के संबंध में भी चर्चा की जाए तो स्पष्ट होगा कि समाचार माध्यमों की आय मुख्य रूप से पाठक एवं विज्ञापन पर ही निर्भर होती है। वर्तमान में प्रत्येक समाचार माध्यमों के लिए अपने पाठक एवं विज्ञापन जुटाना इतना आसान नहीं रह गया है। अतः अपनी व्यवस्थाओं को सुचारु रूप से संचालन के लिए समाचार-पत्रों को अनुचित कार्यप्रणाली अपनाने को भी बाध्य होना पड़ता है। इस प्रकार अनुचित कार्यप्रणाली पर आधारित समाचार माध्यम स्वतंत्रता और निष्पक्षतापूर्वक अपने दायित्वों का निर्वहन कर पाने में समर्थ नहीं हो पाते हैं। यह व्यवस्था अंततः उन्हीं प्रकाशन समूहों के लिए घातक हो जाती हैं।

पत्रकारिता के विषय में यह कहा जाता है कि यह कंटकायुक्त क्षेत्र है। यह बात सत्य भी है, क्योंकि समाचार माध्यमों की स्थापना और उनका निरंतर संचालन एक अत्यंत कठिन कार्य है। समाचार माध्यमों को अपने दायित्व का निर्वहन करने के लिए विभिन्न विकट व प्रतिकूल परिस्थितियों का प्रतिदिन सामना करना पड़ता है। इनमें से कई प्रतिकूल परिस्थितियाँ ऐसी होती हैं, जिनके संदर्भ में पूर्वानुमान लगाना असंभव होता है। ये परिस्थितियाँ भी समाचार माध्यमों पर अत्यंत प्रतिकूल प्रभाव डालती हैं।

□

6

पत्रकारिता के विभिन्न रूप

पत्रकारिता संवादों, सूचनाओं और समाचारों के आदान-प्रदान का एक अत्यंत महत्त्वपूर्ण माध्यम है। पत्रकारिता की यही आवश्यकता उसकी उपयोगिता का कारण है। पत्रकारिता के रूप में मीडिया को दो बिंदुओं को जोड़नेवाला साधन माना गया है। मीडिया दो व्यक्तियों के मध्य, व्यक्ति तथा समूह के मध्य या समग्र जनसामान्य के मध्य परस्पर संवादों के प्रेषण का एक प्रमुख माध्यम है। इस रूप में मीडिया मानव जीवन के लिए अति आवश्यक है।

इसके अलावा भी पत्रकारिता के उद्देश्य, उसकी भूमिका और उसकी कार्यप्रणाली के संदर्भ में समय-समय पर विभिन्न विचार सामने आते रहे हैं। विभिन्न विद्वानों ने पत्रकारिता के स्वरूपों की अपने-अपने दृष्टिकोण से व्याख्या की है।

पत्रकारिता के विषय में उसका स्वरूप ही सबसे ज्यादा चर्चा का केंद्रबिंदु रहा है। जहाँ समाचार माध्यमों ने अपनी निष्पक्षता और उत्कृष्ट कार्यप्रणाली के कारण कई आदर्श कीर्तिमान स्थापित किए हैं, वहीं कई बार अनेक घटनाक्रमों के संदर्भ में पत्रकारिता के स्वरूप को लेकर सवालिया निशान भी लगाए गए हैं। इससे एक बात तो स्वत: ही स्पष्ट हो जाती है कि मुख्य रूप से पत्रकारिता के दो स्वरूप समाज में विद्यमान होते हैं—

प्रथम स्वरूप वह है, जो पत्रकारिता के उच्च आदर्शों को चरम ऊँचाइयों पर पहुँचाता है। वहीं दूसरा स्वरूप वह है, जो आदर्श पत्रकारिता के स्वरूप को धूमिल करने में सहायक होता है। अत: पत्रकारिता के इन स्वरूपों को जानना एवं पत्रकारिता के क्षेत्र में उनके प्रभावों का विश्लेषण करना समसामयिक दृष्टि से अत्यंत उपयोगी होगा। पत्रकारिता अपनी कार्यप्रणाली के आधार पर ही विभिन्न स्वरूपों का वरण करती है। अत: कार्यप्रणालियों के आधार पर पत्रकारिता को निम्न प्रकारों में विभाजित किया जा सकता है—

1. पीत-पत्रकारिता 2. सामान्य पत्रकारिता 3. आदर्श पत्रकारिता

1. पीत-पत्रकारिता—पत्रकारिता का यह स्वरूप आदर्श पत्रकारिता से सर्वथा भिन्न होता है। पत्रकारिता के इस स्वरूप में समाचार माध्यमों के उन क्रियाकलापों को शामिल किया जा सकता है, जो पत्रकारिता की छवि पर प्रतिकूल प्रभाव डालते हैं। स्पष्ट रूप में पीत-पत्रकारिता के विषय में यही कहा जा सकता है कि जब पत्रकारिता में पक्षपात, पूर्वग्रह, असत्यता, व्यक्तिगत लाभ की प्राथमिकता या स्वहित जैसे नकारात्मक तत्त्वों की प्रमुखता हो जाती है, तब पत्रकारिता का स्वरूप पीत-पत्रकारिता में बदल जाता है। पीत-पत्रकारिता के इस स्वरूप का प्रतिकूल प्रभाव पत्रकारिता की निष्पक्षता, सत्यता एवं उसकी कार्यप्रणाली पर स्पष्ट रूप से परिलक्षित होता है। यही कारण है कि पत्रकारिता की कार्यप्रणाली शंकास्पद हो जाती है। पत्रकारिता की यही स्थिति पीत-पत्रकारिता है। पीत-पत्रकारिता प्रकाशन वर्ग में समूह या व्यक्तिगत रूप में हो सकती है, अर्थात् कई उदाहरणों में संपूर्ण प्रकाशन समूह ही पीत-पत्रकारिता में संलग्न होता है या फिर कई बार उस प्रकाशन समूह के कुछ व्यक्ति ही पीत-पत्रकारिता को अपनाते हैं।

2. सामान्य पत्रकारिता—सामान्य पत्रकारिता, पत्रकारिता का वह स्वरूप होता है, जो न तो पूर्णतया पीत पत्रकारिता पर आधारित होता है और न ही आदर्श पत्रकारिता पर। अर्थात् सामान्य पत्रकारिता पीत-पत्रकारिता और आदर्श पत्रकारिता के मध्य का मार्ग होता है।

सामान्य पत्रकारिता में कुछ सीमा तक पक्षपात, पूर्वग्रह, व्यक्तिगत राग-द्वेष या स्वहित जैसे तत्त्वों की प्रधानता होती है। इसके विपरीत कुछ सीमा तक इसमें सत्यता, निष्पक्षता, तटस्थता, प्रामाणिकता एवं स्वच्छ कार्यप्रणाली जैसे तत्त्व भी प्रभावी रूप से विद्यमान होते हैं। पत्रकारिता के इसी मिश्रित स्वरूप को सामान्य पत्रकारिता की श्रेणी में रखा जा सकता है।

3. आदर्श पत्रकारिता—पत्रकारिता का यह स्वरूप सबसे श्रेष्ठ माना गया है। यह पत्रकारिता का वह उत्कृष्ट स्वरूप होता है, जो पत्रकारिता के लिए आदर्श मापदंड की स्थापना करता है। समाज में पत्रकारिता का उच्च स्थान पत्रकारिता के इसी स्वरूप के माध्यम से प्राप्त हो सकता है। अपने आदर्श स्वरूप में पत्रकारिता सत्यता, निष्पक्षता, निर्भीकता, तटस्थता, प्रामाणिकता जैसे तत्त्वों की अधिकता के कारण प्रकाशमान होती है। यही पत्रकारिता का आदर्श स्वरूप है। पत्रकारिता के इस आदर्श स्वरूप में निष्पक्षता और सत्यता को सर्वाधिक महत्त्व दिया जाता है तथा व्यक्तिगत राग-द्वेष, पूर्वग्रह, भ्रम, संदेह, असत्यता, पक्षपात जैसे नकारात्मक तत्त्वों का अभाव होता है। समाचार माध्यमों के संबंध में भारत में भूतपूर्व राष्ट्रपति वी.वी. गिरि ने कहा था—"समाचार-पत्र ही है, जो अपने दृष्टिकोण को बिना किसी पक्षपात के निर्भीकता द्वारा जनमानस तक पहुँचा कर देश को नया स्वरूप प्रदान कर सकते हैं।"

समाज में पत्रकारिता के यह सभी स्वरूप दृष्टिगोचर होते हैं। पत्रकारिता का क्षेत्र अपने आप में एक अत्यधिक विस्तृत व व्यापक क्षेत्र है। अत: समाज में इसके किसी भी एक रूप की उपस्थिति पाए जाने की संभावना कम ही होती है। यहाँ यह कहना प्रासंगिक होगा कि पत्रकारिता के स्वरूप पर देश-काल, समय व परिस्थितियों का भी विशिष्ट प्रभाव पड़ता है। समय एवं परिस्थितियों के कारण भी कई बार प्रकाशन समूह विशेष के उद्देश्य व स्वरूप में भी परिवर्तन आ जाता है। पत्रकारिता के वर्तमान परिदृश्य में इन तीनों स्वरूपों के दर्शन होते हैं। अर्थात् वर्तमान में कई समाचार माध्यम ऐसे हैं, जो आदर्श पत्रकारिता के पथ पर अभी भी अटल हैं, इसके विपरीत कई समाचार माध्यम आदर्श पत्रकारिता का मार्ग त्याग कर पीत-पत्रकारिता की शरण में चले गए हैं। वर्तमान में पत्रकारिता का सामान्य स्वरूप भी बड़े पैमाने पर पत्रकारिता जगत् में दृष्टिगोचर हो रहे हैं। □

7

आदर्श पत्रकारिता : एक विवेचन

आदर्श पत्रकारिता के विषय में यही कहा जा सकता है कि यह पत्रकारिता का सबसे श्रेष्ठ व उत्कृष्ट स्वरूप होता है। यही कारण है कि देश व समाज के विकास में पत्रकारिता के आदर्श स्वरूप की उपयोगिता एवं प्रासंगिकता सदैव से ही विद्यमान रही है। पत्रकारिता अपने आदर्श स्वरूप में देश व समाज में पत्रकारिता को उच्च एवं गौरवमयी स्थान दिलाने में सहायक है।

1. आदर्श पत्रकारिता क्या है ?

पत्रकारिता का आदर्श स्वरूप क्या है? यह प्रश्न पत्रकारिता के क्षेत्र में रुचि रखनेवाले वर्गों को प्रारंभ से उद्वेलित करता रहा है। पत्रकारिता के क्षेत्र में रुचि रखनेवाले वर्गों की इसी जिज्ञासा की पूर्ति विभिन्न विद्वानों ने अपने स्तर पर करने का प्रयास किया है। इस विषय में विभिन्न विद्वानों का मत है कि साफ और स्वच्छ कार्यप्रणाली पर आधारित पत्रकारिता ही आदर्श पत्रकारिता होती है। अर्थात् पत्रकारिता का वह स्वरूप जिसकी कार्यप्रणाली निष्पक्ष, प्रामाणिक और सत्यता पर आधारित है वही आदर्श पत्रकारिता है।

पत्रकारिता के विषय में उक्त विवेचन से स्पष्ट है कि पत्रकारिता अपना आदर्श स्वरूप अपनी कार्यप्रणाली के आधार पर ही प्राप्त करती है। अत: आदर्श स्वरूप की प्राप्ति के लिए आदर्श कार्यप्रणाली आवश्यक है। यह आदर्श कार्यप्रणाली प्रकृति प्रदत्त नहीं होती, बल्कि यह एक मानवपरक होकर मानवीय क्रियाकलाप है, क्योंकि पत्रकारिता के इस आदर्श स्वरूप की स्थापना पत्रकारिता के क्षेत्र से संबद्ध मानवीय तत्त्वों द्वारा की जाती है।

मानवीय तत्त्व मानव से संबंधित होते हैं एवं मानव प्रकृति पर आधारित होता है।

परिवर्तन प्रकृति का नियम है। इसी प्रकार मानव स्वभाव भी निरंतर परिवर्तनशील होता है। मानवीय स्वभाव में इस परिवर्तन का प्रमुख कारण मानव का भिन्न-भिन्न स्वभाव है। अर्थात् सृष्टि में प्रत्येक मानव का अपना-अपना एक पृथक् स्वभाव होता है। इसी पृथक् स्वभाव के कारण मानव की सोच और उसकी कार्यप्रणाली में अंतर दृष्टिगोचर होता है। इसका आशय यह है कि जिस प्रकार मनुष्य अपनी उच्च सोच, उत्तम व्यवहार एवं उत्कृष्ट कार्यप्रणाली के कारण आदर्श बनता है, उसी प्रकार पत्रकारिता भी अपनी आदर्श कार्यप्रणाली के कारण आदर्श स्वरूप को प्राप्त करती है।

पत्रकारिता के स्वरूप को आदर्श बनाने के लिए कुछ तत्त्व आवश्यक होते हैं, इन्हीं तत्त्वों की प्रधानता पत्रकारिता को आदर्श पत्रकारिता बनाती है। पत्रकारिता के इन तत्त्वों को इस प्रकार संयोजित किया जा सकता है—

2. आदर्श पत्रकारिता के तत्त्व

1. **निष्पक्षता**—निष्पक्षता, पत्रकारिता का सबसे प्रमुख तत्त्व है। निष्पक्षता से आशय किसी भी वर्ग का अनुचित पक्ष न लेना है। अर्थात् समाचार या सूचनाओं को बिना किसी पक्षपात यथास्थिति में प्रस्तुत करना निष्पक्षता है।

2. **तटस्थता**—यह तत्त्व निष्पक्षता के अत्यंत निकट होता है। पत्रकारिता के संबंध में तटस्थता से आशय यह है कि न किसी से जुड़ा जाए और न ही किसी को उपेक्षित किया जाए। अर्थात् किसी भी स्थिति में सभी के प्रति राग-द्वेष से परे रहकर समान दृष्टि रखना ही तटस्थता है।

3. **समभाव** —पत्रकारिता के आदर्श स्वरूप हेतु समभाव भी एक आवश्यक तत्त्व है। समभाव से आशय यह है कि समाज के सभी वर्गों के प्रति एक समान व्यवहार का भाव रखना है। अर्थात् धर्म, भाषा, जाति, व्यक्तिगत संबंध या आर्थिक, सामाजिक स्थिति आदि जैसे आधारों पर किसी वर्ग के साथ भेदभाव न कर समान व्यवहार रखना ही समभाव है।

4. **सत्यता**—सत्यता का अभाव पत्रकारिता पर प्रतिकूल प्रभाव डालकर उसके स्वरूप को शंकास्पद बना देता है। अतः समाचार माध्यमों द्वारा प्रस्तुत की जानेवाली सामग्री में सत्यता का होना अति आवश्यक है। अर्थात् समाचार माध्यमों द्वारा प्रस्तुत की जा रही सामग्री सत्यता पर आधारित होना चाहिए।

5. **प्रामाणिकता**—प्रामाणिकता के अभाव में समाचार माध्यमों द्वारा प्रस्तुत की जा रही सामग्री के प्रति अविश्वसनीयता उत्पन्न हो सकती है। प्रमाण के अभाव में प्रस्तुत की जा रही सामग्री अनिश्चितता, संदेह या वाद-विवाद को जन्म दे सकती है। अतः

समाचार माध्यमों द्वारा प्रस्तुत की जानेवाली सामग्री प्रमाणों पर आधारित होना चाहिए, तभी यह प्रामाणिक हो सकती है।

6. **निस्वार्थता**—पत्रकारिता के संदर्भ में निस्वार्थता से आशय यह है कि स्वहित से परे रहकर सूचनाओं का सही रूप में प्रस्तुतीकरण करना है। अर्थात् निस्वार्थ भाव से पत्रकारिता को राष्ट्र व समाजसेवा कार्य का मिशन मानकर पत्रकारिता के आपेक्षित दायित्वों का निर्वहन करना ही निस्वार्थता है।

7. **अनुशासन**—अनुशासन महानता का परिचायक है। अत: पत्रकारिता को अपने गौरव को कायम रखने के लिए अनुशासित होना अति आवश्यक है। पत्रकारिता अनुशासित रूप से विधि व समाज द्वारा निर्धारित मापदंडों का पालन करे, यही उससे अपेक्षा की जाती है। अत: अनुशासित कार्यप्रणाली पत्रकारिता का एक प्रमुख अंग होती है।

8. **शालीनता**—शालीनता स्वयं में एक आदर्श है। अत: समाचार माध्यमों द्वारा प्रस्तुत सामग्री शालीनता लिये हुए होना चाहिए। अर्थात् प्रस्तुत सामग्री में फूहड़, अश्लील एवं अशोभनीय भाषा का उपयोग समाचार माध्यमों के स्तर को प्रभावित करता है। अत: समाचार माध्यमों के लिए यह आवश्यक है कि वे किसी भी विषय या व्यक्ति विशेष की आलोचना हेतु भी शालीन भाषा का उपयोग करें। शालीन व सभ्य भाषा समाचार माध्यमों की प्रतिष्ठा कायम रखने में सहायक होती है।

9. **यथास्थिति**—पत्रकारिता के संदर्भ में अनेक बार शब्दों के हेर-फेर या गलत प्रस्तुतीकरण के कारण अर्थ का अनर्थ हो जाता है। अत: समाचार माध्यमों की सामग्री विशेष को लेकर प्रस्तुति ऐसी होना चाहिए कि समाचार और सूचनाएँ अपना वास्तविक स्वरूप न खो दें। अर्थात् प्रस्तुतीकरण हेतु प्राप्त सामग्री अपने वास्तविक स्वरूप में ही संप्रेषित होना आदर्श पत्रकारिता का एक आवश्यक गुण है।

कटलिप और सेंटर नामक विद्वान् ने इस संबंध में कहा था कि "प्रभावशाली संप्रेषण वही है, जिसमें प्रतीक या शब्दों के संकेत का जो अर्थ संदेश भेजने वालों के लिए है वही अर्थग्राही भी लगाए।"

10. **संपादन**—अपनी प्रकृति के आधार पर कई समाचार एवं सूचनाएँ ऐसी होती हैं, जिनका देश व जनहित में संप्रेषण हानिप्रद होता है। अर्थात् ऐसी जानकारियाँ, जो देश या समाज की शांति, सुरक्षा व अखंडता आदि को नकारात्मक रूप से प्रभावित करे, उनसे बचाव भी आदर्श पत्रकारिता का एक विशिष्ट गुण एवं आवश्यक कर्तव्य है। इसके अलावा स्पष्टता, विचारशीलता, चरित्राता, गुणवत्ता, सद्भाव आदि ऐसे तत्त्व होते हैं, जो पत्रकारिता के स्वरूप को आदर्श स्वरूप दिलाने में सहायक होते हैं।

3. आदर्श पत्रकारिता के मार्ग में बाधाएँ

आदर्श पत्रकारिता देश व समाज की एक अनिवार्य आवश्यकता है। परंतु आदर्श पत्रकारिता का मार्ग अत्यंत आसान न होकर अत्यंत जटिल है। आदर्श पत्रकारिता के मार्ग में अनेक समस्याएँ और बाधाएँ होती हैं, जो पत्रकारिता के मार्ग को अत्यंत कंटकायुक्त बना देती है।

आदर्श पत्रकारिता के मार्ग में निम्न प्रमुख बाधाएँ हैं—

1. **अर्थ संकट**—पत्रकारिता देश व समाज सेवा का एक मिशन है, व्यवसाय नहीं। अत: पत्रकारिता एवं उससे संबद्ध वर्ग स्वयं को आर्थिक रूप से सुरक्षित नहीं पाते हैं। इस प्रकार धनाभाव (धन की आवश्यकता) आदर्श पत्रकारिता पर अपना प्रतिकूल प्रभाव डालती है, क्योंकि अनेक अवसरों पर धन की आवश्यकता पत्रकारिता को अपने आदर्श स्वरूप को छोड़ने के लिए विवश कर सकती है।

2. **सहयोग का अभाव**—शासन, प्रशासन व जनसामान्य का सहयोग पत्रकारिता में अति आवश्यक होता है, परंतु कई अवसरों पर घटना विशेष के संबंध में समाचार माध्यमों को इन वर्गों का सहयोग प्राप्त नहीं हो पाता, जिसके कारण समाचार माध्यम सत्यता एवं प्रामाणिकता से वंचित हो जाते हैं। यही सत्यता व प्रामाणिकता का अभाव आदर्श पत्रकारिता पर प्रतिकूल प्रभाव डालते हैं।

3. **असुरक्षा की भावना**—विभिन्न विषय पर समाचार माध्यमों को जनहित में महत्त्वपूर्ण निष्पक्षता एवं सत्यता पर आधारित समाचार और सूचनाओं को प्रस्तुत करना पड़ता है।

इनके प्रस्तुतीकरण से शासन, प्रशासन, समाज, वर्ग या व्यक्ति विशेष पर प्रतिकूल प्रभाव पड़ता है। अत: घटनाओं से जुड़े इन वर्गों से समाचार माध्यमों के कर्मिकों को अपनी सुरक्षा के प्रति चिंता उत्पन्न हो सकती है। ये वर्ग पत्रकारिता से संबद्ध व्यक्तियों के जान-माल आदि को नुकसान पहुँचा सकते हैं। यह कारण भी कुछ सीमा तक आदर्श पत्रकारिता को प्रभावित करने में सहायक होता है।

4. **प्रामाणिकता और सत्यता की समस्या**—समाचार माध्यम समाचार सूचनाओं या अन्य आवश्यक जानकारियों के संप्रेषण के लिए माध्यम मात्रा होते हैं न कि जन्मदाता। अत: समाचार और सूचनाओं की प्राप्ति के लिए उन्हें विभिन्न स्रोतों पर निर्भर रहना पड़ता है। इन माध्यमों से प्राप्त जानकारी कई बार असत्य या प्रामाणिकताविहीन भी हो सकती है। यही प्राप्त असत्य एवं अप्रामाणिक जानकारी समाचार और सूचनाओं के प्रति संदेह उत्पन्न कर आदर्श पत्रकारिता पर प्रश्नचिह्न लगा देती है।

5. **उन्नत तकनीकी व साधनों का अभाव**—पत्रकारिता के क्षेत्र में कार्यरत

अधिकांश समाचार माध्यम आर्थिक रूप से कमजोर या मध्यम स्तर के होते हैं। अतः धनाभाव के कारण उन्नत व आधुनिक तकनीक या अन्य आवश्यक साधनों से परिपूर्ण नहीं होती। इन साधनों के अभाव व प्रतिकूल प्रभाव समाचार और सूचनाओं की प्राप्ति एवं संप्रेषण पर पड़ता है। अर्थात् समुचित साधनों का अभाव भी पत्रकारिता को आदर्श पत्रकारिता का स्वरूप प्राप्त करने में बाधा उत्पन्न करता है।

6. व्यावसायिक मजबूरी—विज्ञापन, व्यावसायिक संस्करण एवं अन्य आर्थिक तत्त्व समाचार माध्यमों की आय का प्रमुख स्रोत होते हैं। अतः इन स्रोतों से संबंधित कुछ समाचार और सूचनाएँ ऐसी होती हैं, जो इन स्रोतों के लिए हानिकारक होती हैं। यही कारण है कि यह आर्थिक स्रोत प्रत्यक्ष या अप्रत्यक्ष रूप से समाचार माध्यमों पर इन प्रतिकूल समाचार और सूचनाओं के संप्रेषण को रोकने के लिए दवाब बनाते हैं। अतः अनेक अवसरों पर आर्थिक लाभ या आर्थिक मजबूरी के कारण समाचार माध्यमों को अपने आर्थिक स्रोत विषयक प्रतिकूल समाचार और सूचनाओं से समझौता करने के लिए विवश होना पड़ता है। इसके कारण समाचार माध्यमों की सत्यता व निष्पक्षता प्रभावित होती है। अर्थात् व्यावसायिक कारण भी आदर्श पत्रकारिता पर अपना प्रतिकूल प्रभाव डालते हैं।

7. भेदभाव की भावना—पत्रकारिता के क्षेत्र में छोटे व मध्यम समाचार-पत्रों की संख्या अत्यधिक है। इस वर्ग के समाचार-पत्रों की यह आम शिकायत है कि शासन एवं प्रशासन द्वारा छोटे-बड़े समाचार-पत्रों के साथ भेदभावपूर्ण नीति अपनाई जाती है। शासन व प्रशासन समाचार, सूचनाओं और विज्ञापन की उपलब्धता पर छोटे एवं मध्यम समाचार-पत्रों के प्रति उपेक्षित व्यवहार अपनाता है। अतः समुचित समाचार और सूचनाओं की प्राप्ति के अभाव में छोटे एवं मध्यम समाचार-पत्रों को सही व प्रामाणिक सूचनाओं के लिए या तो अत्यंत परेशानियों का सामना करना पड़ता है या फिर बड़े समाचार-पत्रों पर निर्भर होना पड़ता है। सही व प्रामाणिक सूचनाओं का अभाव जनमानस के सम्मुख छोटे समाचार-पत्रों की गुणवत्ता और विश्वसनीयता को भी प्रतिकूल रूप से प्रभावित करता है। इसके अलावा कई विषयों में शासन व प्रशासन की इस भेदभावपूर्ण नीति के विरोधस्वरूप छोटे एवं मध्यम समाचार-पत्रों द्वारा शासकीय समाचार एवं सूचनाओं को अपने समाचार-पत्रों में समुचित महत्त्व नहीं दिया जाता या फिर इसे तोड़-मरोड़कर प्रस्तुत किया जाता है। अर्थात् शासन व प्रशासन की भेदभावपूर्ण नीति आदर्श पत्रकारिता के मार्ग में एक थोपी हुई समस्या बन जाती है।

8. अन्य प्रतिरोधी तत्त्व—मनुष्य एक सामाजिक प्राणी है। अतः वह समाज में किसी न किसी धर्म, भाषा, जाति, मूल निवास, व्यवसाय, व्यक्तिगत संबंध आदि जैसे वर्गों से संबंधित होता है। प्रकाशन समूह भी मनुष्यों द्वारा ही संचालित होता है। अतः यह

मानवीय तत्त्व किसी–न–किसी रूप में प्रत्यक्ष या अप्रत्यक्ष रूप से समाचार माध्यमों की निष्पक्षता एवं कार्यप्रणाली को प्रमाणित करते हैं। इसके अलावा धर्म, भाषा, जाति, मूल निवास, व्यवसाय, व्यक्तिगत संबंध आदि की एकरूपता भी प्रकाशन समूह की सत्यता और निष्पक्षता को प्रभावित कर सकती है।

□

8

पत्रकारिता : एक विशिष्ट समीक्षा

पत्रकारिता मानवीय भावनाओं की एक प्रभावी अभिव्यक्ति है। अतः पत्रकारिता को जनता की आवाज कहा जाता है। अपनी प्रकृति के आधार पर पत्रकारिता का कार्यक्षेत्र अत्यधिक विस्तृत है। पत्रकारिता को साहित्य सेवक का भी एक रूप माना गया है। कहानी, कविता, लेख, व्यंग्य, समीक्षा, कार्टून, कॉमिक्स आदि भी पत्रकारिता के क्षेत्र से ही संबंधित हैं।

सामान्य रूप से पत्रकारिता को समाचार और सूचनाओं के प्रेषण की एक कला के रूप में जाना जाता है। पत्रकारिता के क्षेत्र में समाचार और सूचनाओं का प्रेषण मुख्य रूप से समाचार माध्यमों द्वारा किया जाता है। पत्रकारिता के क्षेत्र में समाचार माध्यम प्रिंट मीडिया और इलेक्ट्रॉनिक मीडिया के रूप में समाचार एवं सूचनाओं के मुख्य संग्राहक होते हैं, जो विविध क्षेत्रों की सूचनाएँ समाचार माध्यमों के लिए उपलब्ध कराते हैं। समाचार माध्यमों की सत्यता, निष्पक्षता और प्रामाणिकता संवाददाताओं की कार्यप्रणाली पर भी निर्भर होती है। अतः समाचार माध्यमों की प्रतिष्ठा और लोकप्रियता के लिए आवश्यक है कि संवाददाता निष्पक्षता, तटस्थता और ईमानदारी से अपने दायित्वों का निर्वहन करें।

समाचार माध्यम जनसामान्य से गहराई से जुड़े होते हैं। समाचार माध्यमों के प्रति जनमानस की असीम आस्था होती है, यही कारण है कि समाचार माध्यमों की कार्यप्रणाली का जनमानस पर प्रत्यक्ष या अप्रत्यक्ष रूप से गहरा प्रभाव पड़ता है। समाचार माध्यमों की आदर्श या सकारात्मक कार्यप्रणाली जहाँ देश व समाज को सही मार्गदर्शन देकर विकास का मार्ग प्रशस्त करती है, वहीं समाचार माध्यमों की नकारात्मक या दिशाविहीन कार्यप्रणाली जनमानस को पथभ्रष्ट कर अवनति की ओर उन्मुख करती है।

पत्रकारिता जनमत के निर्माण में भी सहायक है। प्रबल जनमत में शासन व समाज को परिवर्तित करने की असीम क्षमता होती है। अतः समाचार माध्यमों की इसी शक्ति

का समाज के अभिजात्य वर्गों द्वारा शनैः-शनैः केंद्रीयकरण करने का प्रयास किया जा रहा है, जो समाचार माध्यमों के लिए खतरे का आगाज है। वैसे तो समाचार माध्यमों को उनकी मर्यादा और सीमा का बोध कराने के लिए भारतीय संविधान में अनेक बातों का समावेश किया गया है, परंतु कई अवसरों पर यह कानूनी और संवैधानिक मर्यादाएँ समाचार माध्यमों की स्वतंत्रता एवं दायित्वों पर प्रतिकूल प्रभाव डालने लगती हैं। अतः विभिन्न अनुकूल और प्रतिकूल परिस्थितियों के मध्य रहकर समाचार माध्यमों को अपने दायित्वों का निर्वहन करना एक जटिल चुनौती है।

भारत में पत्रकारिता का उद्भव भारतेंदु युग से माना गया है। इस युग में पत्रकारिता साहित्य सेवा का एक माध्यम था, जो विभिन्न परिस्थितियों के अनुरूप परिवर्तित होकर वर्तमान में एक व्यवसाय का रूप ग्रहण करती जा रही है। पत्रकारिता के धीरे-धीरे व्यवसाय में परिवर्तित होने के कारण जनसामान्य की आस्थाएँ भी समाचार माध्यमों के प्रति परिवर्तित होने लगी है। अतः समाचार माध्यमों द्वारा प्रेषित समाचार और सूचनाओं की प्रामाणिकता की पुष्टि जनसामान्य अपने स्तर पर करने का प्रयास करने लगे हैं। जनसामान्य की यह प्रवृत्ति एक प्रकार के समाचार माध्यमों के प्रति खत्म होती जा रही उनकी विश्वसनीयता का ही प्रमाण है। इसके अलावा व्यावसायिकता से परिपूर्ण पत्रकारिता के इस रूप में प्रिंट मीडिया और इलेक्ट्रॉनिक मीडिया अपनी लोकप्रियता और विस्तार की अंधी दौड़ में शामिल हैं। पत्रकारिता के क्षेत्र में जारी यह जंग कभी प्रिंट मीडिया में तो कभी इलेक्ट्रॉनिक मीडिया में परस्पर दिखाई देने लगी है। इसी प्रकार प्रिंट मीडिया अपने अस्तित्व को लेकर कभी इलेक्ट्रॉनिक मीडिया पर संदेह करता प्रतीत होता है तो कभी उसका व्यवहार इलेक्ट्रॉनिक मीडिया के प्रति मित्रवत् दिखाई देता है। यह अपने आप में एक विचित्र परिस्थिति है।

पत्रकारिता के क्षेत्र में विद्यमान विभिन्न समाचार माध्यमों में अस्तित्व और विस्तार की जटिल जंग में समाचार माध्यम परस्पर एक-दूसरे के मानमर्दन जैसी गतिविधियों में कुछ सीमा तक संलग्न दिखाई दे रहे हैं। समाचार माध्यमों की यह कार्यप्रणाली जनमानस के सम्मुख पत्रकारिता की गरिमा को आहत कर रही है।

पत्रकारिता विभिन्न सम और विषम परिस्थितियों के मध्य रहकर किस प्रकार जन अपेक्षाओं पर खरी उतर रही है, इसका आकलन करने के लिए वर्तमान पत्रकारिता की निम्न बिंदुओं के आधार पर संक्षिप्त व विशिष्ट समीक्षा की जा सकती है—

1. पत्रकारिता और उसका व्यावसायिक स्वरूप

वर्तमान युग व्यावसायिकता का युग है। वर्तमान व्यावसायिक युग में विज्ञापन,

व्यवसाय की सफलता का पर्याय है। अतः व्यावसायिकता के इस युग में प्रचार-प्रसार माध्यम एक महती आवयकता बन चुका है। इसका प्रमुख कारण यह है कि हमारे आमजीवन के लिए उपयोगी प्रत्येक वस्तुओं के उत्पादन और विक्रय में गलाकाट प्रतिस्पर्धा व्याप्त हो चुकी है। इस व्यापक प्रतिस्पर्धा का महत्त्वपूर्ण कारण यह है कि हमारे आमजीवन के प्रत्येक क्षेत्र में प्रतियोगियों की संख्या अत्यधिक हो चुकी है। प्रत्येक प्रतियोगी अपने उत्पाद को लोकप्रिय बनाकर उसका अधिकतम विक्रय करना चाहता है। यही कारण है प्रतियोगी अपने उत्पाद को लोकप्रिय बनाने एवं उसका अधिकतम विक्रय करने के लिए प्रचार माध्यमों पर निर्भर हो गए हैं, क्योंकि व्यापक प्रचार-प्रसार ही इस लोकप्रियता और बिक्री का प्रमुख आधार होता है।

प्रचार का उत्पादों की बिक्री और लोकप्रियता का इतना अधिक प्रभाव पड़ता है कि कई बार अच्छे-से-अच्छे उत्पाद भी समुचित प्रचार-प्रसार के अभाव में न तो लोकप्रियता अर्जित कर पाते हैं और न ही अपने विक्रय में सफल होते हैं। इसके विपरीत कई बार निम्नस्तरीय उत्पाद समुचित प्रचार-प्रसार के माध्यम से लोकप्रियता अर्जित कर अच्छी सफलता प्राप्त कर लेते हैं।

व्यावसायिकता से परिपूर्ण वर्तमान युग में प्रचार माध्यम मात्र विभिन्न वस्तुओं और उत्पाद के प्रचार-प्रसार तक ही सीमित नहीं रहे हैं, बल्कि विभिन्न संस्थान एवं संगठन आदि भी प्रचार माध्यमों के द्वारा लोकप्रियता प्राप्त कर अपने व्यावसायिक उद्देश्य में सफल हो रहे हैं।

इस आधार पर यह कहा जा सकता है कि वर्तमान में प्रचार-प्रसार व्यवसाय की एक अपरिहार्य आवश्यकता बन गए हैं। प्रचार-प्रसार माध्यम ही वह माध्यम है, जिनके द्वारा विभिन्न व्यावसायिक वर्ग उपभोक्ताओं व जनमानस तक अपने उत्पाद या योजनाओं को प्रचारित कर सकते हैं। अतः समाज के विभिन्न वर्ग अपनी-अपनी क्षमताओं के अनुरूप प्रचार माध्यमों का उपयोग करते हैं। वर्तमान में छोटे-से-छोटे कस्बों से लेकर महानगरों तक के हर स्थान प्रचार सामग्री से भरे होते हैं, जो बरबस जनमानस का ध्यान अपनी और आकर्षित करते हैं। प्रचार माध्यम न सिर्फ विभिन्न व्यावसायिक उत्पादों का प्रचार करते हैं, अपितु जनसामान्य के लिए आवश्यक सूचनाओं का भी संप्रेषण करते हैं।

आमजीवन में प्रमुख रूप से उपयोग किए जाने वाले प्रचार माध्यमों को इस प्रकार क्रमबद्ध किया जा सकता है—

1. सिनेमा, 2. दूरदर्शन, 3. रेडियो, 4. समाचार-पत्र/पत्रिका, 5. होर्डिंग, पोस्टर, बैनर, स्टीकर, 6. प्रदर्शन, 7. मार्केटिंग।

इसके अलावा भी प्रचार के अन्य माध्यम होते हैं, जिनका उपयोग आवश्यकता के अनुसार किया जा सकता है। यदि व्यावसायिक रूप से सर्वाधिक उपयोग किए जानेवाले

माध्यमों पर विचार किया जाए तो यह स्पष्ट होगा कि प्रचार माध्यम में इलेक्ट्रॉनिक मीडिया (रेडियो-दूरदर्शन) और प्रिंट मीडिया (समाचार-पत्र एवं पत्रिकाएँ) पत्रकारिता के क्षेत्र से संबद्ध प्रचार माध्यम हैं, परंतु यदि तुलनात्मक रूप से देखा जाए तो प्रिंट मीडिया का उपयोग इलेक्ट्रॉनिक मीडिया की अपेक्षाकृत अधिक होता है। इसका प्रमुख कारण यह है कि प्रिंट मीडिया की तुलना में इलेक्ट्रॉनिक मीडिया प्रचार का एक खर्चीला माध्यम है। अत: इसका उपयोग अधिकतर आर्थिक दृष्टि से संपन्न व्यावसायिक वर्गों द्वारा ही किया जाता है। इसके विपरीत प्रिंट मीडिया प्रचार का सस्ता व सुलभ माध्यम है। अत: इस माध्यम का उपयोग सभी वर्गों द्वारा किया जाता है। पत्रकारिता के क्षेत्र में विद्यमान विभिन्न समाचार-पत्रों/पत्रिकाओं में विज्ञापन का मूल्य अलग-अलग होता है। अत: विभिन्न व्यावसायिक वर्ग अपनी क्षमता के अनुसार समाचार-पत्रों/पत्रिकाओं का विज्ञापन माध्यम के रूप में चयन करते हैं। इसके अलावा प्रिंट मीडिया और इलेक्ट्रॉनिक मीडिया में एक अन्य प्रमुख अंतर यह है कि इलेक्ट्रॉनिक मीडिया में प्रसारित सामग्री का मूल्य उसके प्रदर्शन समय पर आधारित होता है, जबकि प्रिंट मीडिया में प्रकाशित व्यावसायिक सामग्री का मूल्य उनके आकार पर निर्भर करता है। इलेक्ट्रॉनिक मीडिया और प्रिंट मीडिया में एक प्रमुख अंतर यह भी है कि इलेक्ट्रॉनिक मीडिया श्रवण व दर्शन पर आधारित होता है तो प्रिंट मीडिया पठन पर आधारित होता है।

इलेक्ट्रॉनिक मीडिया और प्रिंट मीडिया में चाहे कितना भी अंतर हो, पर इतना तय है कि उपयोगिता की दृष्टि से दोनों ही माध्यम का अपना विशिष्ट स्थान है।

- **विज्ञापन की आवश्यकता**—विज्ञापन प्रचार का एक महत्त्वपूर्ण माध्यम है। भारत में सन् 1920 में औद्योगिक युग का प्रारंभ हुआ। औद्योगिक विकास के साथ ही विज्ञापन का बड़े पैमाने पर उपयोग किया जाने लगा। विज्ञापन वस्तुओं अथवा सेवाओं की बिक्री का प्रमुख साधन है। विज्ञापन एक सूचना के रूप में जनमानस के मन एवं मस्तिष्क पर प्रभाव डालकर उसे विज्ञप्त वस्तु या सेवा को खरीदने हेतु प्रेरित करते हैं। वर्तमान में औद्योगिक विकास के साथ-साथ विज्ञापनों का चलन भी निरंतर बढ़ रहा है। विज्ञापन प्रचार का सर्वाधिक लोकप्रिय एवं सुलभ माध्यम है। यह विज्ञापन प्रचार माध्यमों और विज्ञापनदाताओं दोनों के लिए ही समान रूप से आवश्यक होते हैं। विज्ञापन जहाँ प्रचार माध्यमों की आय का महत्त्वपूर्ण साधन है, वहीं विज्ञापनदाता के लिए विज्ञापन आय एवं प्रचार का साधन है। अत: दोनों ही वर्गों के संदर्भ में विज्ञापनों की आवश्यकता की चर्चा करना अत्यंत प्रासंगिक होगा।
- **प्रचार माध्यमों के लिए विज्ञापन की आवश्यकता**—इलेक्ट्रॉनिक मीडिया और प्रिंट मीडिया, दोनों ही पत्रकारिता के प्रमुख अंग हैं, जो प्रचार के रूप

में अपनी महत्त्वपूर्ण भूमिका का निर्वाह करते हैं। संचार के इन दोनों माध्यमों का संचालन खर्चीली व्यवस्थाओं पर आधारित होता है। अर्थात् इन दोनों माध्यमों को अपनी सुचारु संचालन व्यवस्था के लिए धन की आवश्यकता होती है। समाचार माध्यमों की इस धन की आवश्यकता की पूर्ति का प्रमुख स्रोत पाठक, दर्शक एवं विज्ञापनदाता ही होते हैं। परंतु देखा जाए तो पाठकों की तुलना में विज्ञापन ही समाचार माध्यमों की आय का एक बड़ा स्रोत होता है। अत: स्पष्ट है कि विज्ञापन, अर्थव्यवस्था का प्रमुख आधार हाने के कारण समाचार माध्यमों की प्रमुख आवश्यकता होती है।

- **विज्ञापनदाताओं के लिए विज्ञापन की आवश्यकता**—विज्ञापन के संदर्भ में कहा जाता है कि विज्ञापन ही व्यवसाय का प्रमुख साधन है। यह बात सत्य भी है, क्योंकि विज्ञापन के द्वारा ही विभिन्न कंपनियों के उत्पादन, विभिन्न वस्तुएँ और संस्थान लोकप्रियता या व्यावसायिक लाभ अर्जित करने में सफल होते हैं। अर्थात् विज्ञापनदाताओं के लिए भी विज्ञापन लोकप्रियता और धनार्जन की पूर्ति में सहायक होता है।
- **विज्ञापन एजेंसियाँ**—वर्तमान युग में विज्ञापन आमजीवन का एक अनिवार्य अंग बन चुका है। विज्ञापन के ही माध्यम से जनमानस बाजार में उपलब्ध उत्पादनों से अवगत होता है। विज्ञापन जनसामान्य के ज्ञान में वृद्धि का भी माध्यम होता है। जनहित में आवश्यक विभिन्न शासकीय व अशासकीय सूचनाएँ विज्ञापन के माध्यम से ही जनमानस तक पहुँचती है। इसके अलावा विज्ञापन विभिन्न व्यावसायिक संस्था, संगठन आदि के प्रचार-प्रसार में भी सहभागी होता है।

विज्ञापन की इसी उपयोगिता के आधार पर वर्तमान में विज्ञापन एजेंसियों की भी स्थापना बड़े पैमाने पर की जाने लगी है। वर्तमान में भारत में अनेक विज्ञापन एजेंसियाँ कार्यरत हैं। विगत दो दशकों में इन एजेंसियों की संख्या तेजी से बढ़ी है। विज्ञापन एजेंसियाँ छोटे-बड़े उद्योगपतियों, व्यापारियों, संस्थाओं आदि की विज्ञापन संबंधी समस्याओं को हल करती हैं। वर्तमान व्यस्त युग में अधिकांश व्यावसायिक वर्ग समयाभाव के कारण इन्हीं एजेंसियों पर निर्भर हो गए हैं। यह विज्ञापन एजेंसियाँ विभिन्न विज्ञापनदाताओं से विज्ञापन एकत्रित करके समाचार माध्यमों तक पहुँचाने का कार्य करती है। अर्थात् विज्ञापन एजेंसियाँ विज्ञापनदाताओं और समाचार माध्यमों के बीच एक कड़ी के रूप में कार्य करती है। इन एजेंसियों के द्वारा विज्ञापनदाताओं और समाचार माध्यमों के श्रम एवं समय की बचत होती है।

2. संवाददाताओं की स्थिति और भूमिका

संवाददाता पत्रकारिता के क्षेत्र में समाचार माध्यमों का एक अत्यंत आवश्यक अंग होते हैं। संवाददाता को पत्रकारिता की आत्मा के रूप में परिभाषित किया जाए तो शायद कोई अतिश्योक्ति नहीं होगी। संवाददाता ही समाचार माध्यमों के लिए समाचार और सूचनाओं के संकलन का कार्य कर एक अहम दायित्वों का निर्वहन करते हैं। वैसे तो प्रत्येक समाचार माध्यमों में अलग-अलग कार्यों के लिए एक पृथक् कर्मिक वर्ग होता है, परंतु समाचार और सूचनाओं के संकलन का कार्य संवाददाता ही करते हैं।

यदि संवाददाता शब्द का सामान्य रूप से विश्लेषण किया जाए तो स्पष्ट होगा कि संवाददाता दो शब्दों के मेल से बना है— संवाददाता (अर्थात् जो व्यक्ति संवादों का दाता है, वही संवाददाता है। समाचार माध्यमों में संवादों के संकलन का कार्य करनेवाले व्यक्ति को ही संवाददाता कहते हैं।) अर्थात् पारिभाषिक रूप से यही कहा जा सकता है कि समाचार माध्यमों के लिए संवादों के स्रोत एवं संवादों के प्रदानकर्ता मूल रूप से संवाददाता कहलाते हैं। संवाददाता को अन्य रूप में पत्रकार, समाचार प्रतिनिधि, खबरनवीस या रिपोर्टर आदि नामों से भी जाना जाता है।

संवाददाता सभी समाचार माध्यमों का एक अनिवार्य अंग होते हैं। ये ही समाचार और सूचनाओं के संकलन में महत्त्वपूर्ण भूमिका का निर्वाह करते हैं। संवाददाताओं के अभाव में समाचार माध्यम विभिन्न समाचारों और सूचनाओं की प्राप्ति में स्वयं को असमर्थ पाते हैं। यह संवाददाताओं की उपयोगिता और महत्त्व को स्पष्ट करने के लिए पर्याप्त है।

Ṭ **संवाददाताओं की स्थिति और भूमिका का आकलन**—संवाददाता समाचार माध्यमों का एक प्रमुख अंग होते हैं। संवाददाताओं का अहम दायित्व विभिन्न स्रोतों के माध्यम से महत्त्वपूर्ण सूचनाओं का संकलन करके प्राप्त सूचनाओं को संबंधित समाचार माध्यमों तक पहुँचना होता है। अर्थात् विभिन्न समाचार और सूचनाएँ संवाददाताओं की महत्त्वपूर्ण कार्यप्रणाली के माध्यम से ही प्रेषित हो पाती है, क्योंकि संवाददाताओं से प्राप्त समाचार और सूचनाएँ ही समाचार माध्यमों में स्थान प्राप्त कर जनमानस तक पहुँचती है।

समाचार सूचनाओं का भंडार होता है। अत: मानवजीवन के विभिन्न विषयों से संबंधित विशेष घटनाक्रम या क्रियाकलप ही समाचार होते हैं। अत: संवाददाता को बहुमुखी होकर प्रत्येक क्षेत्र के घटनाक्रमों पर पैनी नजर रखकर समाचार और सूचनाओं की प्राप्ति के लिए सजग और सचेत रहना होता है। इसके अलावा संवाददाता को स्वविवेक के आधार पर भी विभिन्न क्षेत्रों की सूचनाओं को अपने स्तर पर खोज निकालने का प्रयास करना होता है।

अब यदि संवाददाताओं और उनकी भूमिका पर चर्चा की जाए तो यह स्पष्ट होगा कि समाचार माध्यमों में इनकी भूमिका प्रत्येक आवश्यक विषय पर समाचारों को ढूँढ़ना एवं विभिन्न स्रोतों के माध्यम से उनका अवलोकन व आकलन कर उन्हें समाचार माध्यमों तक पहुँचाना होता है। इस संदर्भ में समाचार माध्यमों में संवाददाता की बहुमुखी भूमिका के कारण उसकी स्थिति अत्यंत महत्त्वपूर्ण होती है, परंतु वास्तव में समाचार और सूचनाओं के संकलन का कार्य आसान नहीं होता है। संवाददाताओं को अपने इस दायित्व के निर्वहन में अनेक सम व विषम परिस्थितियों का सामना करना पड़ता है। विषम परिस्थितियों में तो संवाददाताओं की भूमिका उस स्टंटमैन के समान होती है, जिसे अपनी जान पर खेलकर भी अपने दायित्व को पूर्ण करना होता है।

सामान्य रूप से समाचार माध्यमों को कई समाचार और सूचनाओं की प्राप्ति तो विभिन्न स्रोतों से स्वत: ही प्राप्त हो जाती है। जैसे शासकीय समाचार और सूचनाओं को विभिन्न शासकीय विभागों या जनसंपर्क विभाग द्वारा समाचार माध्यमों तक प्रेषित कर दिया जाता है। इसी प्रकार अपराधों पर आधारित विभिन्न समाचार पुलिस विभाग द्वारा स्वयं समाचार माध्यमों को दिए जाते हैं। इन माध्यमों के अलावा प्रेसवार्त्ता के माध्यम से भी व्यक्ति विशेष या विभिन्न वर्ग संबंधित समाचार और सूचनाएँ समाचार माध्यमों को उपलब्ध कराते हैं। उपरोक्त माध्यमों से प्राप्त सूचनाओं के अपर्याप्त होने पर अतिरिक्त जानकारी प्राप्त करने के लिए समाचार माध्यमों को अपने निजी स्तर पर प्रयास करने पड़ते हैं। समुचित स्रोतों के अभाव में विभिन्न जानकारियों और सूचनाओं को समाचार माध्यम अपने निजी स्तर पर प्राप्त करते हैं।

समाचार और सूचनाओं की प्रकृति के आधार पर कई घटनाक्रम ऐसे होते हैं, जिनके विषय में समुचित जनकारी समाचार माध्यमों को आसानी से प्राप्त नहीं हो पाती है। इन घटनाक्रमों के विषय में जानकारी देने से संबंधित वर्ग परेशानी का अनुभव करते हैं या दूसरे अर्थों में कुछ समाचार और सूचनाओं का स्वरूप ऐसा होता है कि इनके विषय में जानकारी को माध्यमों तक पहुँचने से रोकने का प्रयास संबद्ध वर्ग करते हैं। इन परिस्थितियों में संवाददाताओं के विभिन्न प्रयासों के द्वारा घटनाओं की तह तक पहुँचकर सही व निष्पक्ष समाचारों का संकलन करना रखना संबंधित वर्ग की पहली प्राथमिकता होती है। उसके इन प्रयासों में संवाददाताओं को हमले आदि जैसी विभिन्न परिस्थितियों का सामना भी करना पड़ सकता है। हालाँकि संवाददाताओं को शासन-प्रशासन एवं संबंधित संस्थान द्वारा समुचित सुविधा व सुरक्षा अवश्य उपलब्ध कराई जाती है, परंतु वर्तमान में संवाददाताओं की स्थिति एवं उनके दायित्वों की प्रकृति के आधार पर उपलब्ध सुविधाओं में अनेक कमियाँ हैं, जिन्हें दूर किया जाना आवश्यक है।

शासन व प्रशासन से संबंधित विभाग, इनसे संबंधित समाचार और सूचनाओं

के स्रोत होते हैं। समाचार माध्यम शासन एवं प्रशासन विषयक समाचार और सूचनाएँ इन्हीं विभागों के माध्यम से प्राप्त करते हैं। इसके अलावा शासन व प्रशासन से संबंधित समाचार एवं सूचनाएँ जनसंपर्क विभाग के द्वारा भी समाचार माध्यमों तक प्रेषित की जाती है। शासन या प्रशासन स्वयं के लिए अहितकर समाचारों व सूचनाओं के प्रेषण में समाचार माध्यमों को कितना सहयोग कर सकेगा, यह अपने आप में विचारणीय प्रश्न है। इस स्थिति में भी संवाददाताओं की प्रमुख भूमिका ही उपयोगी सिद्ध होती है।

यदि संवाददाताओं की कार्यप्रणाली और उसके दायित्वों के आधार पर उसकी आर्थिक स्थिति की समीक्षा की जाए तो यह स्पष्ट होगा कि संवाददाताओं के कार्य और उनके दायित्व की तुलना में उनकी आर्थिक स्थिति अत्यंत दयनीय है, परंतु वर्तमान में संवाददाताओं की स्थिति में पूर्व की अपेक्षा काफी सुधार आता दिखाई दे रहा है। इसका एक प्रमुख कारण यह है कि पूर्व में पत्रकारिता समाजसेवा का एक मिशन था। अत: समाचार धनार्जन का माध्यम था। अत: संवाददाताओं को भी मात्र जीवनयावन हेतु आवश्यक धन की प्राप्ति इन स्रोतों से हो पाती थी। वर्तमान में इस मिशन में कुछ सीमा तक व्यावसायिकता का भी प्रवेश हो चुका है। अत: समाचार माध्यमों की आर्थिक स्थिति में कुछ सीमा तक सुधार हुआ है। इसके अलावा वर्तमान तकनीकी युग में पत्रकारिता के कार्यक्षेत्र में अत्यधिक वृद्धि हुई है, जिसके कारण संवाददाताओं के दायित्वों और कार्यों में भी प्रत्याशित वृद्धि हुई है। अत: इन्हीं आधारों पर समाचार माध्यमों द्वारा संवाददाताओं की आर्थिक स्थिति में भी आमूलचूल सुधार लाने के प्रयास किए जा रहे हैं।

Ţ **संवाददाताओं के कार्य एवं गुण**—संवाददाता समाचार और सूचनाओं के संकलन जैसे महत्त्वपूर्ण दायित्व से संबद्ध होते हैं। यही कारण है कि वह समाचार माध्यमों का एक प्रमुख अंग होते हैं। समाचार और सूचनाओं के संकलन के इस दायित्व की पूर्ति के लिए संवाददाताओं को अथक श्रम करना होता है तथा परिवेश में घटित घटनाओं पर पैनी नजर रखनी होती है। इसके अलावा संवाददाताओं को समाचार और सूचनाओं की प्राप्ति के लिए समाचार और सूचनाओं के विभिन्न स्रोतों के भी संपर्क में रहना पड़ता है।

संवाददाता अपने दायित्वों का कुशलता से निर्वहन कर सके, इसके लिए उसमें कुछ गुणों का होना अति आवश्यक है। संवाददाताओं के आवश्यक गुणों को इस प्रकार क्रमबद्ध किया जा सकता है—

1. **रुचि व योग्यता**—संवाददाता के लिए आवश्यक है कि उसकी पत्रकारिता के क्षेत्र में रुचि हो। रुचि के अभाव में वह पूर्ण निष्ठा व लगन से अपने दायित्व का निर्वहन नहीं कर सकता, साथ ही संवाददाता के लिए आवश्यक है कि वह शैक्षणिक रूप से भी योग्य हो, क्योंकि पत्रकारिता में पाठन व

लेखन अति आवश्यक तत्त्व है।

2. **जिज्ञासा**—विभिन्न विषयों के प्रति जिज्ञासा होना भी संवाददाता का महत्त्वपूर्ण गुण है। अर्थात् विभिन्न विषय को जानना-समझना एवं उनके विषय में जानकारी प्राप्त करना संवाददाताओं का आवश्यक गुण होता है।
3. **अनुभव**—एक अच्छे संवाददाता को अपने सामाजिक जीवन के लिए विविध क्षेत्रों के संबंध में सामान्य ज्ञान व अनुभव होना चाहिए तथा साथ ही पत्रकारिता के विविध क्षेत्रों के ज्ञान की भी उससे अपेक्षा की जाती है।
4. **जागरूकता**—संवाददाता को आमजीवन के सभी क्षेत्रों से अवगत होना चाहिए एवं उनके विषय में जानकारी प्राप्त करने के लिए सदैव तत्पर रहना चाहिए। अपने परिवेश में घटित हो रही विभिन्न घटनाओं के प्रति भी संवाददाता को जागरूक होना चाहिए।
5. **सहजता और सरलता**—सहजता और सरलता वह गुण है, जिसके माध्यम से संवाददाता अपनी आदर्श छवि का निर्माण कर पाने में समर्थ होता है। सहज और सरल स्वभाव उसे अन्य व्यक्तियों के संपर्क में लाने में भी सहायक होता है। अपने इसी गुण के कारण उसे समाचार और सूचनाओं के संकलन में विभिन्न वर्गों का सहयोग प्राप्त होता है।
6. **मधुरता व स्पष्टता**—स्वभावतः मधुरता और स्पष्टता संवाददाता के दायित्व के निर्वहन में महत्त्वपूर्ण होता है। इसका अपना एक सकारात्मक प्रभाव होता है, जो अन्य व्यक्तियों से सूचनाओं की प्राप्ति में सहायक होता है।
7. **संयम और मर्यादा**—आमजीवन में संयम और मर्यादा अति आवश्यक होते हैं। संवाददाता के कार्यों को देखते हुए उनमें भी इन गुणों की प्रधानता का होना अति आवश्यक है। अर्थात् अपने कार्यक्षेत्र की मर्यादाओं का पालन करना एवं विकट प्रतिकूल परिस्थितियों में भी धैर्य से काम लेना संवाददाताओं के लिए अति आवश्यक है।
8. **कठिन परिश्रम**—संवाददाता का कार्य महत्त्वपूर्ण होता है तथा उस पर देश व समाज की बुराइयों एवं विभिन्न समस्याओं को सामने लाने जैसी महत्त्वपूर्ण जिम्मेदारी होती है। अतः इस उद्देश्य की पूर्ति में समर्पण भाव से कार्य करना ही उसकी पहली प्राथमिकता होती है। कठिन परिश्रम के द्वारा ही संवाददाता अपने इस दायित्व का पूर्ण निष्ठा से पालन कर सकता है। इसके अतिरिक्त संवाददाता समाचार माध्यमों का कर्मिक होता है। अतः उसे अपने संस्थान द्वारा सौपे गए दायित्वों का भी पूर्ण निष्ठा व लगन से पालन करना होता है।
9. **समय की पाबंदी**—पत्रकारिता के क्षेत्र में समय का अपना विशिष्ट महत्त्व

होता है। अतः समय का मूल्य समझना एवं अपने कार्यों को समय का पाबंद बनकर करना संवाददाता के लिए आवश्यक है।

10. **विवेकशीलता और दूरदृष्टि**—विवेकशीलता और दूरदृष्टि पत्रकारिता का आवश्यक अंग है। यह गुण संवाददाता के लिए भी अति आवश्यक है। अर्थात् किसी भी विषय पर स्वविवेक से विचार कर उसकी सत्यता और प्रामाणिकता को जानना एवं दूरगामी सोच का उपयोग कर कार्य करना या विभिन्न निर्णय लेना संवाददाताओं की कार्यकुशलता और सफलता में सहायक होता है।
11. **ईमानदार व स्वच्छ छवि**—संवाददाता का समाज में उच्च स्थान होता है। अतः संवाददाता का दायित्व है कि वह समाज में इस छवि पर प्रतिकूल प्रभाव न पड़ने दें। संवाददाता की स्वच्छ व ईमानदार छवि समाज में संवाददाताओं की इस उच्च स्थिति को कायम रखने में सहायक है। अर्थात् अपने कार्यों में ईमानदारी व सद्चरित्रता जैसे गुण संवाददाता को ही नहीं बल्कि पत्रकारिता के संपूर्ण क्षेत्र को ही समाज में उच्च स्थान दिलाने में सहायक होते हैं।
12. **निष्पक्षता और निर्भीकता**—समाचार माध्यम देश व समाज का आईना होता है। अतः संवाददाताओं को चाहिए कि वह पक्षपातरहित रहकर अपने दायित्वों का निष्पक्षता से पालन करें।

समाचारों की निष्पक्षता के विषय में एक विद्वान् का मत है कि "संप्रेषक को विषय के संबंध में पूर्ण जानकारी होना व ग्राही को संप्रेषक पर विश्वास होना आवश्यक है।" यह बात सत्य भी है कि समाचार माध्यमों द्वारा प्रेषित की गई सूचनाओं के प्रति जनमानस में यह विश्वास होता है कि इन माध्यमों द्वारा प्रेषित समाचार व सूचनाएँ सत्यता और प्रामाणिकता पर आधारित है। अतः संवाददाता के लिए जनमानस के इस विश्वास पर खरा उतरना आवश्यक होता है। इसके अलावा पत्रकारिता का क्षेत्र अत्यंत कंटकमय होता है। अतः संवाददाताओं को चाहिए कि वह निर्भीक बनकर विषम परिस्थितियों का सामना कर अपने उद्देश्य में सफलता प्राप्त करें। इसके अलावा भी और कई महत्त्वपूर्ण गुण होते हैं, जो संवाददाताओं को एक आदर्श प्रतिमान का स्वरूप प्रदान कर सकते हैं और यह आदर्श प्रतिमान ही पत्रकारिता को देश व समाज में एक विशेष प्रतिष्ठा बनाए रखने में सहायक होते हैं।

3. रेडियो

24 दिसंबर, 1906 की शाम कनाडाई वैज्ञानिक रेगिनाल्ड फेसेंडेन ने जब अपना वॉयलिन बजाया और अटलांटिक महासागर में तैर रहे तमाम जहाजों के रेडियो ऑपरेटरों

ने उस संगीत को अपने रेडियो सेट पर सुना, जो दुनिया में रेडियो प्रसारण की शुरुआत थी।

इससे पहले जगदीशचंद्र बसु ने भारत में तथा गुल्येल्मो मार्कोनी ने सन् 1900 में इंग्लैंड से अमरीका बेतार संदेश भेजकर व्यक्तिगत रेडियो संदेश भेजने की शुरुआत कर दी थी, पर एक से अधिक व्यक्तियों को एक साथ संदेश भेजने का ब्रॉडकास्टिंग की शुरुआत 1906 में फेसेंडेन के साथ हुई। ली दी फॉरेस्ट और चार्ल्स हेरॉल्ड जैसे लोगों ने इसके बाद रेडियो प्रसारण के प्रयोग करने शुरू किए। तब तक रेडियो का प्रयोग सिर्फ नौसेना तक ही सीमित था। 1917 में प्रथम विश्व युद्ध की शुरुआत के बाद किसी भी गैर-फौजी के लिए रेडियो का प्रयोग निषिद्ध कर दिया गया था।

पहला रेडियो स्टेशन

Ṭ सन् 1918 में ली द फॉरेस्ट ने न्यूयॉर्क के हाईब्रिज इलाके में दुनिया का पहला रेडियो स्टेशन शुरू किया। पर कुछ दिनों बाद ही पुलिस को खबर लग गई और रेडियो स्टेशन बंद करा दिया गया।

Ṭ एक साल बाद ही द फॉरेस्ट ने 1919 में सैन फ्रैंसिस्को में एक और रेडियो स्टेशन शुरू कर दिया।

Ṭ नवंबर 1920 में नौसेना के रेडियो विभाग में काम कर चुके फ्रैंक कॉनार्ड को दुनिया में पहली बार कानूनी तौर पर रेडियो स्टेशन शुरू करने की अनुमति मिली।

Ṭ कुछ ही वर्षों में देखते-ही-देखते दुनिया भर में सैकड़ों रेडियो स्टेशनों ने काम करना शुरू कर दिया।

Ṭ रेडियो में विज्ञापन की शुरुआत 1923 में हुई। इसके बाद ब्रिटेन में बी.बी.सी. और अमरीका में सी.बी.एस. एवं एन.बी.सी. जैसे सरकारी रेडियो स्टेशन की शुरुआत हुई।

Ṭ नवंबर 1941 को सुभाषचंद्र बोस ने रेडियो जर्मनी से भारतवासियों को संबोधित किया।

भारत और रेडियो

Ṭ सन् 1927 तक भारत में भी ढेरों रेडियो क्लबों की स्थापना हो चुकी थी। 1936 में भारत में सरकारी 'इंपोरियल रेडियो ऑफ इंडिया' की शुरुआत हुई, जो आजादी के बाद ऑल इंडिया रेडियो का आकाशवाणी बन गया।

Ṭ सन् 1939 में द्वितीय विश्वयुद्ध की शुरुआत होने पर भारत में भी रेडियो के सारे लाइसेंस रद्द कर दिए गए और ट्रांसमीटरों को सरकार के पास जमा करने के आदेश दे दिए गए।

- नरीमन प्रिंटर उन दिनों बॉम्बे टेक्निकल इंस्टीट्यूट, बायकुला के प्रिंसिपल थे। उन्होंने रेडियो इंजीनियरिंग की शिक्षा पाई थी। लाइसेंस रद्द होने की खबर सुनते ही उन्होंने अपने रेडियो ट्रांसमीटर को खोल दिया और उसके पुर्जे अलग-अलग जगह पर छुपा दिए।
- इस बीच गांधीजी ने 'अंगेजों भारत छोड़ो' का नारा दिया। गांधीजी के साथ अन्य नेता 9 अगस्त, 1942 को गिरफ्तार कर लिए गए और प्रेस पर पाबंदी लगा दी गई।
- कांग्रेस के कुछ नेताओं के अनुरोध पर नरीमन प्रिंटर ने अपने ट्रांसमीटर के पुरजे फिर से एकजुट किया। माइक जैसे कुछ सामान की कमी थी, जो शिकागो रेडियो के मालिक नानक मोटवानी की दुकान से मिल गई और मुंबई के चौपाटी इलाके के सी व्यू बिल्डिंग से 27 अगस्त, 1942 को 'नेशनल कांग्रेस रेडियो' का प्रसारण शुरू हो गया।

पहला प्रसारण

- अपने पहले प्रसारण में उद्घोषक उषा मेहता ने कहा, "41.78 मीटर पर एक अनजान जगह से यह 'नेशनल कांग्रेस रेडियो' है।"
- रेडियो पर विज्ञापन की शुरुआत 1923 से हुई।
- इसके बाद इसी रेडियो स्टेशन ने गांधीजी के भारत छोड़ो का संदेश, मेरठ में 300 सैनिकों के मारे जाने की खबर तथा कुछ महिलाओं के साथ अंग्रेजों के दुराचार जैसी खबरों का प्रसारण किया, जिसे समाचार-पत्रों में सेंसर के कारण प्रकाशित नहीं किया गया था।
- पहला ट्रांसमीटर 10 किलोवाट का था, जिसे शीघ्र ही नरीमन प्रिंटर ने कुछ और सामान जोड़कर सौ किलोवाट का कर दिया। अंग्रेज पुलिस की नजर से बचने के लिए ट्रांसमीटर को तीन महीने के भीतर ही सात अलग-अलग स्थानों पर ले जाया गया।
- 12 नवंबर, 1942 को नरीमन प्रिंटर और उषा मेहता को गिरफ्तार कर लिया गया और 'नेशनल कांग्रेस रेडियो' की कहानी यहीं खत्म हो गई।
- नवंबर 1941 में रेडियो जर्मनी ने नेताजी सुभाषचंद्र बोस का भारतीयों के नाम संदेश भारत में रेडियो के इतिहास में एक और प्रसिद्ध दिन रहा, जब नेताजी ने कहा था, "तुम मुझे खून दो, मैं तुम्हें आजादी दूँगा।"
- इसके बाद 1942 में 'आजाद हिंद रेडियो' की स्थापना हुई, जो पहले जर्मनी से फिर सिंगापुर और रंगून से भारतीयों के लिए समाचार प्रसारित करता रहा।

स्वतंत्रता के पश्चात्

- स्वतंत्रता के पश्चात् से 16 नवंबर, 2006 तक रेडियो पर केवल सरकार अधिकार था। पर धीरे-धीरे आम नागरिकों के पास रेडियो की पहुँच के साथ ही इसका विकास हुआ।
- सरकारी संरक्षण में रेडियो का काफी प्रसार हुआ। 1947 में आकाशवाणी के पास छह रेडियो स्टेशन थे और उसकी पहुँच 11 प्रतिशत लोगों तक ही थी। आज आकाशवाणी के पास 223 रेडियो स्टेशन हैं और उसकी पहुँच 99.1 फीसदी भारतीयों तक है।
- टेलीविजन के आगमन के बाद शहरों में रेडियो के श्रोता कम होते गए, पर एफ.एम. रेडियो के आगमन के बाद अब शहरों में भी रेडियो के श्रोता बढ़ने लगे हैं। पर गैर-सरकारी रेडियो में अब भी समाचार या समसामयिक विषयों की चर्चा पर पाबंदी है।
- रेडियो का दुरुपयोग न हो, इसलिए सरकार इसे चलाने की अनुमति आम जनता को नहीं देना चाहती थी। इस बीच आमजनता को रेडियो स्टेशन चलने देने की अनुमति के लिए सरकार पर दबाव बढ़ता रहा है।
- 1995 में भारतीया सर्वोच्च न्यायालय ने कहा कि रेडियो तरंगों पर सरकार का एकाधिकार नहीं है। वर्ष 2002 में एन.डी.ए. सरकार ने शिक्षण संस्थाओं को कैंपस रेडियो स्टेशन खोलने की अनुमति दी। 16 नवंबर, 2006 को यू.पी.ए. सरकार ने स्वयंसेवी संस्थाओं को रेडियो स्टेशन खोलने की इजाजत दी।
- इन रेडियो स्टेशनों में भी समाचार या समसामयिक विषयों की चर्चा पर पाबंदी है, पर इसे रेडियो जैसे जनमाध्यम के लोकतंत्रीकरण की दिशा में एक महत्त्वपूर्ण कदम माना जा रहा है।

रेडियो की वर्तमान स्थिति

रेडियो एक ऐसा श्रव्य माध्यम है जिसे श्रोता अपना काम करते हुए भी सुन सकता है। रेडियो पर युवा, किसान, जवान, महिला, बच्चों आदि के लिए दिन से लेकर रात तक विभिन्न कार्यक्रम प्रसारित किए जाते हैं। यही कारण है कि आज के परिवेश में भी रेडियो की भूमिका प्रासंगिक है।

4. इलेक्ट्रॉनिक मीडिया : एक विश्लेषण

संचार जीवन का आधारभूत सत्य है और यह मानव के लिए अति आवश्यक है।

संचार माध्यमों के रूप में यह माध्यम समाचार, सूचना, शिक्षा एवं मनोरंजन आदि के साथ-साथ विकास का एक प्रमुख स्रोत भी होते हैं। इन माध्यमों की उपयोगिता और अनिवार्यता के कारण ही भारत जैसे प्रजातांत्रिक देश में स्वतंत्र एवं निष्पक्ष प्रेस को प्रजातंत्र की प्रमुख आवश्यकता माना गया है।

आजादी के उपरांत किए गए संविधान निर्माण में भारतीय संविधान की धारा 19 के अंतर्गत नागरिकों को विचार एवं अभिव्यक्ति की स्वतंत्रता प्रदान की गई है, परंतु इस धारा में समाचार माध्यमों (प्रेस) हेतु कोई अलग से व्यवस्था नहीं की गई है। अतः समाचार माध्यमों की स्वतंत्रता को इसी धारा के अंतर्गत शामिल माना जाता है। समाचार माध्यम जनतंत्रा की अभिव्यक्ति का एक शक्त माध्यम है। अतः समाचार माध्यमों का सत्तापक्ष एवं अन्य अभिजन वर्ग अपने हित में दुरुपयोग न करे, इसलिए इन माध्यमों के विषय में समय-समय पर चर्चा की जाती रही है। इन माध्यमों को मर्यादित स्वतंत्रता देने के उद्देश्य से 'चंदा कमेटी', 'आकाश भारती' एवं 'प्रसार भारती' विधेयक जैसे प्रयास समय-समय पर अवश्य किए जाते रहे हैं।

भारत में समाचार माध्यमों के रूप में मुख्यतः प्रिंट मीडिया और इलेक्ट्रॉनिक मीडिया ही संचार के प्रमुख माध्यम रहे हैं। प्रिंट मीडिया में समाचार-पत्र और पत्रिका को शामिल किया जाता है, जबकि इलेक्ट्रॉनिक मीडिया के रूप में रेडियो और टी.वी. संचार के सर्वाधिक लोकप्रिय माध्यम हैं। इलेक्ट्रॉनिक मीडिया तकनीकी क्रांति की अद्भुत देन है। विगत तीन दशकों में इन माध्यमों का अत्यधिक विकास हुआ है। इलेक्ट्रॉनिक मीडिया के रूप में सर्वप्रथम रेडियो माध्यम की चर्चा करना इस विश्लेषण की दृष्टि से अधिक उपयुक्त होगा। रेडियो अंतरराष्ट्रीय स्तर तक श्रवण और उद्बोधन का सर्वश्रेष्ठ माध्यम है। सन् 1875 में ग्राहम बेल ने सर्वप्रथम टेलीफोन का आविष्कार किया था, जिसका विस्तृत और विकसित रूप रेडियो के रूप में आज दृष्टिगोचर हो रहा है। सन् 1921 में सर्वप्रथम रेडियो स्टेशन अमेरिका में स्थापित हुआ था, जिसे आगे चलकर ब्रिटिश 'ब्रॉडकास्टिंग कारपोरेशन' नाम दिया गया। 19वीं शताब्दी के तीसरे दशक में भारत रेडियो में आया। 1 जनवरी, 1936 में दिल्ली से रेडियो पर व्यवस्थित प्रसारण आरंभ हुआ। आजादी के उपरांत इस माध्यम के विकास को नई दिशा मिली। वर्तमान में इन्सेट प्रणाली के माध्यम से यह संवाद माध्यम जनसंचार के अपने दायित्वों का भली-भाँति निर्वहन कर रहा है।

रेडियो इलेक्ट्रॉनिक माध्यम के रूप में प्रारंभ से ही जनमानस के मध्य अत्यंत लोकप्रिय रहा है। आजादी के उपरांत से ही यह माध्यम सरकारी नियंत्रण में रहा है। अतः इस माध्यम की स्वतंत्रता और स्वायतता की माँग सदैव से की जाती रही है। जनमानस की इस आकांक्षा के कारण इस माध्यम की स्वतंत्रता और स्वायत्तता के लिए समय-समय पर विभिन्न प्रयास किए जाते रहे हैं।

अपनी स्थापना के पश्चात् से अब तक रेडियो माध्यम, सूचना, समाचार, भेंटवार्त्ता, ज्ञानवर्द्धक कार्यक्रम, चुनावी विश्लेषण, शासकीय नीतियों का प्रचार-प्रसार एवं मनोरंजन जैसे विभिन्न विषयों पर प्रसारण कर अपनी उपयोगिता और अनिवार्यता को स्पष्ट कर रहा है। इतना अवश्य है कि इलेक्ट्रॉनिक मीडिया के रूप में अस्तित्व में आए टी.वी. माध्यम के कारण रेडियो की लोकप्रियता और उपयोग पर अत्यधिक प्रतिकूल प्रभाव पड़ा है, परंतु यह कहना कि यह माध्यम अप्रासंगिक हो गया है, सर्वथा अनुचित होगा, क्योंकि संवादों के एक सशक्त माध्यम के रूप में इस माध्यम की भूमिका आज भी अति महत्त्वपूर्ण है।

रेडियो के संबंध में केंद्र सरकार की उदारवादी नीति का ही परिणाम है कि आज निजी रेडियो के प्रसारण सफलतापूर्वक किए जा रहे हैं। सरकार इसके लिए निजी क्षेत्र को प्रोत्साहन भी दे रही है।

आजादी के संघर्षकाल में प्रिंट मीडिया ही मुख्य रूप से समाचार और सूचनाओं के प्रेषण का एकमात्र विकल्प था, परंतु आजादी के उपरांत देश की विभिन्न क्षेत्रों में और विशेषकर तकनीकी विकास के क्षेत्र में विशेष प्रगति हुई है। इलेक्ट्रॉनिक मीडिया के रूप में दूरदर्शन ने आजादी के कुछ वर्षों उपरांत आकार लेना प्रारंभ किया। आजादी के काफी वर्षों पश्चात् तक भी दूरदर्शन का कार्यक्षेत्र मात्र बड़े महानगरों तक ही सीमित था। देश की पूर्व प्रधानमंत्री स्व. श्रीमती इंदिरा गांधी ने अपनी दूरगामी सोच व दूर दृष्टि से इस माध्यम को देश के दूरस्थ-से-दूरस्थ भाग में पहुँचा कर तकनीकी विकास के नए द्वार खोले परंतु इस काल में भी इलेक्ट्रॉनिक मीडिया के रूप में मात्र दूरदर्शन चैनल ही अस्तित्व में था, जो अन्य कार्यक्रमों के अलावा समाचार और सूचनाओं के प्रेषण का भी कार्य करता था। अर्थात् पत्रकारिता के दृष्टिकोण से इस माध्यम का कार्यक्षेत्र अत्यंत सीमित था।

दूरदर्शन चैनल समाचार और सूचनाओं के प्रेषण के एक प्रमुख माध्यम के रूप में अत्यधिक लोकप्रिय तो अवश्य रहा है, परंतु जनमानस में इस माध्यम की स्वतंत्रता और निष्पक्षता को लेकर सदैव से ही सवालिया निशान लगाए जाते रहे हैं, क्योंकि इसका प्रमुख कारण यह है कि यह माध्यम प्रारंभ से ही पूर्णतया सरकारी नियंत्रण में रहा है। अत: सत्तारूढ़ दलों पर हमेशा से ही इस माध्यम के अपने हित में दुरुपयोग के आरोप विपक्षी दलों द्वारा लगाए जाते रहे हैं। अर्थात् इस माध्यम की स्वतंत्रता और निष्पक्षता सदैव से ही संदेहात्मक मानी गई है।

वर्तमान में भी दूरदर्शन चैनल सरकारी नियंत्रण में ही है। इतना अवश्य है कि इस माध्यम की स्वतंत्रता और निष्पक्षता को कायम रखने के लिए इस माध्यम के संदर्भ में अनेक नीतिगत निर्णय लिये जा रहे हैं। इस कारण दूरदर्शन माध्यम की स्वतंत्रता और निष्पक्षता में कुछ आशातीत वृद्धि हुई है।

विगत के कुछ वर्षों में इलेक्ट्रॉनिक मीडिया के क्षेत्र में कई क्रांतिकारी परिवर्तन हुए हैं। इसके कारण गत कुछ वर्षों में टी.वी. पर अनेक नवीन चैनलों का प्रवेश हुआ है। इसमें विदेशी, राष्ट्रीय, प्रादेशिक एवं स्थानीय स्तर के चैनल सम्मिलित हैं। ये चैनल मुख्य रूप से मनोरंजन पर आधारित हैं, परंतु नए दौर में पूर्णतया समाचारों पर आधारित चैनलों का भी चलन निरंतर बढ़ रहा है। 'डी.डी. न्यूज', 'आज तक', 'जी न्यूज', 'सहारा न्यूज' एवं 'स्टार न्यूज' आदि इसके उदाहरण हैं। पूर्णतया समाचारों पर आधारित विभिन्न चैनलों के प्रवेश के कारण पत्रकारिता का क्षेत्र बहुआयामी हो गया है, क्योंकि इन चैनलों के प्रवेश से पत्रकारिता का कार्यक्षेत्र अत्यधिक व्यापक और वितृत हो गया है।

इलेक्ट्रॉनिक मीडिया की लोकप्रियता के कारण

वर्तमान में मनोरंजन एवं समाचारों पर आधारित विभिन्न चैनल अत्यधिक लोकप्रियता अर्जित कर रहे हैं। वर्तमान में हजारों मील दूर घटित घटनाओं को कुछ ही पलों में विभिन्न चैनलों के माध्यम से देख पाना एक आश्चर्यजनक सत्य है। पत्रकारिता के दृष्टिकोण से इस माध्यम की लोकप्रियता का सबसे महत्त्वपूर्ण कारण ही यही है कि इन माध्यमों द्वारा तत्कालीन समाचारों या विभिन्न घटनाक्रमों को देखा व सुना जा सकता है। अतः विशेष घटनाक्रमों के दौरान इन माध्यमों की उपयोगिता और बढ़ जाती है। यहाँ एक अन्य महत्त्वपूर्ण तथ्य यह भी है कि इस माध्यम द्वारा विभिन्न अवसरों पर घटित घटनाओं का सीधा प्रसारण किया जाता है या उनके अंश प्रस्तुत किए जाते हैं, जिनके कारण घटनाओं की प्रामाणिकता की पुष्टि स्वतः ही हो जाती है। इसके अलावा इस माध्यम पर घटित घटनाओं को देखते हुए दर्शक वर्ग स्वयं को एक प्रत्यक्षदर्शी के रूप पाता है।

इस माध्यम की एक अन्य विशेषता यह है कि इस माध्यम द्वारा महत्त्वपूर्ण घटनाक्रमों पर आधारित समाचारों को बार-बार प्रसारित किया जाता है, ताकि जनसामान्य इन घटनाक्रमों के प्रसारण को देखने से वंचित न रह जाएँ। इलेक्ट्रॉनिक मीडिया की यही विशेषता जनमानस में उसकी लोकप्रियता और व्यापकता का प्रमुख कारण है।

इलेक्ट्रॉनिक मीडिया का प्रिंट मीडिया पर नकारात्मक प्रभाव

इलेक्ट्रॉनिक मीडिया और प्रिंट मीडिया दोनों ही पत्रकारिता के दो प्रमुख अंग हैं, परंतु इनमें अंतर मात्र इतना है कि पत्रकारिता के क्षेत्र में प्रिंट मीडिया का अस्तित्व इलेक्ट्रॉनिक मीडिया की तुलना में अत्यधिक पुराना है, परंतु विगत कुछ वर्षों में पिंट मीडिया की तुलना में इलेक्ट्रॉनिक मीडिया की व्यापकता अत्यधिक बढ़ी है।

परस्पर समानता की दृष्टि से प्रिंट मीडिया और इलेक्ट्रॉनिक मीडिया दोनों ही समाचारों के प्रेषण जैसे उद्देश्य पर आधारित हैं। दोनों ही माध्यम में उन्नत तकनीकी का प्रवेश हो चुका है। अतः व्यापकता और लोकप्रियता के दृष्टिकोण से दोनों ही माध्यमों का अपना-अपना पृथक् विशिष्ट स्थान है, परंतु यहाँ यह भी कहना प्रासंगिक होगा कि इलेक्ट्रॉनिक मीडिया ने अपने प्रवेश के उपरांत प्रिंट मीडिया को सकारात्मक और नकारात्मक दोनों ही रूप में अत्यधिक प्रभावित किया है। यदि इलेक्ट्रॉनिक मीडिया का प्रिंट मीडिया पर नकारात्मक पक्ष की चर्चा की जाए तो यह कहा जा सकता है कि इस माध्यम ने प्रिंट मीडिया की लोकप्रियता को कुछ सीमा तक प्रभावित किया है, क्योंकि व्यापकता के आधार पर इस माध्यम का कार्यक्षेत्र प्रिंट मीडिया से अधिक है। इसका कारण यह है कि वर्तमान तकनीकी युग में दूरस्थ-से-दूरस्थ क्षेत्रों में भी यह माध्यम सुलभता से उपलब्ध है। इसके अलावा इस माध्यम के द्वारा विभिन्न समाचारों और घटनाओं को प्रत्यक्ष देखा जा सकता है। अतः प्रामाणिकता और सत्यता की परख जनसामान्य स्वयं कर सकने में समर्थ होता है।

इलेक्ट्रॉनिक मीडिया की एक अन्य विशेषता यह है कि प्रिंट मीडिया में विभिन्न समाचारों और घटनाओं की मात्र छपने तक की स्थिति समाहित होती है। अर्थात् प्रिंट मीडिया समय की सीमा से आबद्ध होते हैं, परंतु इसके विपरीत इलेक्ट्रॉनिक मीडिया रूपी समाचार चैनलों पर घटना विशेष के बारे में प्रतिपल की जानकारी निरंतर उपलब्ध कराई जाती है। अतः जनसामान्य सतत समाचार या घटनाओं की ताजा जानकारी के संपर्क में रहते हैं। इलेक्ट्रॉनिक मीडिया की यही विशेषता प्रिंट मीडिया की पाठक-संख्या को कुछ सीमा तक अवश्य प्रभावित करती है। पाठक-संख्या के अलावा इलेक्ट्रॉनिक मीडिया प्रिंट मीडिया पर व्यावसायिक रूप में भी प्रतिकूल प्रभाव डालती है, क्योंकि इलेक्ट्रॉनिक मीडिया की लोकप्रियता और व्यापकता जैसे कारणों से इस मीडिया पर विज्ञापनों की संख्या में अत्यधिक वृद्धि हुई है। यदि इस विषय में यह भी माना जाए कि इलेक्ट्रॉनिक मीडिया के प्रभाव से प्रिंट मीडिया पर व्यावसायिक रूप से कोई प्रभाव नहीं पड़ा है तो इतना अवश्य है कि इस माध्यम के प्रवेश से व्यावसायिक प्रतिस्पर्धा में वृद्धि अवश्य हुई है।

सकारात्मक मीडिया का प्रिंट मीडिया पर सकारात्मक प्रभाव

इलेक्ट्रॉनिक मीडिया ने जहाँ प्रिंट मीडिया पर प्रतिकूल प्रभाव डाला है, वहीं इसके कुछ सकारात्मक प्रभाव भी प्रिंट मीडिया पर दिखाई दे रहे हैं। यदि इस विषय का अवलोकन किया जाए तो स्पष्ट होगा कि अनेक अवसरों पर प्रिंट मीडिया इलेक्ट्रॉनिक

मीडिया रूपी विभिन्न चैनलों पर आधारित विभिन्न समाचार और सूचनाओं के स्रोत के रूप में इलेक्ट्रॉनिक मीडिया प्रिंट मीडिया को प्रत्यक्ष या अप्रत्यक्ष रूप से सहयोग प्रदान करता है। कई अवसरों पर इलेक्ट्रॉनिक मीडिया द्वारा प्राप्त समाचार और सूचनाएँ प्रिंट मीडिया के लिए एक आधार का कार्य करती है।

प्रिंट मीडिया द्वारा आवश्यकता के अनुसार विभिन्न घटनाओं के चित्र भी विभिन्न टी.वी. चैनलों के माध्यम से प्राप्त किए जाते हैं, जिनका उपयोग समाचार-पत्र घटना की प्रामाणिकता या रोचकता स्पष्ट करने के लिए करते हैं।

सार रूप में इलेक्ट्रॉनिक मीडिया के विषय में यही कहा जा सकता है कि पत्रकारिता के क्षेत्र में इलेक्ट्रॉनिक मीडिया का प्रवेश तकनीकी क्रांति की एक अनुपम सौगात है। इस माध्यम ने पत्रकारिता के क्षेत्र में ने नवीन उपलब्धियों का स्पर्श किया है। इस माध्यम के द्वारा ताजा व तत्कालीन समाचारों और सूचनाओं का विस्तृत क्षेत्र में संप्रेषण संभव हुआ है।

इलेक्ट्रॉनिक मीडिया के विषय में यह भी कहा जा सकता है कि इस माध्यम को प्रिंट मीडिया का विकल्प मानना किसी भी दृष्टि से न्यायसंगत नहीं है। अत: इसे प्रिंट मीडिया का प्रतिस्पर्धी न मानकर परस्पर सहयोगी मानना ही उचित प्रतीत होता है। ये दोनों ही माध्यम पत्रकारिता के महत्त्वपूर्ण अंग हैं, जिनका उद्देश्य भी समाचार और सूचनाओं का संप्रेषण करन है। अपनी इसी उद्देश्य की पूर्ति के लिए ये दोनों माध्यम एक-दूसरे से पूरक बनकर पत्रकारिता के उद्देश्य एवं दायित्वों को पूर्णता प्रदान करने में अद्वितीय योगदान दे रहे हैं।

5. न्यू मीडिया

वर्तमान दौर संचार क्रांति का दौर है। संचार क्रांति की इस प्रक्रिया में जनसंचार माध्यमों के भी आयाम बदले हैं। आज की वैश्विक अवधारणा के अंतर्गत सूचना एक हथियार के रूप में परिवर्तित हो गई है। सूचना जगत् गतिमान हो गया है, जिसका व्यापक प्रभाव जनसंचार माध्यमों पर पड़ा है। पारंपरिक संचार माध्यमों—समाचार-पत्र, रेडियो और टेलीविजन की जगह वेब मीडिया ने ले ली है।

वेब पत्रकारिता—वेब पत्रकारिता आज समाचार-पत्र/पत्रिका का एक बेहतर विकल्प बन चुका है। न्यू मीडिया ऑनलाइन मीडिया, साइबर जर्नलिज्म और वेब पत्रकारिता जैसे कई नामों से वेब पत्रकारिता को जाना जाता है। वेब पत्रकारिता प्रिंट और ब्रॉडकास्टिंग मीडिया का मिला-जुला रूप है। यह टेक्स्ट, पिक्चर्स, ऑडियो और विडियो के जरिए स्क्रीन पर हमारे सामने है। माउस के सिर्फ एक क्लिक से किसी भी खबर या सूचना को पढ़ा जा सकता है। यह सुविधा 24 घंटे और सातों दिन उपलब्ध होती है,

जिसके लिए किसी प्रकार का मूल्य नहीं चुकाना पड़ता है।

वेब पत्रकारिता का एक स्पष्ट उदाहरण बनकर उभरा है 'विकीलीक्स'। विकीलीक्स ने खोज पत्रकारिता के क्षेत्र में वेब पत्रकारिता का जमकर उपयोग किया है। खोजी पत्रकारिता अब तक राष्ट्रीय स्तर पर होती थी, लेकिन विकीलीक्स ने इसे अंतरराष्ट्रीय स्तर पर प्रयोग किया तथा अपनी रिपोर्टों से खुलासे कर पूरी दुनिया में हलचल मचा दी। भारत में वेब पत्रकारिता को आए लगभग एक दशक बीत चुका है। हाल ही में आए ताजा आँकड़ों के अनुसार इंटरनेट के उपयोग के मामले में भारत विश्व में तीसरे पायदान पर आ चुका है। आधुनिक तकनीक के साथ बैठकर हिंदी खबरिया चैनलों को देखने की बजाय अब युवा इंटरनेट पर वेब पोर्टल से सूचना या ऑनलाइन समाचार देखना पसंद करते हैं। समाचार चैनलों पर किसी सूचना या खबर के निकल जाने के बाद उसके दोबारा आने की कोई गारंटी नहीं होती है, लेकिन वेब पत्रकारिता के आने से ऐसी कोई समस्या नहीं रह गई है। जब चाहे किसी भी समाचार चैनल की वेबसाइट या वेब-पत्रिका खोलकर पढ़ा जा सकता है।

लगभग सभी बड़े-छोटे समाचार-पत्रों ने अपने इ-पेपर, यानी इंटरनेट संस्करण निकाले हुए हैं। भारत में सन् 1995 में सबसे पहले चेन्नई से प्रकाशित होनेवाला 'हिंदू' ने अपना इ-संस्करण निकाला। 1998 तक लगभग 18 समाचार-पत्रों ने भी अपने इ-संस्करण निकाले। आज वेब पत्रकारिता ने पाठकों के सामने ढेरों विकल्प रख दिए हैं। वर्तमान समय में राष्ट्रीय स्तर के समाचार-पत्रों में जागरण हिंदुस्तान, भास्कर, डेली एक्सप्रेस, इकोनॉमिक टाइम्स और टाइम्स ऑफ इंडिया जैसे सभी पत्रों के ई-संस्करण मौजूद हैं। भारत में समाचार सेवा देने के लिए गूगल न्यूज, याहू, एम.एस.एन., एन.डी. टी.वी., बी.बी.सी. हिंदी, जागरण, भड़ास फॉर मीडिया, ब्लॉग प्रहरी, मीडिया मंच, प्रवक्ता और प्रभासाक्षी प्रमुख वेबसाइट्स हैं, जो अपनी समाचार सेवा देते हैं।

वेब पत्रकारिता का बढ़ता विस्तार देखकर यह समझना सहज है कि इससे कितने लोगों को रोजगार मिल रहा है। मीडिया के विस्तार ने वेब डेवलपरों एवं वेब पत्रकारों की माँग को बढ़ा दिया है। वेब पत्रकारिता किसी अखबार को प्रकाशित करने और किसी चैनल को प्रसारित करने से अधिक सस्ता माध्यम। चैनल अपनी वेबसाइट बनाकर उन पर बेरिकंग न्यूज, स्टोरी, आर्टिकल, रिपोर्ट, विडियो या साक्षात्कार को अपलोड और अपडेट करते रहते हैं। आज सभी प्रमुख चैनलों (आई.बी.एन., स्टार, आजतक आदि) और अखबारों ने अपनी वेबसाइट बनाई है। इनके लिए पत्रकारों की नियुक्ति भी अलग से की जाती है। सूचनाओं का डाकघर कही जानेवाली संवाद समितियाँ, जैसे पी.टी. आई., यू.एन.आई., ए.एफ.पी. और रायटर आदि अपने समाचार तथा अन्य सभी सेवाएँ ऑनलाइन देती हैं।

कंप्यूटर या लैपटॉप के अलावा एक और ऐसे साधन—मोबाइल फोन जुड़ा है, जो इस सेवा को विस्तार देने के साथ उभर रहा है। फोन पर ब्रॉडबैंड सेवा ने आमजन को वेब पत्रकारिता से जोड़ा है। पिछले दिनों मुंबई में हुए सीरियल ब्लास्ट की ताजा तसवीरें और वीडियो बनाकर आम लोगों ने वेब जगत् के साथ साझा की। हाल ही में दूरसंचार मंत्री कपिल सिब्बल ने गाँवों में पंचायती को ब्रॉडबैंड सुविधा मुहैया कराने का प्रस्ताव रखा है। इससे पता चलता है कि भविष्य में ये सुविधाएँ गाँव-गाँव तक पहुँचेंगी।

वेब पत्रकारिता ने जहाँ एक ओर मीडिया को एक नया क्षितिज दिया है, वहीं दूसरी ओर यह मीडिया का पतन भी कर रहा है। इंटरनेट पर हिंदी में अब तक अधिक काम नहीं किया गया है और वेब पत्रकारिता में भी अंग्रेजी ही हावी है। पर्याप्त सामग्री न होने के कारण हिंदी के पत्रकार अंग्रेजी वेबसाइटों से ही खबर लेकर अनुवाद करके अपना काम चलाते हैं और वे घटनास्थल तक भी नहीं जाते हैं। उन्हें देखना चाहिए कि वास्तविक खबर है क्या?

यह कहा जा सकता है कि भारत में वेब पत्रकारिता ने एक नई मीडिया संस्कृति को जन्म दिया है। अंग्रेजी के साथ-साथ हिंदी पत्रकारिता को भी एक नई गति मिली है। युवाओं को नए रोजगार मिले हैं। अधिक-से-अधिक लोगों तक इंटरनेट की पहुँच हो जाने से यह स्पष्ट है कि वेब पत्रकारिता का भविष्य बेहतर है। आने वाले समय में यह पूर्णत: विकसित हो जाएगी।

Ţ **वेब पोर्टल**—पोर्टल इंटरनेट, विश्वव्यापी वेब के संदर्भ में जालस्थलों (वेबसाइट्स) के समूह को कहा जाता है। पोर्टल का शाब्दिक अर्थ होता है—प्रवेश द्वार। पोर्टल वास्तव में स्वयं भी एक वेबसाइट होता है, जिससे दूसरे कई अन्य संबंधित वेबसाइटों पर पहुँचा जा सकता है। इंटरनेट से जुड़ने पर कई प्रकार के पोर्टल मिलते हैं। ये अंतर्जाल के अथाह सागर में एक लंगर की तरह काम करता है। इन पर विभिन्न स्रोतों से जानकारियाँ जुटाकर व्यवस्थित रूप में उपलब्ध कराई जाती हैं। इसके साथ ही पोर्टल पर कई तरह की सेवाएँ भी दी जाती हैं, जैसे कई पोर्टल पर उपभोक्ताओं को सर्च इंजन उपलब्ध कराया जाता है। इसके अलावा कम्यूनिटी चैट फोरम, निजी गृह-पृष्ठ (होम पेज) और इ-मेल की सुविधाएँ भी दी गई होती हैं। पोर्टल पर समाचार, स्टॉक मूल्य और फिल्म आदि की गपशप भी देख सकते हैं। कुछ सार्वजनिक वेब पोर्टलों के उदाहरण हैं—ए.ओ.एल., आई.गूगल, एम.एस.एन., याहू आदि।

ऐतिहासिक रूप में पोर्टल का प्रयोग किसी द्वार, इमारत या अन्य संरचना के मुख्य द्वार के रूप में किया जाता था, जिसका शाब्दिक अर्थ है, वहाँ प्रवेश करने के लिए एक प्रभावी मार्ग। मोटे तौर पर वेब पोर्टल उपभोक्ताओं को आधारभूत जानकारी उपलब्ध कराता है तथा साथ ही इसके माध्यम से विभिन्न अन्य साइट्स तक पहुँच सकते हैं। एक

विशेष सुविधा यह है कि एक पोर्टल पर उपभोक्ता स्वयं का कैलेंडर तैयार कर सकते हैं और महत्त्वपूर्ण अवसरों के लिए अनुस्मारक (रिमाइंडर) भी बना सकते हैं। उपभोक्ता अपना पोर्टल तैयार कर उसमें अपनी रुचियों, कार्यों, यात्राओं आदि के बारे में भी पाठ को पृथक्-पृथक् रूप में दिखा सकते हैं। इसी तरह प्रशासन नागरिकों को अपने पोर्टल के माध्यम से मौसम की जानकारी उपलब्ध करा सकता है तथा साथ ही उसमें वहाँ की खबरें और शेष सरकारी जानकारी भी हो सकती हैं। इसमें सरकार के प्रतीक-चिह्न, भाषण, उपभोक्ता सेवाएँ और कर आदि से संबंधित जानकारी भी शामिल हो सकती है।

कुछ पोर्टल्स रोजगार, शिक्षा और नागरिक सुरक्षा की सूचना भी देते हैं। निगमित पोर्टल्स भी काफी लोकप्रिय हो रहे हैं। किसी निगम के वेब पोर्टल पर उसके कर्मचारियों और उपभोक्ताओं, दोनों के लिए स्वयंसेवा से जुड़ी गतिविधियों की जानकारी दी जाती है। इसमें काम करनेवाले लोग पोर्टल से अपने लिए आवश्यक सूचनाएँ, जैसे—वेतन, प्रतिपूरक सुविधाएँ, नोट्स आदि अन्य जानकारियों के बारे में जान सकते हैं, जबकि उपभोक्ता कंपनी की नई परियोजनाओं, उसके नए कार्य भुगतान का इतिहास आदि के बारे में जान सकते हैं।

भारत में बढ़ते संचार साधनों से पत्रकारिता के क्षेत्र में भी कॅरियर के अवसर उज्जवल हुए हैं। दिनोदिन समाचार चैनलों, अखबारों की संख्या बढ़ती जा रही है। पत्रकारिता पहले जहाँ अखबारों, पुस्तकों में हुआ करती थी, वहीं इंटरनेट के बढ़ते प्रचलन के बीच वेब पत्रकारिता का जन्म हुआ। इंटरनेट के बढ़ते समाचार पोर्टलों से वेब पत्रकारिता में योग्य पत्रकारों की माँग बनी रहती है।

वेब पत्रकारिता क्या होती है ? जिस प्रकार अखबारों, पत्रिकाओं के चयन, संपादन या लेखक होते हैं वैसे ही यह कार्य इंटरनेट पर किया जाता है। हर व्यक्ति तेजी से खबरें चाहता है। युवाओं की भी पसंद इंटरनेट बनता जा रहा है।

पहले जहाँ इंटरनेट कंप्यूटर तक सीमित था, वहीं नई तकनीकों से लैस मोबाइलों में भी इंटरनेट का चलन बढ़ता जा रहा। किसी भी जगह कहीं भी इंटरनेट का इस्तेमाल किया जा सकता है। यह वेब पत्रकारिता का ही कमाल है कि आप दुनिया के किसी भी कोने में बैठकर किसी भी भाषा में, किसी भी देश का अखबार या खबरें पढ़ सकते हैं। यहाँ कार्य में भी तेजी होनी चाहिए। खबर लिखकर उसका संपादन ही नहीं, बल्कि लगातार उसे अपडेट भी करना पड़ता है।

वेब पत्रकारिता में बहुत अधिक संभावनाएँ हैं। इस क्षेत्र में कॅरियर बनाने के लिए खबरों को समझकर उन्हें प्रस्तुत करने की कला, तकनीकी ज्ञान तथा भाषा पर अच्छी पकड़ होना आवश्यक है। न्यूज पोर्टल के रूप में स्वतंत्र रूप से कार्य करनेवाली साइटों की संख्या भारत में कम है।

ऐसी साइटों की संख्या ज्यादा है, जो अपने वेब के लिए सामग्री अपने चैनलों या अखबारों से लेती हैं। स्वतंत्र न्यूज पोर्टल में वेब पत्रकार बनकर आप अपना कॅरियर बना सकते हैं। खेल, साहित्य, कला जैसे साइटों पर कॅरियर की उज्जवल संभावनाएँ रहती हैं। मास कम्यूनिकेशन या जर्नलिज्म में डिप्लोमा या डिग्री लेकर आप इस क्षेत्र में कॅरियर बना सकते हैं।

एक बेहतरीन हिंदी न्यूज पोर्टल कैसा हो ?

आज के समय में यह बात लगभग साबित हो गई है कि भारत में हिंदी ही एकमात्र भाषा है, जो सबसे ज्यादा बोली और समझी जाती है, साथ ही इंटरनेट पर भी अब यह इतनी ही सुगमता से उपलब्ध है, जितनी अंग्रेजी या कोई अन्य भाषा, चूँकि इंटरनेट पर हिंदी में सहजता कुछ ही वर्ष पहले आई है तो इसमें करने के लिए काफी अवसर नजर आती है। हजारों विषय ऐसे हैं, जिनके बारे में बेहतर तरीके से अगर आप कंटेंट ही डालते हैं तो आपकी वेबसाइट लगातार अपडेट हाने से जल्द ही टॉप-वेबसाइट की श्रेणी में आ जाएगी। अगर आप किसी एक विषय को चुनकर उसके विभिन्न पक्षों को अंग्रेजी से हिंदी में अपने शब्दों में अनुवाद ही करते हैं, तो आपके पास बेहतरीन कलेक्शन पहुँच सकते हैं, अगर आप लेखक या कवि हैं तो आप अपनी रचनाओं को लगातार अपडेट करके अपने पोर्टल को ऊँचाई तक पहुँचा सकते हैं। अगर आप पत्रकार हैं तो ब्रेकिंग या एक्सक्यूसिव न्यूज से तमाम संस्थानों को अपनी खबरें दे सकते हैं या सेल कर सकते हैं। जब आपके पास आपकी ही भाषा में एक बेहतरीन वेबसाइट रेगुलर अपडेट होती है तो यकीन मानिए कि आप एक बढ़िया ऑनलाइन माध्यम विकसित कर चुके हैं, जो आपको बेहतरीन कमाई कराने के लिए बिल्कुल तैयार है, नीचे कुछ बिंदुओं पर गौर करेंगे, जो एक बेहतरीन न्यूज-व्यूज पोर्टल के लिए लाभकारी साबित हो सकता है।

विषय का चुनाव—अगर आप सच में कंटेंट बेस्ड ऑनलाइन पोर्ट बनाने की ठान चुके हैं तो विषय का चुनाव सबसे पहला और सबसे महत्त्वपूर्ण कदम है ध्यान रहे, इंटरनेट अपने आप में एक बहुत बड़ संसार है, जहाँ प्रत्येक चीज पहले से ही उपलब्ध है, तो जब तक आप के दिमाग में खास विषय नहीं है, अलग प्रजेंटेशन नहीं है, तब तक आगे की राह कठिन ही नहीं, बल्कि खुद को भ्रम में रखने जैसी ही है। आप किसी अंग्रेजी की वेबसाइट पर आर्टिकल पढ़ जरूर सकते हैं, उससे आइडिया भी ले सकते हैं, किंतु हूबहू कॉपी-पेस्ट आपको नीचे ले जाएगा, अपने विषय की समझ लगातार विकसित करना यहाँ बेहद आवश्यक है, इसी तरह अगर आप न्यूज पोर्टल बना रहे हैं तो यह न सोचें कि आज तक, कल तक या जागरण जैसी किसी वेबसाइट से कॉपी-पेस्ट

करके आप अपनी वेबसाइट को ऊँचाइयों तक पहुँचा देंगे; बल्कि इसके लिए आपको खबरों को अलग नजरिए से पेश करना होगा, उसमें नई जानकारियाँ जोड़नी होंगी, अगर एनालिटिकल डाटा दे सकें तो और बढ़िया होगा तथा यदि उस विषय पर लेख आ जाए, तसवीरों के माध्यम से उसकी व्याख्या आ जाए तो सोने पर सुहागा, कुल मिलाकर आपकी वेबसाइट आपकी लगनी चाहिए, ताकि पाठक वर्ग को कुछ नया मिले और वह आपकी वेबसाइट पर आकर निराश न हो।

प्लेटफॉर्म का चुनाव—मार्केट में तमाम प्रोग्रामिंग लैंगुएज, सी.एम.एस. और कस्टम सल्यूशन उपलब्ध है, किंतु अगर आपको कम पैसे में परफेक्ट सल्यूशन और बेहतरीन चाहिए तो आप निश्चित होकर वर्डप्रेस प्लेटफॉर्म को इस्तेमाल कीजिए, आसान, ओपन-सोर्स, अंतरराष्ट्रीय मानक, ब्रेकिंग न्यूज से लेकर कैटगरी-ऑप्शंस, सैकड़ों मुफ्त प्लगिन्स, जो आप डेवलप कराने जाएँ तो लाखों लग सकते हैं। बैकप ऑप्शन, एस.सी.ओ. ऑप्शन, फोटो-वीडियो, गैलरी ऑप्शन इत्यादि तमाम फीचर तो आपको मिलेंगे ही, साथ ही साथ अगर आप डिजाइन में बहुत अधिक छेड़छाड़ नहीं कराते हैं तो आपको यह शुरुआती स्तर पर सस्ता भी पड़ेगा, सबसे बड़ी बात की अगर भविष्य में आप किसी और प्लेटफॉर्म पर जंप करना चाहें तो आपकी वर्डप्रेस वेबसाइट का डेटा आसानी से माइग्रेट हो जाएगा। हालाँकि वर्डप्रेस होस्टिंग को लेकर थोड़ा खर्चीला है तथा जब ट्रेफिक बढ़ता है, तब इसका खर्च और मेंटनेंस भी बढ़ता जाता है, अगर आप इस खर्च को वहन कर सकते हैं तो ठीक, अन्यथा आप ब्लोगर या टुंबलर जैसे प्लेटफॉर्म को प्रिफर करें।

प्रमोश टेक्निक्स—शुरुआत में जब तक आपकी वेबसाइट पर 100 से ज्यादा क्वालिटी पोस्ट न हो जाएँ, तब तक इसका प्रमोशन करना 'बाउंस-बैंक' करता है, अगर किसी एक पोस्ट के लिंक से आपकी वेबसाइट पर ऑडियंस आता हैं तो पोर्टल पर कम-से-कम इतनी सामग्री अवश्य हो, जो ज्यादा-से-ज्यादा समय तक आपके पाठक को रोके रख सके, धीरे-धीरे आप फेसबुक, ट्विटर जैसे तमाम सोशल मीडिया से ग्राहकों को वेबसाइट पर ला सकते हैं तो साप्ताहिक या मासिक कंटेंट का न्यूजलेटर भेजना, आपकी वेबसाइट को जबरदस्त तरीके से बूस्ट करता है। निश्चित रूप से आपकी वेबसाइट पर कमेंट बॉक्स में प्रतिक्रिया आने पर आपको इसका अंदाजा होगा, वेबसाइट स्टेटस से आपको कस्टमर का टेस्ट पता चल सकता है। एनालिटिक्स पर बारीक निगाह रखें, फिर कम-से-कम 1000 क्वालिटी पोस्ट होने के बाद आप पेड-प्रमोशन की तरफ भी ध्यान दे सकते हैं, जिसमें गूगल एडवर्ड, फेसबुक प्रमोशन इत्यादि शामिल हैं।

डिजाइन या कस्टमाइजेशन—अगर आपकी वेबसाइट पर ट्रेफिक आने लगता है, एडसेंस इत्यादि से अर्निंग शुरू हो जाती है, फिर आप यूनिक डिजाइन या

कस्टमाइजेशन की तरफ जा सकते हैं, जिससे कस्टमर को नया लुक और बेहतर-से-बेहतर एक्सेस मिल सके, क्योंकि अगर शुरू में ही आप डिजाइन पर अटक जाते हैं तो कंटेंट से आपका फोकस हट जाता है, साथ ही साथ शुरू में एक अच्छी-खासी इन्वेस्टमेंट भी हो जाती है, जिसका कोई तुक नहीं होता। ध्यान रहे कि कस्टमर आपकी वेबसाइट पर आपके विचारों, एक्सक्लूसिव खबरों को पढ़ने के लिए आएगा, न कि लाल-पीला-नीला डिजाइन देखने, इसलिए आप अपना ध्यान बेहतर कंटेंट पर फोकस करें।

6. पत्रकारिता और उसके सामाजिक दायित्व

समाचार माध्यम वर्तमान युग का सजग प्रहरी है, जो समाज पर पैनी दृष्टि रखकर उसे न सिर्फ निर्देशित करते हैं, बल्कि उस पर अंकुश लगाने के कार्य भी करते हैं। प्रजातांत्रिक देशों में पत्रकारिता को प्रजातंत्र का आवश्यक अंग मानते हुए उसे जनतंत्र के रक्षक के रूप में परिभाषित किया जाता है। नेपोलियन ने समाचार माध्यमों के इसी प्रभावी स्वरूप के संदर्भ में कहा था कि 'चार विरोधी अखबारों का भय एक हजार बेयोनट से भी बड़ा होता है।'

समाचार-पत्रों के संदर्भ में नेपोलियन का यह कथन समाचार माध्यमों की महत्ता और उसकी क्षमता को स्पष्ट करने के लिए पर्याप्त है।

भारत जैसे विशाल प्रजातांत्रिक देश में भी पत्रकारिता को प्रजातंत्र के पहरेदार के रूप में यथेष्ठ स्थान दिया है। प्रजातंत्र को जनतंत्र भी कहा जाता है। जनतंत्र के विषय में कहा गया है कि यह वह शासन प्रणाली है, जिसमें शासन का संचालन जनता द्वारा जनता के लिए ही किया जाता है।

भारत विश्व का सबसे बड़ा प्रजातांत्रिक देश है। अत: भारत में प्रजा या नागरिकों के हितों को ही सर्वोपरि स्थान दिया गया है। पत्रकारिता समाज का एक अति आवश्यक अंग है, क्योंकि इसका उद्देश्य एवं अस्तित्व दोनों ही समाज पर आधारित है। समाज, नागरिकों का ही एक समूह है। अत: यह कहना न्याय संगत होगा कि भारत जैसे प्रजातांत्रिक देश में समाज के प्रति पत्रकारिता का एक अहम दायित्व होता है।

स्वतंत्रता के पूर्व से ही समाचार माध्यमों ने देश व समाज के प्रति अपने अहम दायित्वों का कुशलता से निर्वहन किया है। आजादी के संघर्ष में पत्रकारिता के योगदान को कभी विस्मृत नहीं किया जा सकता। यह बात वर्तमान में शायद अकल्पनीय लगे, परंतु यह सत्य है कि देश की स्वतंत्रता में समाचार माध्यमों की भूमिका सबसे महत्त्वपूर्ण रही थी। आजादी समाचार माध्यमों की इसी विशेष भूमिका के कारण ही संभव हो सकी थी।

स्वतंत्रता संग्राम के दौरान पत्रकारिता का प्रमुख उद्देश्य नागरिकों को परस्पर

एकजुट करना तथा उन्हें अंग्रेजों के विरुद्ध निर्णायक संघर्ष के लिए तैयार करना था, जिससे नागरिक स्वतंत्रता जैसे मूल अधिकारों की प्राप्ति कर सके। समाचार माध्यम अंततः अपनी इस भूमिका पर खरा उतरा, जिसकी परिणति स्वतंत्रता के रूप में हमारे समक्ष है।

15 अगस्त, 1947 को भारत देश आजाद हुआ। देश की आजादी के उपरांत पत्रकारिता का उद्देश्य समाप्त नहीं हुआ, बल्कि उसके दायित्वों और उद्देश्यों में अत्यधिक वृद्धि हो गई। पत्रकारिता के उद्देश्यों में वृद्धि का प्रमुख कारण पत्रकारिता के स्वरूप में आए नवीन परिवर्तन है। जैसे आजादी के पूर्व समाचार माध्यमों का प्रमुख दायित्व था देश की आजादी, परंतु आजादी के उपरांत समाचार माध्यम शासन और नागरिकों के मध्य संवादों के आदान-प्रदान का सबसे महत्त्वपूर्ण व आवश्यक अंग बन चुके हैं, क्योंकि नागरिकों के मूल अधिकारों की रक्षा एवं नागरिकों को अपने कर्तव्यों का बोध कराने का दायित्व भी पत्रकारिता के कंधे पर ही है।

वर्तमान युग तकनीकी क्रांति का युग है। अतः तकनीकी क्रांति के परिणामस्वरूप प्रिंट मीडिया के क्षेत्र में आशातीत बदलाव आया है। वर्तमान में प्रिंट मीडिया से संबद्ध प्रकाशन तकनीक भी अत्यंत उन्नत और समृद्ध हो गई है। तकनीकी क्रांति की ही एक अन्य अद्भुत देन इलेक्ट्रॉनिक मीडिया का विकास और विस्तार भी है। इलेक्ट्रॉनिक मीडिया पत्रकारिता के क्षेत्र में प्रवेश के उपरांत अनेक आमूलचूल परिवर्तनों का सूत्रपात हुआ है।

पत्रकारिता के स्वरूप में आए इस परिवर्तन के पश्चात् अब यदि पत्रकारिता के सामाजिक दायित्वों पर चर्चा की जानी चाहिए, जो अति आवश्यक है। यदि पत्रकारिता के दायित्वों का गहनता से अध्ययन किया जाए तो स्पष्ट होगा कि पत्रकारिता के दायित्वों में समय और परिस्थितियों के अनुरूप परिवर्तन होता रहता है। अतः पत्रकारिता अपने इन्हीं परिवर्तनों के अनुरूप स्वयं के उद्देश्यों और स्वरूप में बदलाव लाकर देश व समाज के प्रति अपने दायित्वों का निर्वहन करता रहा है। देश व समाज के विकास में सहभागी बनाना पत्रकारिता का ही एक प्रमुख दायित्व होता है।

जैसाकि पूर्व ही स्पष्ट किया जा चुका है कि समय और परिस्थितियों के अनुरूप पत्रकारिता के दायित्वों में परिवर्तन अवश्य आता है, परंतु पत्रकारिता के कुछ दायित्व ऐसे होते हैं, जिन पर देश-काल का कोई प्रभाव नहीं पड़ता। अर्थात् सभी उद्देश्य प्रत्येक परिस्थितियों में स्थित रहते हैं। पत्राकारिता के इन महत्त्वपूर्ण दायित्वों को इस प्रकार समझा जा सकता है—

पत्रकारिता और उसके विविध दायित्व

1. **संवादों का सतत संवहन**—समाचार माध्यम शासन एवं नागरिकों के मध्य संवादों का एक प्रमुख माध्यम होता है, क्योंकि अपने एक पहलू में वह शासन की नीतियों, योजनाओं और कार्यप्रणाली को जनमानस तक पहुँचाता है, वहीं दूसरे पहलू में वह जनमानस की इच्छाओं, भावनाओं एवं आवश्यकताओं से शासन को अवगत कराता है। यह प्रजातांत्रिक शासन व्यवस्था की एक महती आवश्यकता भी है कि शासन एवं नागरिकों के मध्य संवादों की निरंतरता अनवरत रहे, जिससे दोनों पक्षों के मध्य संवादों का परस्पर खुला आदान-प्रदान होता रहे। शासन एवं नागरिकों के मध्य संवादों का यह सतत संवहन पत्रकारिता के क्षेत्र में विभिन्न विद्यमान समाचार माध्यमों के द्वारा ही संभव हो पाता है।
2. **सूचनाओं का निष्पक्ष संप्रेषण**—समाचार माध्यम शासन और नागरिकों के मध्य न सिर्फ संवादों का संवहन करते हैं, अपितु वह शासन की रीतियों, नीतियों, योजनाओं और कार्यप्रणाली के प्रति जनमत भी तैयार करते हैं। अत: इस रूप में समाचार माध्यमों का यह दायित्व है कि वह राग-द्वेष या पूर्वग्रह आदि से मुक्त रहकर निष्पक्षतापूर्वक संवादों का संप्रेषण करे। अर्थात् शासन की कार्यप्रणाली, चाहे वह श्रेष्ठ हो या आलोचनात्मक समाचार माध्यमों का यह दायित्व है कि वह शासन की कार्यप्रणाली की वास्तविक तसवीर जनता के सम्मुख प्रस्तुत करे। इसके विपरीत जनमानस की इच्छाओं, अपेक्षाओं एवं विचारों को भी पारदर्शिता के साथ शासन के सम्मुख प्रस्तुत करना समाचार माध्यमों का ही दायित्व है।
3. **सही मार्गदर्शन**—पत्रकारिता समाज का दर्पण है। अत: समाचार माध्यमों का यह प्रमुख दायित्व होता है कि वह समाज की वास्तविक छवि को जनमानस के समक्ष प्रस्तुत करे। इसके अलावा समाज में अनेक कुरीतियाँ और बुराइयाँ व्याप्त होती हैं। अत: प्रजातंत्र के चौथे स्तंभ के रूप में समाचार माध्यमों का यह कर्तव्य है कि वह प्रमुखता से समाज की बुराइयों और कुरीतियों पर न सिर्फ प्रहार करे, बल्कि इसके उन्मूलन हेतु भी समाज को सही मार्गदर्शन प्रदान करे। इसी प्रकार शासन एवं प्रशासन की गलत नीतियों और कार्यप्रणाली को भी जनसामान्य के समक्ष प्रस्तुत कर सही मार्गदर्शन देना भी पत्रकारिता का महत्त्वपूर्ण दायित्व है।
4. **शासन एवं प्रशासन को सहयोग**—कई अवसरों पर शासन एवं प्रशासन

को किसी योजना या कार्य विशेष का सफलतापूर्वक संचालन के लिए जनसहयोग की आवश्यकता होती है, जैसे शिक्षा, स्वास्थ्य, शांति व सुरक्षा आदि अनेक कार्य जनसहयोग पर ही आधारित होते हैं। शासन एवं प्रशासन की इन योजनाओं को जनसामान्य तक प्रचारित करने व जनसहयोग दिलाने का कार्य समाचार माध्यम ही कर शासन व प्रशासन को अपेक्षित सहयोग करते हैं।

5. **स्वच्छ छवि का निर्माण**—पत्रकारिता का देश व समाज में एक गरिमापूर्ण स्थान होता है, क्योंकि यह प्रजातंत्र का चौथा स्तंभ है। अत: पत्रकारिता की इस गरिमा को कायम रखना समाचार माध्यमों का दायित्व होता है। अपने इस दायित्व की पूर्ति के लिए समाचार माध्यमों का यह नैतिक कर्तव्य है कि वह समाज में पूर्ण निष्ठा, ईमानदारी, अनुशासन व पारदर्शिता के साथ अपना कार्य करे। स्वच्छ और उज्जवल छवि के माध्यम से ही पत्रकारिता देश व समाज के प्रति अपने दायित्वों का कुशलता से निर्वहन कर सकेगी।
6. **विश्वसनीयता की रक्षा**—समाचार माध्यम जनहित के रक्षक होते हैं। अत: इन माध्यमों पर जनआस्थाएँ टीकी होती हैं। जनसामान्य न सिर्फ समाचार माध्यमों की कार्यप्रणाली पर विश्वास करता है, अपितु उसे अपना शुभचिंतक भी मानता है। अत: अपनी उत्कृष्ट कार्यप्रणाली से जनसामान्य के इसी विश्वास की रक्षा करना भी समाचार माध्यमों का दायित्व है।
7. **सुधारवादी कार्यप्रणाली**—पत्रकारिता नागरिकों को संविधान द्वारा प्रदत्त मूल अधिकारों की रक्षक होती है। अत: समाचार माध्यमों का यह दायित्त्व होता है कि शासन व प्रशासन की गलत या जनहित विरोधी नीतियों का दृढता से विरोध करे तथा साथ ही शासन एवं प्रशासन को उनकी कमियों से अवगत करा कर कार्यप्रणाली में आवश्यक सुधार लाने हेतु प्रेरित करे।

समाचार माध्यमों के द्वारा अपने इन दायित्वों का पूर्ण निष्ठा से पालन कर सके, इसके लिए निम्नलिखित बातें आवश्यक हैं—

1. **संयम की प्रमुखता**—पत्रकारिता का मार्ग कंट का पूर्ण होता है। इसमें सदैव ही विभिन्न प्रकार की विषम परिस्थितियाँ निर्मित होती रहती हैं। इन प्रतिकूल परिस्थितियों में भी संयम और धैर्य रखकर अपने दायित्वों का पालन करना निश्चित ही एक अग्निपरीक्षा के समान होता है। अत: पत्रकारिता से जुड़े विभिन्न वर्गों के लिए संयम की प्रधानता अति आवश्यक है।
2. **सजगता, सक्रियता और दूरदृष्टि का समावेश**—समाचार माध्यम अपने कर्तव्यों का पूर्ण कुशलता से निर्वहन कर सके, इसके लिए सबसे आवश्यक

है कि समाचार माध्यम अपने परिवेश के प्रति सजग और सक्रिय बना रहे। अर्थात् देश, समाज और अपने स्थानीय परिवेश के प्रत्येक घटनाक्रमों पर सतत पैनी नजर रखकर उनका परस्पर संप्रेषण करना पत्रकारिता का प्रमुख कार्य है, जिससे देश व समाज इन परिणामों के प्रति जागरूक होकर समुचित निर्णय ले सकें।

इस रूप में समाचार माध्यमों का यह दायित्व है कि वह राग-द्वेष पूर्वग्रह आदि से मुक्त रहकर निष्पक्षतापूर्वक संवादों का संप्रेषण करे।

सार रूप में कहा जा सकता है कि पत्रकारिता समाजसेवा का ही एक रूप है। समाजसेवा के इस दायत्वि की पूर्ति के लिए समाचार माध्यमों के लिए यह आवश्यक है कि वह विभिन्न प्रतिकूल परिस्थितियों में भी बिना विचलित हुए सत्यता व निष्पक्षतापूर्वक शासन एवं नागरिकों के मध्य संवादों की निरंतरता को जीवंत रखे तथा साथ ही देश व समाज पर प्रभावी नियंत्रण रखकर विकास का मार्ग प्रशस्त करे।

7. समाचार माध्यम और जनमत निर्माण

मानव सृष्टि का सर्वाधिक बुद्धिमान प्राणी है। अत: जीवन के विविध विषयों के प्रति प्रत्येक मानव की अपनी एक विशिष्ट सोच होती है, इसी सोच के आधार पर प्रत्येक मानव का विभिन्न विषयों के प्रति अपना पृथक् मत या विचार होता है। व्यक्ति की इसी निजी सोच को 'व्यक्तिगत सोच' कहा जाता है, परंतु इसके विपरीत जब किसी विषय को लेकर विभिन्न व्यक्तियों की कोई एक सामूहिक सोच या राय होती है तो उसे 'जनमत' कहा जाता है।

जनमत दो शब्दों से मिलकर बना है—जन तथा मत (अर्थात् जनता का मत या जनता का अधिकार)।

जनमत के विषय में कहा जाता है कि यह विभिन्न विषयों पर आधारित सामूहिक मत होता है। जनमत आदेश के विपरीत स्वविवेक पर आधारित होता है। अर्थात् इच्छा के विरुद्ध लिये नए निर्णय जनमत नहीं हो सकता।

जनमत के संदर्भ में एक विचारक का कथन है कि "जनमत सरकार की भाषा में उस विश्वास को कहते हैं, जो बहुत से व्यक्तिगत मानकों का मत है व व्यक्तियों का मत है।"

जनमत के संदर्भ में कटलिप और सेंटर नामक जर्मन दार्शनिक का कथन है कि "जनमत एक प्रकार से भावनाओं की एकीकृत स्वीकृति है, जो किसी व्यक्ति समूह अथवा विषय समूह के द्वारा स्वीकृत या अस्वीकृत की जाती है।"

मानव के इसी अभिमत पर विभिन्न तत्त्व अपना प्रभाव डालकर उसे प्रभावित करने का प्रयास करते हैं। समाचार माध्यम भी इन्हीं प्रभावकारी तत्त्वों में से एक है। यह समाचार माध्यम समाचारों के वाहक होते हैं, जो विभिन्न समाचार और सूचनाओं के द्वारा जनमत पर अपना विशिष्ट प्रभाव छोड़ते हैं। समाचार माध्यम इन समाचारों के संप्रेषण के माध्यम के रूप में समाज का अभिन्न अंग होते हैं, क्योंकि मानव एक सामाजिक प्राणी है। अतः समाचार मुख्यतः मानव क लिए ही होते हैं, जो किसी-न-किसी रूप में मानव से संबंधित होते हैं। समाचार माध्यमों का मुख्य कार्य शासन एवं समाज की कार्यप्रणाली को वास्तविक रूप में प्रकट करना होता है। जनसामान्य समाचार माध्यमों के द्वारा ही देश व समाज की कार्यप्रणाली से अवगत होता है। इसके अलावा शासन एवं नागरिकों में परस्पर संवादों का आदान-प्रदान भी समाचार माध्यमों के द्वारा ही होता है।

शासन एवं समाज की उचित व अनुचित कार्यप्रणाली से जनसामान्य समाचार माध्यमों के द्वारा ही अवगत होते हैं। तथा इसके द्वारा ही अपनी क्रिया-प्रक्रिया भी व्यक्त करते हैं। अर्थात् समाचार माध्यम जनसामान्य पर आधारित जनमत का निर्माण करते हैं। समाचार माध्यमों में जनमत के निर्माण के अलावा इसको परिवर्तित करने की अद्‌भुत क्षमता भी निहित होती है। शासन की कार्यप्रणालियों और नीतियों के प्रति सकारात्मक या नकारात्मक दृष्टिकोण का बनना समाचार माध्यमों के द्वारा ही होता है। अर्थात् शासन की उचित कार्यप्रणाली व सही नीतियाँ समाचार माध्यमों के द्वारा निर्मित जनमत के कारण ही जनसमर्थन प्राप्त करती है। इसी प्रकार शासन की गलत कार्यप्रणाली के प्रति समाचार माध्यमों द्वारा निर्मित जनमत शासन को अपनी कार्यप्रणाली में बदलाव के लिए विवश कर देता है।

समाचार माध्यमों के द्वारा निर्मित जनमत के कारण कई अवसरों पर सत्ता में भी परिवर्तन हो जाता है। भारत में कई बार सत्ता परिवर्तन समाचार माध्यमों के द्वारा निर्मित प्रबल जनमत के कारण ही हुआ है। समाचार माध्यम जनमानस में मात्र जनमत का ही निर्माण नहीं करते, बल्कि उनमें जनजागरूकता भी उत्पन्न करते हैं। अतः शासन कई अवसरों पर किसी निर्णय विशेष को लागू करने के पूर्व जनमत को जानने का प्रयास करते हैं।

समाचार माध्यमों की इस प्रभावशाली कार्यप्रणाली के आधार पर कहा जा सकता है कि समाचार माध्यम जहाँ एक ओर शासन की नीतियों और कार्यप्रणाली के प्रति जनमत का निर्माण करते हैं, वहीं दूसरी ओर, जनमत के आधार पर शासन के भी मत का भी निर्धारण करते हैं।

किसी भी देश में चाहे उसका स्वरूप प्रजातांत्रिक हो या अधिनायकवादी, जनमत की प्रभावी शक्ति की उपेक्षा करना शासन व स्थानीय स्तर पर प्रशासन के लिए अहितकर

होता है। अत: शासन एवं प्रशासन विभिन्न माध्यमों के द्वारा जनमत को जानने के लिए सदैव प्रयासरत रहते हैं।

शासन के अलावा समाचार माध्यम समाज में भी जनमत के निर्माण में सहायक होते हैं। समाज एक प्रकार से मानव का एक संगठित समूह होता है। अत: समाज के रीति-रिवाजों और कार्यप्रणालियों का विश्लेषण कर समाचार माध्यम, समाज की सही व गलत नीतियों तथा समाज की सही कार्यप्रणालियों और रीति-रिवाजों को प्रोत्साहित करना एवं गलत नीतियों के प्रति कटाक्ष कर उसमें जनमत के माध्यम से बदलाव लाना होता है।

सामान्य रूप से जनमत निर्माण के अनेक माध्यम होते हैं। जनमत के इन माध्यमों में व्यक्तिगत चर्चा, सामूहिक चर्चा, विज्ञापन, अफवाह, मानवीय दर्शन, आलोचना एवं प्रचार-प्रसार के विभिन्न साधन आदि शामिल किए जा सकते हैं। इन माध्यमों में से संचार माध्यमों का सर्वाधिक प्रभाव जनमत पर पड़ता है, क्योंकि संचार माध्यम विस्तृत-से-विस्तृत क्षेत्र में भी समाज के विभिन्न वर्गों में अपनी गहरी पैठ रखते हैं। इसी कारण ये माध्यम तेजी से विस्मृत रूप में जनमत निर्माण करने में सहायक होते हैं।

समाचार माध्यमों के जनमत निर्माण की शक्ति ही इसे देश व समाज में एक उच्च स्थान प्रदान करती है। इससे स्पष्ट है समाचार माध्यमों का जनसामान्य के प्रति अनेक दायित्व होते हैं और इन्हीं दायित्वों को कुशलतापूर्वक निर्वहन में पत्रकारिता की प्रासंगिकता निर्भर होती है।

समाज में जनमत की आवश्यकता मुख्य रूप से दो रूपों में दिखाई देती हैं—

1. शासन और जनमत
2. समाज और जनमत

1. शासन और जनमत—शासन अपनी कार्यप्रणाली और अपनी नीतियों के संदर्भ में नागरिकों का दृष्टिकोण जानने के लिए जनमत का सहारा लेता है। साथ ही अपनी कार्यप्रणाली और नीतियों के लिए आवश्यक जनमत प्राप्त करने के लिए स्वयं भी जनमत के निर्माण का प्रयास करता है। शासन जनमत के प्रभाव का दो प्रकार से उपयोग करता है—

(क) स्वयं के दल के प्रति नागरिकों में सकारात्मक जनमत का निर्माण करना तथा

(ख) विरोधी के प्रति नकारात्मक जनमत का निर्माण करना।

इससे स्पष्ट है कि जनमत शासन व्यवस्था को अत्यधिक प्रभावित करता है। अत: शासन सदैव जनमत को अपनी ओर आकृष्ट करने का प्रयास करता है।

स्थानीय स्तर पर भी प्रशासन जनमत के आधार पर ही स्थानीय स्तर के कई निर्णयों

का परिपालन करते हैं या कोई समुचित निर्णय लेने को बाध्य होते हैं। अर्थात् स्थानीय स्तर पर भी जनमत प्रशासन और नागरिकों के मध्य सक्रिय रूप से कार्यरत होता है।

2. समाज और जनमत—जनमत के दूसरे पहलू में जनसामान्य किसी विषय को लेकर पहले परस्पर जनमत का निर्माण विभिन्न माध्यमों से करते हैं तथा समुचित जनमत के निर्माण के पश्चात् शासन पर उस विषय को लेकर दवाब बनाते हैं। कई अवसरों पर शासन को भी प्रबल जनमत के प्रभाव के कारण उसके अनुरूप निर्णय लेने को बाध्य होना पड़ता है।

शासन के अलावा जनसामान्य भी परस्पर जनमत का उपयोग विभिन्न कारणों से करते हैं। जैसे समाज में व्याप्त विभिन्न संस्था या संगठन जनसहयोग की प्राप्ति हेतु जनमत का निर्माण कर उसको अपने हित में प्रभावित करने का प्रयास करते हैं।

अब यदि समाज में व्याप्त व्यावसायिकता के आधार पर चर्चा की जाए तो स्पष्ट होगा कि विभिन्न व्यावसायिक संस्था, संगठन या वर्ग अपने व्यावसायिक हित के लिए विभिन्न माध्यमों के द्वारा, विशेष कर संचार माध्यमों के द्वारा अपने व्यावसायिक हित में जनमत का निर्माण करने का प्रयास करते हैं। यह वर्ग जनमत की राय जानकर जनता की अपेक्षाओं के अनुरूप ही अपने कार्यों या नीतियों को निर्धारित या परिवर्तित कर व्यावसायिक लाभ अर्जित करते हैं।

अर्थात् जनमत के विषय में कहा जा सकता है कि जनमत एक अत्यंत प्रभावी तत्त्व है, जो अदृश्य रूप से कार्य कर जनमानस के मस्तिष्क पर प्रभाव पड़ता है तथा किसी विषय पर सोच या दृष्टिकोण का निर्माण करता है। इसके अलावा जनमत शासन एवं समाज को उनकी नीतियों और कार्यप्रणालियों की सफलता या असफलता के प्रति पूर्वाभास देकर उनको सचेत करता है।

8. समाचार माध्यमों के दुष्परिणाम

पत्रकारिता शासन एवं समाज पर अदृश्य अंकुश की भाँति कार्य कर इन्हें निरंकुश होने से रोकती है। भारत जैसे विकासशील देश में निर्धन एवं अशिक्षित नागरिकों का प्रतिशत अत्यधिक है। अतः यहाँ समाचार माध्यमों की भूमिका और अधिक महत्त्वपूर्ण हो जाती है। समाचार माध्यमों के विषय में कहा जाता है कि पत्रकारिता जहाँ अपनी आदर्श कार्यप्रणाली से देश व समाज की उन्नति और विकास में सहायक होती है, वहीं पत्रकारिता का विकृत स्वरूप देश एवं समाज को अवनति की ओर ले जाता है।

समाचार माध्यम के संबंध में भारत के पूर्व प्रधानमंत्री पं. जवाहरलाल नेहरू ने कहा था कि "समाचार माध्यम संचार के एक आवश्यक माध्यम के रूप में सामाजिक

सूचनाओं के संप्रेषण में अपनी एक विशिष्ट भूमिका का निर्वाह करते हैं। समाचार और सूचनाओं के संप्रेषण के एक माध्यम के रूप में समाचार माध्यम न सिर्फ शासन व नागरिकों के मध्य सूचनाओं का आदान-प्रदान करते हैं, वरन् सामाजिक बुराइयों पर कुठाराघात करके देश व समाज को सही दिशा भी प्रदान करते हैं। इसके अलावा नागरिकों को उनके कर्तव्यों के प्रति सचेत करना एवं नागरिकों को संविधान द्वारा प्राप्त मौलिक अधिकारों की रक्षा का दायित्व भी समाचार माध्यमों का होता है। अपनी इसी विशिष्ट विशेषताओं और दायित्वों के कारण समाचार माध्यम जनसेवा का एक महत्त्वपूर्ण माध्यम बनता है।"

भारत के पूर्व प्रधानमंत्री स्व. जवाहरलाल नेहरू के इस दृष्टिकोण के आधार पर सहज रूप में कहा जा सकता है कि समाचार माध्यम जनसामान्य से गहराई से जुड़े होते हैं। विभिन्न विषयों पर नागरिकों की सोच या क्रिया-प्रतिक्रिया पर भी समाचार माध्यमों का गहरा प्रभाव पड़ता है। यही कारण है कि समाचार माध्यमों का एक पहलू जहाँ समाज को सकारात्मक परिणामों से ओतप्रोत करता है, वहीं दूसरी ओर समाचार माध्यम अपनी गलत कार्यप्रणालियों के कारण समाज पर अपना नकारात्मक परिणाम भी छोड़ते हैं। समाचार माध्यमों की गलत कार्यप्रणालियों के सबसे स्पष्ट प्रभाव समाज में विभिन्न दुष्परिणामों के रूप में दृष्टिगोचर होता है।

समाचार माध्यमों का समाज पर दुष्परिणाम

समाचार माध्यमों के सामाजिक दुष्परिणामों पर वर्तमान संदर्भों में चर्चा करने के लिए उसकी गलत कार्यप्रणाली पर ध्यान केंद्रित करना होगा। इस विषय की समीक्षा करने पर यह ज्ञात होगा कि समाचार और सूचनाओं के संदर्भ में समाचार माध्यम अपने स्वहित या अन्य विभिन्न कारणों से समाचार व सूचनाओं के मूल स्वरूप को इस प्रकार परिवर्तित कर देते हैं कि इससे समाचार एवं सूचनाएँ अपना वास्तविक स्वरूप ही खो बैठती है। यही कारण है कि समाचार माध्यमों पर पूर्वग्रह या निजी स्वार्थ के चलते समाचार और सूचनाओं को तोड़-मरोड़कर प्रस्तुत किए जाने जैसे आरोप अकसर लगाए जाते हैं। समाज के कई वर्ग समाचार माध्यमों की इस कार्यप्रणाली के कारण या तो इनसे दूरी बना लेते हैं या परहेज करने लगते हैं। कई अवसरों पर मीडिया कर्मियों को इसी कारण संबंधित वर्ग की उपेक्षा या अभद्रता का शिकार होना पड़ता है।

समाचार माध्यम समाचार और सूचनाओं के मात्र वाहक होते हैं, स्रोत नहीं, अत: कई अवसरों पर समाचार माध्यमों को किसी विषय में प्रामाणिक या पूर्ण सूचनाएँ प्राप्त नहीं हो पाती हैं। अत: इस प्रकार की सूचनाओं का संप्रेषण समाज में भ्रांतियाँ उत्पन्न

विशेष की कार्यप्रणाली अनुचित होती है। इस प्रकार समग्र रूप में देखा जाए तो प्रकाशन समूह या समाचार समूह या उनमें कार्यरत कार्मिक अपनी अनुचित कार्यप्रणाली के द्वारा न सिर्फ स्वयं के प्रकाशन समूह की प्रतिष्ठा धूमिल करते हैं, अपितु पत्रकारिता के क्षेत्र को भी संदेह के घेरे में ला देते हैं।

समाचार समूहों की अनुचित कार्यप्रणाली—पत्रकारिता के वर्तमान संदर्भ में समाचार समूहों की अनुचित कार्यप्रणालियों या क्रियाकलापों को इस प्रकार देखा जा सकता है—

1. **पारस्परिक प्रतिस्पर्धा**—वर्तमान युग व्यावसायिक प्रतिस्पर्धा का युग है। अतः समाचार माध्यमों में भी अपने विकास और विस्तार को लेकर भीषण प्रतिस्पर्धा व्याप्त है। वर्तमान में कई समाचार समूहों में स्वयं को सर्वाधिक लोकप्रिय व विस्तृत दरशाने की होड़ लगी है। इस प्रतिस्पर्धा का उद्देश पाठकों, दर्शकों व विज्ञापनदाताओं को अपनी ओर आकर्षित करना है। अपने इसी प्रयास के लिए कई समाचार माध्यम अनेक अनुचित उपायों का इस्तेमाल कर रहे हैं। इसमें कई समाचार माध्यम तो अपने प्रतिद्वंद्वी की छवि को जनमानस के समक्ष धूमिल करने के लिए हीनतम हथकंडों का उपयोग कर रहे हैं। इसके अलावा इस प्रतिस्पर्धा में विज्ञापन और अन्य प्रचार माध्यमों का भी खुलकर उपयोग किया जा रहा है।
2. **अशोभनीय भाषा का उपयोग**—प्रिंट मीडिया के क्षेत्र में कई समाचार-पत्र ऐसे हैं, जो अपने प्रतिद्वंद्वी समाचार समूह से कलम के माध्यम से सीधी जंग कर रहे हैं। इन समाचार-पत्रों द्वारा अपने प्रतिद्वंद्वी प्रकाशन समूह के विषय में अत्यंत अशोभनीय भाषा का उपयोग कर भ्रामक समाचार प्रकाशित किए जाते हैं। यही क्रम दोनों प्रतिद्वंदियों के मध्य चलता रहता है। कई बार इस अशोभनीय भाषा का उपयोग व्यक्तिगत या पारिवारिक स्तर तक किया जाता है। इस प्रकार समाचार माध्यमों द्वारा उपयोग में लाई जा रही अशोभनीय शब्दावली पत्रकारिता के क्षेत्र की शालीनता को नष्ट करने में सहायक होती है। समाचार माध्यमों की इस कार्यप्रणाली से जनमानस में भी पत्रकारिता के क्षेत्र की गरिमा नष्ट होती है।
3. **अनुचित लाभ प्राप्ति**—कई प्रकाशन समूहों द्वारा समाचार माध्यमों को प्राप्त होने वाली विभिन्न सुविधाओं के अनुचित दोहन की दृष्टि से ही समाचार-पत्रों का प्रकाशन किया जाता है। इनमें से अधिकांश समाचार-पत्रों की न तो कोई पाठक-संख्या होती है और न ही प्रसार-संख्या। अर्थात् इस वर्ग के समाचार-पत्र मात्र कागजी खाना पूर्ति के लिए फाइलों में ही प्रकाशित

किए जाते हैं। अतः इन समाचार-पत्रों का जनसामान्य से कोई संबंध नहीं होता है। यह जनसामान्य के सम्मुख प्रस्तुत ही नहीं किए जाते हैं। परंतु इस वर्ग के समाचार-पत्र पत्रकारिता के क्षेत्र में अनुचित रूप से प्रवेश कर अपना हस्ताक्षेप बनाएँ रखने का प्रयास करते हैं। इसके अलावा इन समाचार माध्यमों द्वारा पत्रकारिता एवं विभिन्न क्षेत्रों से भी अनुचित लाभ प्राप्त करने के प्रयास किए हैं।

4. **अवैध वसूली**—पत्रकारिता के क्षेत्र में पीत-पत्रकारिता पर आधारित कुछ समाचार-पत्रों के विषय में यह कहा जाता है कि वह शासकीय या अशासकीय विभागों, उद्योगपतियों, व्यावसायियों या अन्य प्रतिष्ठित वर्गों से उनकी कमजोरियों या खामियों के आधार पर अवैध रूप से धन की वसूली करने का प्रयास करते हैं। इसके अलावा कई समाचार-पत्रों पर असामाजिक तत्त्वों से साँठ-गाँठ कर उनसे नियमित रूप से धन प्राप्त करने के आरोप भी लगाए जाते हैं।
5. **विज्ञापन हेतु दवाब**—विज्ञापन समाचार-पत्रों की आय का एक प्रमुख स्रोत होता है। अतः समाचार माध्यम अपनी संचालन व्यवस्था के लिए विभिन्न स्रोतों से विज्ञापन प्राप्त करने का प्रयास करते हैं। सहज रूप से विज्ञापनदाताओं से विज्ञापन प्राप्त करना अनुचित कार्य नहीं है, परंतु वर्तमान में समाचार माध्यमों पर विज्ञापनदाताओं को उनकी इच्छा के विरुद्ध विज्ञापन देने हेतु बाध्य करने के लिए आरोप लगाए जा रहे हैं। कई अवसरों पर समाचार माध्यमों द्वारा विज्ञापनदाताओं पर विज्ञापन न देने की स्थिति में विभिन्न रूपों में दबाव बनाया जाता है या विज्ञापन न देने वाले विज्ञापनदाताओं के लिए विभिन्न अहितकर परिस्थितियों के निर्माण का प्रयास किया जाता है, ऐसे आरोप भी प्रायः समाचार माध्यमों पर लगाए जाते हैं।
6. **छवि निर्माण**—समाचार माध्यम प्रचार-प्रसार के लिए सर्वाधिक महत्त्वपूर्ण माध्यम है। समाचार माध्यमों द्वारा संप्रेषित समाचार और समूहों पर जनमानस की असीम आस्था होती है। समाचार माध्यमों में किसी भी व्यक्ति, विशेष संस्था, संगठन आदि की उचित या अनुचित छवि निर्मित करने की क्षमता होती है। अतः इसी विशेषता का अनुचित लाभ कई समाचार माध्यम अपने हित में प्राप्त करने का प्रयास करते हैं, अर्थात् कई समाचार माध्यम छवि बनाने या छवि बिगाड़ने के नाम पर अनुचित लाभ अर्जित करने का प्रयास करते हैं।
7. **शक्ति का दुरुपयोग**—कई समाचार समूहों के स्वयं के निजी व्यवसाय

होते हैं या अन्य कार्यों से वे जुड़े होते हैं, जो उनकी आय के अन्य स्रोत होते हैं। अतः इस वर्ग में शामिल समाचार समूह अपने समाचार माध्यमों में अपने अन्य आर्थिक कार्यों को अत्यंत बढ़ा-चढ़ाकर जनमानस में लोकप्रिय बनाने का प्रयास करते हैं। जनमानस की समाचार माध्यमों द्वारा प्रस्तुत सूचनाओं पर आस्था होती है। अतः उनकी इसी भावनाओं का अनुचित लाभ समाचार माध्यम लेने का प्रयास करते हैं। कई अवसरों पर समाचार समूह शासकीय व कानूनी परेशानियों से बचने के लिए भी अपने समाचार माध्यम को ढाल के रूप में उपयोग में लाने का प्रयास करते हुए दृष्टिगोचर होते हैं।

8. **विषम परिस्थितियों का निर्माण**—कई समाचार और सूचनाओं का स्वरूप ऐसा होता है, जो जनहित में हानिकारक होता है, परंतु कई समाचार माध्यमों द्वारा विभिन्न कारणों से घटना विशेष के संबंध में ऐसी सूचनाओं व समाचारों का संप्रेषण कर दिया जाता है, जो जनहित या देश व समाज की शांति, सुरक्षा या व्यवस्था के लिए अहितकर होती है। अतः इनका अनुचित संप्रेषण विषम परिस्थितियों का निर्माण कर देता है। ये परिस्थितियाँ देश व समाज का अहित करती हैं।
9. **सूचनाओं को गुप्त रखना**—कई अवसरों पर समाचार माध्यमों द्वारा स्वहित के कारण विभिन्न वर्गों से संबद्ध कई समाचार और सूचनाओं को जनमानस के समक्ष प्रस्तुत ही नहीं किया जाता है, जबकि इन सूचनाओं का संप्रेषण जनहित में होता है एवं इनका संप्रेषण करना समाचार माध्यमों के दायित्वों के अनुरूप होता है। परंतु इन सूचनाओं को गुप्त रखकर समाचार माध्यम जनमानस की भावनाओं के प्रति अपराध करते हैं एवं स्वयं अपनी विश्वसनीयता पर प्रश्नचिह्न लगा लेते हैं।
10. **अनुचित लाभ दिलाने में सहायक**—कई अवसरों पर समाचार माध्यमों पर यह आरोप लगाए जाते हैं कि उनके द्वारा अपने प्रभाव का दुरुपयोग कर अन्य व्यक्ति को नियम के विरुद्ध लाभ दिलाने में मदद की जाती है। इसके एवज में समाचार माध्यमों द्वारा संबंधित व्यक्ति से अन्य लाभ प्राप्त कर लिये जाते हैं। अर्थात् समाचार माध्यम अपने प्रभाव का दुरुपयोग कर नियमों के विरुद्ध विभिन्न कार्यों में मध्यस्थता करते हैं।
11. **शासकीय धन का दुरुपयोग**—शासन द्वारा समाचार माध्यमों को विभिन्न अवसरों पर जनहित विषयक विज्ञापन प्रदान किए जाते हैं। यह विज्ञापन समाचार-पत्रों व पत्रिकाओं को आर्थिक लाभ प्रदान करते हैं। शासन द्वारा

शासकीय विज्ञापन हेतु स्वीकृत होने के लिए समाचार माध्यमों के लिए कुछ अनिवार्य शर्तें निर्धारित की गई हैं, परंतु कई समाचार-पत्र शासकीय विज्ञापन हेतु निर्धारित मापदंडों पर खरे नहीं उतरते हैं। अतः यह समाचार-पत्र और पत्रिकाएँ शासन को असत्य जानकारियाँ देकर शासकीय विज्ञापन प्राप्त करते रहते हैं। इस रूप में समाचार-पत्र और पत्रिकाएँ शासकीय धन को अनुचित रूप से प्राप्त कर शासन को आर्थिक हानि पहुँचाते हैं।

सार रूप में इस विषय में यह कहा जा सकता है कि समाचार माध्यमों पर लगाए गए ये आरोप सही हैं या गलत, इसका निर्धारण करना अपने आपमें एक जटिल कार्य है। सभी समाचार माध्यमों पर ये आक्षेप कदापि सत्य नहीं हो सकते पर इतना अवश्य है कि कुछ समाचार माध्यम अनुचित कार्यप्रणाली अवश्य अपना रहे हैं।

10. पत्रकारिता : संवैधानिक एवं कानूनी मर्यादाएँ

संवाद माध्यम जनसामान्य की एक सशक्त आवाज होती है। प्रजातांत्रिक शासन व्यवस्था में तो इन माध्यमों की उपयोगिता व भूमिका और अधिक महत्त्वपूर्ण हो जाती है, क्योंकि यही माध्यम शासन एवं नागरिकों के मध्य संवादों का महत्त्वपूर्ण माध्यम होते हैं। समाचार माध्यम नागरिकों को उनके अधिकारों के प्रति जागरूक कर उनके मूल अधिकारों की रक्षा करने के अलावा नागरिकों को देश व समाज के प्रति उनके कर्तव्यों का बोध कराते हैं तथा देश व समाज की बुराइयों पर कुठाराघात कर उन्हें सही मार्गदर्शन करना भी पत्रकारिता का अहम दायित्व होता है। प्रजातांत्रिक देशों में समाचार माध्यमों की प्रासंगिकता भी इसी में निहित है। भारत जैसे विशाल प्रजातांत्रिक देश में पत्रकारिता को समुचित महत्त्व देने के उद्देश्य से समाचार माध्यमों को विभिन्न अधिकारों से संपन्न बनाया गया है।

पत्रकारिता जहाँ अपने आदर्श स्वरूप में देश व समाज को प्रगति और विकास की ओर उन्मुख बनाती है, वहीं कर्तव्यविहीन स्वछंद पत्रकारिता देश व समाज को दिशाहीन करती है। भारतीय संविधान के निर्माता शायद इस तथ्य से भली-भाँति अवगत थे। अतः भारतीय संविधान में ऐसी बातों को समाहित किया गया, जो न सिर्फ समाचार माध्यमों की स्वतंत्रता का समर्थन करती है, बल्कि आवश्यकतानुसार प्रेस को विनियमित भी करती है।

भारतीय संविधान में प्रेस की स्वतंत्रता हेतु कोई पृथक् अनुच्छेद नहीं है, परंतु संविधान के अनुच्छेद 19 (1) में नागरिकों को वाक् और विचारों की अभिव्यक्ति की स्वतंत्रता अवश्य प्रदान की गई है। समाचार माध्यमों की नितांत स्वतंत्रता को इसी

अधिकार से जोड़ा जाता है। यहाँ यह स्पष्ट करना अति आवश्यक है कि भारतीय संविधान में अप्रत्यक्ष रूप से प्रेस को स्वतंत्रता अवश्य दी गई है, परंतु स्वच्छंदता नहीं।

समाचार माध्यमों की स्वतंत्रता प्रारंभ से ही विवादित रही है। अतः समय-समय पर इस विषय में विभिन्न विचार प्रकाश में आते रहे हैं। समाचार माध्यम और सेंसर जैसे विषय की भी प्रमुखता से चर्चा की गई है। जिसके परिणामस्वरूप विभिन्न कानूनी निर्णयों में यह माना गया है कि "प्रेस की स्वतंत्रता को तब तक प्रतिबंधित न किया जाए जब तक अति आवश्यक न हो, परंतु प्रेस की स्वतंत्रता को स्वच्छंदता का अधिकार भी नहीं दिया जा सकता।

समाचार माध्यम और मर्यादित स्वतंत्रता—

स्वतंत्रता की इसी व्याख्या के आधार पर वाक् एवं विचारों की अभिव्यक्ति की स्वतंत्रता को राज्य की सुरक्षा, लोक व्यवस्था, न्यायालय की अवमानना, देश की अखंडता, विदेशी संबंध, मानहानि व शिष्टाचार आदि जैसे आधारों पर मर्यादित करने की व्यवस्था की गई है।

संसद देश का सर्वोच्च विधायी निकाय है। अतः समाचार माध्यमों को इस निकाय की काररवाई को प्रकाशित या प्रदर्शित करने का अधिकार तो अवश्य दिया गया है, परंतु उन्हें संसद् के गोपनीय अधिवेशनों की काररवाई और इससे निकाले गए अंशों को प्रकाशित या प्रदर्शित करने का अधिकार नहीं दिया गया है। इसी प्रकार संसद् के सदस्यों के विशेषाधिकारों की अवहेलना का अधिकार भी प्रेस को नहीं है।

अब यदि न्यायपालिका और प्रेस के संबंधों पर चर्चा की जाए तो यह स्पष्ट होगा कि न्यायपालिका शासन का तीसरा महत्त्वपूर्ण निकाय है, जिसका प्रमुख दायित्व संविधान का संरक्षण एवं नागरिकों के मौलिक अधिकारों की रक्षा करना है। न्यायपालिका के विषय में भी प्रेस को निर्देशित किया गया है कि वे ऐसा कोई कार्य न करें, जिससे न्यायालय की अवमानना होती हो या उसकी गरिमा पर कोई प्रतिकूल प्रभाव पड़ता हो। अर्थात् समाचार माध्यमों को मर्यादित किया गया है कि वे कोई ऐसा कार्य या प्रकाशन न करें, जो न्यायालय की अवमानना या निंदा करता हो अथवा उसके प्राधिकारों पर प्रतिकूल प्रभाव डालता हो। इस विषय में सद्भावनापूर्वक प्रकाशन, न्यायिक कार्यों की उचित आलोचना एवं न्यायिक रिपोर्टों का समुचित प्रकाशन आदि जैसी स्वतंत्रताएँ समाचार माध्यमों को अवश्य प्रदान की गई है।

प्रेस की स्वतंत्रता और मानहानि सदैव से ही चर्चा के प्रमुख विषय रहे हैं। समाज में प्रत्येक व्यक्ति की अपनी एक गरिमा और प्रतिष्ठा होती है। अतः समाचार

माध्यमों से यह अपेक्षा की जाती है कि वह किसी व्यक्ति की मानहानि उसकी प्रतिष्ठा या गरिमा को धूमिल करने के उद्देश्य से न करें। मानहानि के अंतर्गत मृतक व्यक्ति, फर्म, संस्थान आदि को भी शामिल किया गया है, परंतु इसके विपरीत प्रेस की स्वतंत्रता को दृष्टिगत रखते हुए कुछ अपवाद भी मानहानि के संबंध में स्पष्ट किए गए हैं। जैसे लोक कल्याण की दृष्टि से आपेक्षित सत्य बात या तथ्यों का प्रकाशन, लोक सेवकों के आचरण एवं न्यायालयों की कारवाइयों के सही प्रकाशन को मानहानि नहीं माना गया है।

प्रेस की स्वतंत्रता को देश व समाज के हित में आवश्यक माना गया है, परंतु देश की एकता और अखंडता जैसे विषयों में जिनके संदर्भ में कई गोपनीय तथ्य होते हैं, को सार्वजनिक करना अहितकर माना गया है। अतः सन् 1923 में शासकीय गुप्त अधिनियम पारित किया गया तथा इसके माध्यम से देश की एकता और अखंडता को प्रभावित करनेवाली सूचनाओं को मर्यादित किया गया है।

भारत में जनसंख्या के अनुपात में अशिक्षित और निर्धन व्यक्तियों की संख्या अधिक है। अतः इन वर्गों को कतिपय फर्जी चिकित्सकों द्वारा उपचार के नाम पर ठगा जाता है। इसी प्रकार कतिपय विक्रेता चमत्कारी या नकली औषधि का विक्रय के इन वर्गों का आर्थिक शोषण करते हैं। अपने इन्हीं कार्यों के प्रचार के लिए चिकित्सक या दवा विक्रेता समाचार माध्यमों का उपयोग करते हैं। अतः ये तत्त्व इन समाचार माध्यमों का गलत उपयोग न कर सकें, इसलिए सन् 1954 में 'औषधीय एवं चमत्कारी उपचार अधिनियम' बनाकर समाचार माध्यमों को इस विषयक भ्रामक एवं असत्य समाचारों के प्रकाशन के लिए प्रतिबंधित किया गया है। इसके अलावा 'कारपोरेट अधिनियम', अपहानिकारक प्रकाशन एवं रजिस्ट्रीकरण जैसे कई अधिनियमों का भी निर्माण कर प्रेस की स्वतंत्रता को बाधित तो नहीं, परंतु मर्यादित अवश्य किया गया है।

अर्थात् सार रूप में यही कहा जा सकता है कि भारतीय संविधान में समाचार माध्यमों की स्वतंत्रता को आवश्यक और न्याय संगत माना गया है। प्रजातंत्र की सफलता के लिए संवाद माध्यमों की स्वतंत्रता और निष्पक्षता को कायम रहना भी आवश्यक है, परंतु संविधान की मंशा यह भी नहीं है कि संवाद माध्यम अपनी स्वतंत्रता के अधिकार का दुरुपयोग करने या स्वच्छंद आचरण करने को प्रेरित हो जाए। इसलिए प्रेस की स्वतंत्रता पर कुछ मर्यादाओं और प्रतिबंधों का आरोपण किया गया है।

वर्तमान में पत्रकारिता के संदर्भ में यह आरोप लगाए जा रहे हैं कि पत्रकारिता अपने आदर्श स्वरूप से भटककर पीत-पत्रकारिता की ओर अग्रसर होती जा रही है। अतः समाचार माध्यमों की कार्यप्रणाली के प्रति नागरिकों में भय, संदेह एवं अविश्वनीयता का जन्म होता जा रहा है। अर्थात् प्रेस की स्वतंत्रता को मर्यादित

करनेवाले प्रावधानों की, व्याख्या यदि वर्तमान संदर्भों में की जाए तो यह बोध होगा कि वर्तमान पत्रकारिता में देश व जनसेवा के पुनीत उद्देश्य के अलावा व्यावसायिकता, पूँजीवाद एवं अपराधीकरण जैसे तत्त्वों का भी निरंतर समावेश हो रहा है। अतः संविधान द्वारा प्रेस की स्वतंत्रता पर आरोपित यह मर्यादाएँ निश्चित ही संवाद माध्यमों को अपनी लक्ष्मण रेखा का ज्ञान कराने में सहायक सिद्ध होगी, जिससे संवाद माध्यम अपनी मर्यादाओं में रहकर संविधान द्वारा प्रदत्त अपनी स्वतंत्रता का देश व समाज हित में प्रयोग करने हेतु प्रेरित होंगे।

□

उपसंहार

संवादों का संप्रेषण मानव को परस्पर संयोजित करने का एक माध्यम है। संप्रेषण के अभाव में मानव न सिर्फ संपूर्ण विश्व से बल्कि अपने परिवार से भी अलग-थलग पड़ जाता है। इस प्रकार संवादहीनता की यह स्थिति मानव को स्वयं पर ही आधारित कर देती है, जिससे वह एक शून्यता की स्थिति का अनुभव करता है। संवादों का परस्पर संप्रेषण मानव समाज के मध्य दूरियों को कम करने के साथ-साथ उन्हें विभिन्न परिस्थितियों से सचेत करने का भी माध्यम है। यही कारण है कि संवादों का प्रेषण सदैव से मानव की एक प्रमुख आवश्यकता रही है। संवादों के प्रेषण की इसी आवश्यकता ने मानव को संप्रेषण के विभिन्न माध्यम खोजने पर निरंतर विवश किया है। अतः इस दिशा में मानव के प्रयास प्राचीनकाल से वर्तमान तक निरंतर जारी है।

भारत देश में प्रजातंत्र और प्रेस एक-दूसरे के पूरक हैं। दोनों का ही अस्तित्व नागरिकों के हितों पर आधारित है। भारत में पत्रकारिता का अंकुर भारतेंदु युग में ही अपना आकार ले चुका था, जो वर्तमान में विकसित होकर एक महाकाय वृक्ष का रूप ले चुका है। भारत में पत्रकारिता के जन्म से विकास तक की इस यात्रा में अनेक पड़ाव आए हैं। अपने विकास के प्रारंभिक युग में पत्रकारिता साहित्य सेवा का एक माध्यम थी, जिसे विभिन्न साहित्यकारों द्वारा पल्लवित किया गया। परंतु कालांतर में ईस्ट इंडिया कंपनी के प्रवेश एवं उसके समग्र विस्तार ने अंततः भारत को अंग्रेजों का गुलाम बना दिया। गुलामी के दौरान पत्रकारिता, जो उस समय तक साहित्य सेवा का एक माध्यम थी, वह देश की आजादी का एक मिशन बन गई। आजादी के उपरांत पत्रकारिता ने नागरिकों के मूल अधिकारों की रक्षा एवं देश व समाज को सही दिशा प्रदान करने का दायित्व अपने कंधों पर लिया।

वर्तमान युग तकनीकी क्रांति का युग है। क्रांति के इस युग में यांत्रिकीय व तकनीकी उपकरणों के माध्यम से संवादों के संप्रेषण को अत्यंत सुलभ एवं

सुविधाजनक बना दिया है। आधुनिकता पर आधारित पत्रकारिता का क्षेत्र भी वर्तमान में अत्यंत उन्नत तकनीकों से परिपूर्ण है। वर्तमान में उन्नत तकनीक का ही यह जादुई करिश्मा है कि आज मानव घर बैठे ही अपने आप को संपूर्ण विश्व से जुड़ा हुआ महसूस करता है।

तकनीकी क्रांति के इस युग ने जनमानस के लिए भले ही संचार को अत्यंत सरल एवं सुलभ बना दिया है, परंतु तकनीकी व औद्योगिक क्रांति के ही परिणामस्वरूप पत्रकारिता के क्षेत्र में उत्पन्न पारस्परिक प्रतिस्पर्धा ने समाजसेवा के क्षेत्र को अत्यंत जटिल एवं प्रतिस्पर्धात्मक बना दिया है। पत्रकारिता के क्षेत्र का यह गहन विश्लेषण यह स्पष्ट करने के लिए पर्याप्त है कि पौराणिक काल में संचार माध्यम, जो व्यक्ति परक थे, वही आज विकसित होकर यांत्रिकीय व तकनीकी में परिवर्तित हो गए हैं। इसी प्रकार संवादों के प्रेषण की कला जो पौराणिक काल, में स्वयं एक उद्देश्य थी, वर्तमान में एक व्यवसाय या उद्योग में तब्दील हो चुकी है, अतः इसके उपयोग के साथ खर्च की अनिवार्यता भी जुड़ गई है।

एक मिशन से व्यवसाय के रूप में परिवर्तित होने के कारण वर्तमान में पत्रकारिता का क्षेत्र अत्यंत प्रतिस्पर्धात्मक होकर जटिल बन चुका है। समाचार माध्यमों में व्याप्त परस्पर गलाकाट प्रतिस्पर्धा ने इस क्षेत्र को और अधिक चुनौतीपूर्ण बना दिया है। यही कारण है कि वर्तमान पत्रकारिता अपने विकास की बुलंदियों को स्पर्श करने के बाद भी अपने संक्रमण काल से जूझ रही है।

भारत में पत्रकारिता के वर्तमान स्वरूप के वृहद् विवेचन के उपरांत यही निष्कर्ष निकाला जा सकता है कि भारत जैसे प्रजातांत्रिक देश में शासन एवं नागरिकों के मध्य संवादों का जीवित संप्रेषण प्रजातंत्र के अस्तित्व की अनिवार्य आवश्यकता है। आवश्यकता ही आविष्कार की जननी है। अतः संवादों के प्रेषण में सुगमता की आवश्यकता ने ही पत्रकारिता के क्षेत्र में उन्नत तकनीक की खोज एवं उनके प्रवेश का मार्ग प्रशस्त किया। अतः वर्तमान पत्रकारिता आधुनिक तकनीक से परिपूर्ण है। परंतु इसी आधुनिकता ने संवादों के प्रेषण के प्रमुख माध्यम, प्रिंट मीडिया और इलेक्ट्रॉनिक मीडिया की स्थापना और उसके संचालन को अत्यधिक खर्चीली व्यवस्थाओं पर आधारित कर दिया है। बढ़ता खर्च आय बढ़ाने को बाध्य करता है। यही बात पत्रकारिता के क्षेत्र में भी शत-प्रतिशत लागू हो रही है, क्योंकि समाचार माध्यमों के संचालन के बढ़ते खर्च ने पत्रकारिता रूपी मिशन को एक व्यवसाय में परिवर्तित कर दिया है।

आज भारत में पत्रकारिता अपना व्यापक स्वरूप प्राप्त कर चुकी है। प्रिंट मीडिया

हो या इलेक्ट्रॉनिक मीडिया, दोनों ने अपने-अपने क्षेत्र में अभूतपूर्व प्रगति की है। समय के साथ दोनों ने अपनी सोर्थकता और उपयोगिता सिद्ध भी की है। न्यू मीडिया ने कम समय में ही अपनी महत्ता प्रतिपादित कर दी है। अत: यह कहा जा सकता है कि भारत में पत्रकारिता का भविष्य अत्यंत उज्ज्वल है।

□□□